本书系国家社科基金项目"江浙财团研究"<02BZS028>最终成果

# 江浙
# 财团研究

陶水木　等著

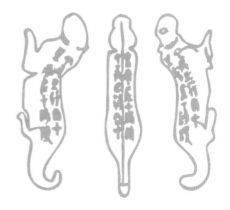

人民出版社

# 目 录

# 绪　　论

## 一、学术史评述

江浙财团问题是中华民国史、特别是民国经济史研究的重大课题,也是个难题。二十多年前,民国经济史专家金普森先生曾形象地说:江浙财团问题是块大肥肉,谁都想吃,但它又是块硬骨头,谁也啃不动[1]。情况确是如此,尽管自从 1928 年日本报刊首次提出"浙江财阀"概念后,近 80 年来,中外学术界对江浙财团问题做了不少研究,取得了令人欣慰的成果,但仍存在不足,现就研究状况分阶段述评于后。

### (一)萌芽与奠基:新中国成立前的研究

江浙财团问题研究起始于日本学人。1927 年南京国民政府建立后,一些日本学者及日本在华经济调研机构如满铁调查课等,对支持蒋介石上台的江浙资产阶级产生了浓厚的兴趣。据张嘉璈未刊稿《随笔》:1928 年 6 月,日本报纸首次提出江浙财阀概念,并指出"革命军北伐成功,得力于江浙财阀之支持","所谓江浙财阀也者,盖指隶籍江苏宝山之我(即张嘉璈——引者注),江苏镇江之陈辉德,浙江绍兴之李铭,浙江吴兴之钱永铭诸人。"[2] 次年出版的由南满洲铁道株式会社上海事务所志村悦郎执笔的《浙江财阀》,是 20 世纪 20 年代关于浙江财阀研究的代表作。作者在《前言》中说:该书的主要目的,"就是专门从经济的角度对浙江财阀进行剖析研究",该书的"特色是尽量避免抽象的议论,而从具体的阐述入手,试图对其信用及真正实力进行调查分析"。所以在资料方面,论者不用以前的参考资料,而全部使用调查资料[3],这使论著的价值凸显。作者认为,要给浙江财阀下定义应该包括三个方面:第一,浙江出身,但主要是以上海为大本营的金融业者和实业家的总称,这是从字面狭义的解释;第二,主要是对以上海为大本营的江浙两省出身的金融业者及其实业家的概称,或叫做上海财阀或江浙资产阶级;第三,不论籍贯,凡是以上海作为活动中心的金融业者和实业家以及在财界、政界有实力的人物悉数概称浙江财阀,而其中的中心势力,是浙江出身的财界与政界的实力人物,这种情况下,与其叫浙江财阀毋宁叫新"中国资本团"更恰当些[4]。论著考察了浙江财阀的起源及发达小史,特别是浙江财阀在各个经济领域的主要企业和实力;概述了浙江财阀的领导人物,包括首脑人物 6 人(即张静江、虞洽卿、李馥荪、张嘉璈、钱新之、秦润卿),主要人物 26 人[5],重要人物 44 人[6]。该著还考察了浙江财阀在上海总商会中的地位及浙江财阀与北伐、南京国民政府初期的关系,认为总商会是浙江财阀的根据地,国民革命军北伐成功和南京国民政府建立的一半功绩归于浙江财阀的财政援助,南京国民政府初期浙江财阀的兴盛大多因为国民政府特别是蒋派的提携后援,浙江财阀是与国民政府结成密切利害关系的"新兴资产阶级"的主体。

该著对浙江财阀的界定及代表人物的确定,为今后该问题研究定了基调,对此后江浙财团问题研究具有重要而深远影响。

在随后的 20 世纪三四十年代,国内外关于江浙财团的研究成果明显增多。日本学者的研究成果尤其特出,其代表性成果有山上金男的《浙江财阀论》[7]、森次勋的《上海财阀之鸟瞰》[8]等。山上金男对"浙江财阀"的解释,沿用了满铁上海事务所志村悦郎的说法。不过他进一步概括说:浙江财阀"是在上海以浙江出身者为中心的新兴资产阶级基于地方主义的团结意识而结成的地缘集团"[9],是"以宁波帮为中心的江浙乡帮的地缘性集团",这是公认的中国"具有代表性的财阀",是南京国民政府的基础[10]。他考察了浙江财阀在上海市商会及各主要同业公会中的地位,特别是详尽论述了浙江财阀银行资本的发展及投资样态,说明浙江财阀与国民政府的关系、浙江财阀对社会经济结构变化的影响。《上海财阀之鸟瞰》一文指出:中国的财阀以浙江财阀居首位,狭义的浙江财阀是指以上海为"本据"的浙江籍金融资本家之结合势力,广义的浙江财阀包括受浙江财阀支配的江苏省之财阀。"浙江财阀一方面为金融资本家中心之财阀,同时也为产业资本家中心之财阀。文章概略考察了浙江财阀的形成,以浙江财阀为主的各财系在上海金融、工商、航运等各个行业中的地位,特别是浙江财阀在金融业的地位。文章对上海各行业主要企业与各系财阀的关系的考察达到了一个外国学者所能达到的程度,但文中不少企业主的籍贯归属有误,因此而影响一些观点。如认为国民政府中央银行也"完全由浙江系人物占据"、事实上属于财阀等[11]。

国内学者关于江浙财团问题的研究成果,这时也开始出现,有专题论文,但更多的是相关论著涉及江浙财团问题。

王宗培在《中国金融业之阵容》[12]一文中指出:"凡于我国金融稍加关切者,莫不知'江浙财阀'在商业金融上之地位,实则所谓

'江浙财团'亦不过角逐于上海市场之一分子"。他认为中国的银行按其性质和动态可分为华北财团、华东财团、华南财团和华西财团,"华东集团为苏浙皖三省之土著银行,历史悠久,复得地利与人和之两宜,素称雄于上海一隅,及至国民政府成立,其势力日益滋长,而为之中坚者,则为名震中外之'江浙财团'焉"。1935 年政府对中国、交通两行增资改组,又对中国实业、中国通商、四明银行实行统制,使江浙财团深受打击。显然,王宗培所说的"江浙财阀"概念,内涵比日本学者所说的"浙江财阀"要小得多。

　　王承志在《中国金融资本论》中所说的"江浙财阀"概念与王宗培几乎一致[13]。1941 年《中国内幕》发表的《重庆灵魂的浙江财阀》一文,概述了浙江财阀的特征及与政府的关系。文章界定的浙江财阀"是总括的对于浙江(所谓浙江,并不专限于浙江,可以说是浙江、江苏,或者说,不论地域,凡在上海的都包括在内)在上海的实业家的集体的称谓"。所谓浙江财阀,只是在上海金融市场角逐的一部分;认为浙江财阀的特征是:"他从买办资本发家,以民族银行资本为骨干,就是银行资本家的集团;"浙江财阀的兴盛在于政府公债投资,银行资本与政府有着不可分离的关系;1935年政府加强了对银行界的支配力,"浙江财阀退了'王位'",但两者关系在本质上毫无变化,目下重庆政府的灵魂依旧是浙江财阀[14]。钟树元《江浙财团的支柱——宁波帮》一文[15],概述了宁波帮的兴起、主要经营行业及其在江浙财团中的核心地位。

　　但这时国内也有学者否认江浙财团的存在。魏友棐认为:浙江财阀的概念"无论在学理上,在事实上都是错误的";财阀是资本主义发展到最高阶段的独占资本形态,如日本的三井、三菱、住友等,中国没有符合这样定义的财阀。[16]

　　需要指出的是,在 20 世纪 40 年代以前的研究中,日本学者都冠以"浙江财阀"或"上海财阀",而国内学者则有称"浙江财阀"
的,但更多的称"江浙财阀"。只是到了 20 世纪 40 年代,国内学
者才首次提出"江浙财团"的概念。

## (二)中断与复兴:1949 年以后的研究

新中国成立后,国家对资本主义工商业进行改造,随后又有长
达 20 年"左"的思想的影响,资本主义成万恶之源,资产阶级成口
诛笔伐对象,国内学术界对江浙财团等相关问题已难以开展正常
的学术研究,有的只是烙有那个时代印记的带有明显政治性的公
式化的结论。

随着 1978 年党的十一届三中全会实事求是思想路线的恢复
和"双百"方针的重新确立,特别是随着我国经济体制改革的深
入,个私经济的发展,江浙财团问题研究重新受到学术界的高度重
视,研究工作得以复兴。据粗略统计,十一届三中全会以后二十多
年,直接关于江浙财团的论文有二十余篇,著作 2 部,间接论及江
浙财团的论著难以计数,研究的主要问题如下。

### 1.关于江浙财团的概念

如前所述,关于江浙财团的概念,在 1949 年以前有"浙江财
阀"、"江浙财阀"、"上海财阀"、"江浙财团"几种不同的称呼,名
称既异,内涵也有所不同。在改革开放后的研究中,关于江浙财团
概念和内涵的观点更为丰富。在称呼上称"江浙财团"居多,但也
有不少学者认同"江浙财阀"概念[17]。关于其内涵,一般认为:"江
浙财团"是指以上海为主要活动基地,以江浙籍金融资本为核心
的工商业资本和金融资本的结合体[18]。海外著名民国史研究学者
帕克斯·M.小科布尔(PARKS. M. COBLE, JR)在 20 世纪 80 年代

初出版的"*The Shanghai Capitalists and the Nationalist Government，
1927—1937* "一书中认为江浙财团是"一个建立在以个人与省籍
为纽带基础上的商界领袖人物集团"，是通过涉足多个行业的领
导人"用个人的纽带和商业领袖的地位，打破了银行业的界限，把
买办、钱庄业主、工业家、商人、船主和银行家联结了起来"[19]。彭
绍钧等认为：江浙财团是我国财团经济发展的最早见证，它既有钱
庄银行资本，又有近代工商业资本，网络着江浙籍为主的买办、工
商业资本家、钱庄和银行资本家，掌握着上海及江浙地区的国民
经济[20]。

　　但也有论著认为应将江浙财团内的工商资本与金融资本划清
界限。其中有的认为"江浙财团"仅指以上海为中心的金融资本
集团，1988 年出版的《文史哲百科辞典》"江浙财阀"条说："江浙
财阀是江苏、浙江封建买办金融势力的总称，也称'江浙财团'，以
中国银行、交通银行、中国通商银行、浙江兴业银行、浙江实业银行
为代表，以上海为中心，具有很强的经济实力，带有极大的封建性
和买办性"[21]。姚会元提出了"江浙金融财团"的概念，他认为广义
的江浙财团是指"以上海为基地，以江浙籍资本为主体的大资本
集团，它不仅包括金融资本集团，还包括工商资本集团"；狭义的
概念"主要是指活动于上海的江浙籍为主的金融资本集团即'江
浙金融财团'，它是江浙财团的组成部分，而且是江浙财团的核心
和灵魂，是它决定着江浙财团的总体性质"。人们往往将江浙金
融财团与江浙财团混同起来，其实两者是有重要区别的不同概
念[22]。钟晓光使用的"江浙财阀"概念与姚会元"江浙金融财团"
基本一致，他认为江浙财阀即指以张嘉璈、陈辉德、李铭、钱永铭为
代表的江浙银行及金融界[23]。

　　另有学者对近代上海是否存在事实上的"江浙财团"提出了

不同意见。杜恂诚认为:财团或财阀是企业发展的高级阶段,是指大型的现代企业集团,有内部统一的组织和管理,而北京政府时期中国资本主义"还远远没有发展到'财团'的阶段"[24]。黄逸平也认为"从科学的含义看,他们实际上还够不上财团或财阀的地位"。[25]

除了上述所用"浙江财阀"、"江浙财团"、"江浙财阀"等等提法外,国内史学界还使用江浙资产阶级、江浙金融资产阶级等概念,其内涵与一般广义所说的江浙财团基本一致[26]。冯筱才则认为无论"江浙财阀"、"江浙财团",还是"江浙资产阶级"、"江浙金融资产阶级"、"江浙帮"等等名称都带有较浓厚的主观成分,如果被泛化,容易产生额外的政治或意识形态的成分,不应作为两省商人群体的普遍性概念,他倾向于使用"江浙商人"这一中性概念[27]。

## 2.关于江浙财团的形成及代表人物

如果说关于江浙财团概念学界颇有歧义的话,那么关于江浙财团形成于何时的看法大体一致,即大都认为它形成于民初。黄逸平认为第一次世界大战后,中国民族资本主义经济出现了短暂的繁荣,银行也得到大力扩展,在工商业和银行业的发展过程中,资本得到进一步的积聚和集中,出现了一些巨大的资本集团,以上海为基地的若干工业资本集团和大银行发生一定程度的结合,逐渐形成了江浙财团[28]。姚会元也指出:江浙金融财团逐渐形成于北京政府统治时期,确切地说它是在第一次世界大战期间及以后中国工商业、金融业迅速增长的产物[29]。但日本学者西里喜行考察了浙江财阀的形成历史后,认为它形成于20世纪初,其核心是宁波商人[30]。

美国学者帕克斯·M.小科布尔指出:浙江财团或江浙财团是

一个以个人与省籍纽带为基础的商界领袖人物集团,起初是浙江宁波市周围 7 个县在上海的商人和银行家的组织即"宁波帮",后随着经济的发展、市场的扩大以及交往的深入,宁波帮逐步把一些非本籍人结合在他们的私人关系网内,形成了一个以(老)宁波帮为核心的"浙江财团"。在这个基础上,再与其他地方集团紧密结合,如江苏、安徽、四川等省的商帮,从而完全掌握着上海的商业和银行业[31]。这种由宁波帮逐渐演变扩大为"江浙财团"的观点为不少学者所认同。

从地域范围看,"江浙财团"的企业不仅集中于上海,也分布于邻近上海的其他江苏、浙江地区,因为这些地区的许多企业以及经济都直接或间接受财团成员控制。小科布尔指出,上海棉纱、面粉大王荣宗敬控制着江苏无锡的重要企业,上海商业和银行界的头面人物虞洽卿活跃于宁波的航运业和商业。黄逸平也指出,大生资本企业虽然设置在江苏南通、海门一带,却也是"江浙财团"的一部分[32]。

关于"江浙财团"代表人物,一般都认为包括一大批在江浙沪地区有影响的工商金融界资本家,如张嘉璈、陈光甫、李铭、钱新之、虞洽卿、宋汉章、叶揆初、王晓籁、荣宗敬、刘鸿生、穆藕初、秦润卿,等等。但关于江浙财团的领袖人物或首脑人物还是有不同说法,小科布尔认为虞洽卿、王一亭、张静江等人是上海浙江帮最著名的头面人物。史全生、王菊君认为虞洽卿、王一亭、张静江、陈其美是江浙财团的中心人物[33]。而钟晓光则认为张嘉璈、陈光甫、李铭、钱永铭等金融巨子才是财团代表人物,郭廷以称之是江浙财阀的中心人物[34],张嘉璈本人生前也认可张、陈、李、钱为江浙财阀的说法[35]。

### 3. 关于江浙财团的性质及政治倾向

江浙财团的阶级属性和政治倾向是研究的重要问题,但依然存在分歧。传统的看法是:江浙财团同帝国主义、国内地主阶级和旧式富农有密切联系,带有极大的封建性和买办性。1927 年他们支持蒋介石发动四一二反革命政变,成为国民党政权的重要支柱之一,以后并依靠蒋介石发动反人民的内战来获取暴利。1935 年国民党政府实行法币政策后,逐步被蒋、宋、孔、陈四大家族新的垄断集团所控制,降为四大家族的附庸[36]。

近年来的研究中,就江浙财团的阶级属性又形成三种看法。姜铎认为:江浙财团是"带有浓厚的官僚买办倾向"的阶级,并称之为"初步形成的金融垄断资本"[37]。有的学者认为江浙财团从经济成分上讲,民族资本和官僚买办资本兼而有之,但以官僚买办为主,控制江浙财团的领导人物自然也主要是官僚买办资产阶级及其代表人物[38]。也有学者认为江浙财团属于民族资产阶级上层。黄逸平认为支持四一二政变的江浙资产阶级不是买办资产阶级,基本上是民族资产阶级的上层。姚会元也认为江浙金融财团"不是买办资产阶级而是属于民族资产阶级的上层",而江浙金融财团"是江浙财团的核心、灵魂,是它决定着江浙财团的总体性质"[39]。述有的学者认为江浙财团是民族资产阶级,它在四一二政变后支持蒋介石南京国民政府,此后两者又相互扶植,说明民族产阶级从此就与革命分道扬镳了[40]。日本学者西里喜行也认为:浙江财阀是中国民族资产阶级的代表[41]。

近年来关于江浙财团政治倾向的研究主要集中在江浙财团与南京国民政府关系问题上。例如,江浙财团如何与蒋介石集团建立密切联系? 如何支持南京国民政府建立? 以及国民政府建立后两者的关系等。

1926 年北伐开始后,蒋介石集团很快与江浙财团取得了联系并在政治上达成默契。小科布尔认为:蒋介石是凭借自己的浙江籍身份及与陈其美、张静江早年的私交关系和江浙财团搭上钩的,在这一过程中起关键作用的是江浙财团领袖人物虞洽卿。史全生、王菊君等人与小科布尔持基本相同的观点。但钟晓光认为:严格意义上的江浙财团只包括张嘉璈、陈辉德、李铭、钱永铭等金融界巨子,说蒋介石与浙江财阀取得联系主要靠张静江、虞洽卿等人的力量,张、虞即代表江浙财团的观点是不全面的。在江浙财团支持蒋介石集团北伐成功与南京国民政府建立的过程中,虽不能抹杀张静江、虞洽卿等人的作用,但张嘉璈起了最关键的牵线搭桥的作用[42]。

关于江浙财团支持蒋介石集团上台的原因及南京政权建立后的关系,包括小科布尔在内的不少学者认为:出于对工人运动和共产主义的恐惧,江浙财团投靠了蒋介石集团,从金钱和道义上支持蒋介石发动反革命政变,建立起南京国民政府。但他们却未料到旋即遭到了南京政权的压榨与排挤,不仅在政治上损失其活动能力,而且在经济上也处于濒临破产的境地[43]。但对此持不同见解的学者也不在少数。法国学者白吉尔指出:把资产阶级向蒋介石的归顺简单地看成是对工人运动及共产主义的恐惧是错误的,这"并不只是由于环境所迫,为应付革命形势所带来的危险而作出的一种抉择",而是江浙资产阶级倾向于一个国家的强治政权,以实现国家的统一、发展、繁荣。白氏由此认为资产阶级投靠蒋介石是主动地、充满希望的一种选择,而当时高涨的工人运动只是起到了加强这种愿望的作用[44]。史全生、邱松庆、张晓辉等认为,在南京国民政府初期,江浙财团不仅未遭排斥,相反还在南京政权内占有一定地位,经济上不仅没有破产,而且还利用他们控制的政治、经济权力捞到了不少好处[45]。史全生还认为:江浙财阀不仅只扮演了蒋介石的财政支柱的角色,而且还"表现了主谋、帮凶和策士的角色"[46]。冯筱才通过对江浙商人的考察提出他们在1927年和蒋介石集团联合在一起只是为了挽救秩序,保卫财产自救举动的一种表现形式,根本不能被视为什么严格意义上的政治参与,更不能被加上"背叛"、"勾结"、"反动"等等意识形态色彩浓厚的字眼。

在关于江浙财团与南京国民政府关系问题研究中,应该重视的是近年来一批并非以江浙财团为论题,而研究内容事实上属诸一般所说狭义的江浙财团或江浙金融财团的成果,如吴景平主编的《上海金融业与国民政府关系研究》、《上海金融业的现代化与国际化》等[47]。特别是前著,回绕上海金融业与国民政府关系这一主题,发掘和利用了大量原始资料,对诸多相关专题如国民党与上海金融业的早期关系、江苏兼上海财政委员会、江海关二五库券基金会、上海金融业与1932年的公债风潮及公债整理、上海银钱业与国民政府的废两改元、上海金融业与国民政府的法币政策等都做了极为深入的研究,代表近年来上海金融界与国民政府关系问题研究的水平。

## (三)问题与方法:未来研究前瞻

简略回顾江浙财团80年来研究状况,已经取得的进展和成果令人欣慰,但存在的问题也显而易见。一是概念混乱,缺乏学术概念的严谨性。关于江浙财团的概念既如上所述那样名目繁多,对相关问题的研究自然分歧迭现。二是在研究的指导思想上,大多受先入为主的意识形态影响。在很长一段时间里,以"革命—反动"二维思维定式来评价江浙财团,研究者们多以"叛变"、"投靠"、"勾结"、"主谋"、"帮凶"、"狼狈为奸"、"封建买办性"等这类带有强烈意识形态倾向的字眼来评价江浙财团。这种以预设的政治化框架去套财团人物的言行,流露出明显的政治倾向,显得过于简单、草率,从而在一定程度上影响了其客观性和公正性,也阻碍了从另外的视角来考察江浙财团的研究路径。最近几年来,随着中国近现代史研究范式由"革命史"向"现代化"框架的转变,关于"江浙财团"的研究也取得一些突破与进展,有些论著开始注重从经济史层面讨论江浙财团的政治倾向、地位和作用,但仍未完全摆脱"革命意识形态"和1957年后"左"的意识形态的影响。三是资料发掘仍显不足。虽然近年来以吴景平、杜恂诚为代表的一些学者在相关问题研究中发掘了大量档案史料,但关于江浙财团档案及当时报刊史料的发掘仍显不足。四是研究的广度和深度也仍存有局限。关于江浙财团的不少问题还没有很好的开展研究,如江浙财团与北洋政府的财政经济政策、江浙财团与北洋政府的公债、江浙财团与国货运动、江浙财团与文化教育、江浙财团与慈善公益事业、江浙财团与外国势力的关系等;还有些问题的研究尚待进一步深入,如江浙财团的资本组成及代表人物、江浙财团与国民政府经济政策的制定、江浙财团与国民政府的公债、江浙财团的实力与地位等。总之,江浙财团问题研究,需要在实事求是思想路线指导下,在已有研究的基础上进一步挖掘、考辨、分析史料,在充足的、令人信服的史料的基础上,对江浙财团进行全面、客观、具体的分析,还历史以本来面目。

## 二、概念解说

在西方,财团是一种未被严格界定的经济组织,一般笼统地解释为合伙各方(企业、金融机构或投资者等)为了进行共同投资而形成的一种联合或结合体。在不同的国家,财团的概念也有差异,如韩国的财团也称财阀,是大型企业或超大型企业的同义语,它不仅是生产、经营的主体,对外贸易、投资的中坚力量,而且是集人事、金融、原材料、管理于一体的企业王国。在美国,财团则是金融资本的简称,指由极少数金融寡头所控制的巨型银行和巨型企业结合而成的垄断集团,其显著特点是以一家或几家规模较大的商业银行、投资银行、保险公司为主体,并与一些规模巨大的工商企业结合在一起,通过资本参与、金融信贷、人事结合等方式,形成一个庞大的经济利益集团,如洛克菲勒、摩根、第一花旗银行、杜邦、波士顿、梅隆、芝加哥、加利福尼亚、得克萨斯等财团。日本的财团(在第二次世界大战前也称财阀)是指明治维新后因政府的扶植而逐渐形成的以银行资本为核心、以产业资本和商业资本为两翼的、家族或同族经营的具有垄断性质的企业集团,如三井、三菱、住友、富士、三和等财团。

在我国,关于财团至今也没有统一的定义。传统的解释主要依据经典作家的论述,称"财团"是资本主义发展到垄断阶段的产物,是在银行垄断资本和工业垄断资本的混合成长中形成的大型企业集团。按照这种解释,"财团"成了发达资本主义国家的专有物,当然否认近代中国民族资本出现过"财团"。但现代经济学的发展,向这种观点提出了挑战。现在国内经济学界一般这样来定义"财团",即财团就是以金融资本为纽带,集金融、实业、贸易等于一体的综合性的企业集团,它是市场经济不断发展和生产社会化程度日益提高的产物。笔者认同这样的界定,依据这样的定义,无论是资本主义制度还是社会主义制度,也无论是自由资本主义阶段或垄断阶段,只要是随着市场经济的发展和资本的集中而形成的产融(包括金融与商业贸易等)相结合的大型企业集团都可以称作财团,近代中国资本主义发展幼稚阶段产生的大生企业集团、荣家企业集团、刘鸿生企业集团、永安企业集团、孙氏通孚丰企业集团等都可视作财团[48],现今中国的中信、光大、平安、宝钢、海尔、五矿也都称得上财团[49],而 2004 年浙江温州出现的中瑞财团和中驰财团,更是直接以"财团"命名[50]。

认定近代中国民族资本财团的又有两种观点。一是按地域来划分的金融势力,也即将中国的银行等金融企业划分为江浙、华北、华南、华西"四大银行集团",即四大财团[51]。二是超越银行范畴,将其界定为以某地域为活动基地的、以金融资本为主体、金融资本与产业等资本结合的大资本集团的总称,且一般都按其地域分布和联系紧密程度认为有江浙、华北、华南三大财团(或加华西财团而称为四大财团),历史上学界多持后一种观点[52]。笔者认为,后一种"财团"界定更符合现代经济学界一般对"财团"的界说,也更符合近代中国民族资本发展的实际情况。在第一次世界大战前后中国资本主义发展的"黄金时期",随着中国工商业资本、金融资本的发展,在某一都市或区域如上海及江浙地区确实出现资本集中和金融资本与工商业资本融合趋势,出生于同一地域的企业家在投资或事业相关方面相互合作,最后形成地域性的企业集团即形成财团,江浙财团就是其中最具代表性的财团之一。日本学者志村悦郎、山上金男也认为:作为资本主义阶段性产物的财团,在其发展过程中自然分化出资本主义生产方式初步阶段资本家所组成的地缘集团和资本主义发展到垄断阶段资本显著膨胀的垄断形态两种类型,中国的财团属于前一种范畴。志村悦郎说"这些以上海为中心的江浙资本家,正是如今被通称为浙江财阀的"。[53]

其实,这类在资本主义发展初期形成的地域性的产融结合的财团,在日本资本主义生产方式的初期也曾出现过。例如,19世纪末20世纪初,日本出现的掌握东电的东京甲州财团,大阪近江银行和江商株式会社结成的江州财团,名古屋爱知银行为中心的清州财团等[54]。山上金男将这类地缘性的财团和一门一族的独立财团称为前期财阀和后期财阀。中国的财阀从发展过程看,毫无疑问属于前期财阀。

综上所述,本书所说的"江浙财团"是指以上海为中心地域兼及江浙地区,以江浙籍资本为主包括其他外籍资本,以金融资本为主包括产业、商业、航运等业资本的大资本集团,上海总商会、上海银行公会、上海钱业公会、华商纱厂联合会等是其主要的组织形式,虞洽卿、陈光甫、张嘉璈、李馥荪、钱新之、王晓籁、秦润卿、王一亭、宋汉章、叶揆初、荣宗敬、刘鸿生、吴蕴斋、顾馨一等是其主要代表人物。

## 三、基本框架和主要内容

本书以江浙财团为研究对象,以专题研究为主,研究时段主要是民国初期至20世纪30年代中期。这是因为:第一次世界大战期间,中国民族工商业、金融业迅速发展,资本开始集中,且产业资本、金融资本出现融合现象,又成立了上海银行公会、上海钱业公会、上海水火险公会、华商纱厂联合会等重要的金融业、产业同业组织,江浙财团开始兴起。1928 年以后,南京国民政府逐渐加强对民营工商业及工商团体的控制,特别是 1935 年以后,国民政府剥夺了商业银行的货币发行权,通过参股控制了中国银行、交通银行,并利用一些商业银行面临的危机乘机接管了中国通商、四明、中国实业等银行,江浙财团已失去了独立自由发展的地位,江浙财团作为独立的经济和政治力量已不复存在。本书主要研究上述时段内,江浙财团的兴起、江浙财团与北洋政府的经济关系、江浙财团与国民政府的财政、江浙财团与国货运动、宁波帮与江浙财团等问题,其基本框架如下:

第一章《黄金时期与江浙财团的兴起》。主要概述第一次世界大战爆发后至 20 世纪 20 年代中国资本主义发展的"黄金时期"上海工商业、金融业和主要工商团体的发展状况,尤其是工商业、金融业的资本集中和资本融合状况,着重分析了上海总商会及此间成立的上海银行公会、上海钱业公会、华商纱厂联合会领导层的地缘构成,进而阐明:一个以金融资本为主、金融资本与工商业资本融合的、以总商会及上海银行公会、上海钱业公会、华商纱厂联合会为其主要组织形式的大资本集团即江浙财团兴起了。

第二章《宁波帮与江浙财团》。主要论述宁波帮在江浙财团中的地位和作用,认为宁波帮是江浙财团的社会基础,宁波帮以在江浙地区"掌握着金融上的权力,而无可匹敌者"的超然地位及在经济社会领域的辉煌业绩,成为其在上海及至全国工商界占据重要一席之地的基础,也使其雄踞江浙财团的领袖地位。

第三章《江浙财团与北洋政府的财经经济关系》。主要论述了江浙财团在北洋政府财政经济政策制定过程中的作用,特别是江浙财团与北洋政府公债、江浙财团与北京关税特别会议的关系。认为上海总商会、上海银钱业公会、华商纱厂联合会等江浙财团主要团体在北洋政府时期提出了一些关于税收、海关、财政、金融等方面的要求和建议，对政府的经济政策产生一定的影响；江浙财团是北洋政府公债的主要承担者，但因公债基金无着，他们与北洋政府也有比较尖锐的矛盾，他们要求保障内债基金，整理无担保内债，极力反对滥发内债，吁请全国商民在政府切实整理公债之前，拒绝一切内债库券；指出江浙财团极度关注关税特别会议，积极发表关于关税问题的主张，他们的一些建设性意见，对会议产生一定影响，对南京国民政府初期的外交和财政政策也有积极影响。

第四章《江浙财团与南京国民政府的财政》。主要概述了南京国民政府成立前江浙财团与国民党的财政经济关系，指出江浙财团在 1927 年春南北、宁汉纷争中支持蒋介石集团是客观分析时局后作出的理性抉择，这一抉择促进了北伐进程，但对国民革命产生了重大负面影响。本章还通过对江浙财团与国民政府公债发行与整理的分阶段考察，说明江浙财团是政府公债的最大债权方，政府公债是江浙财团的重要投资财源，他们对政府财政的支持力度大大超出了对工商业的扶持，江浙财团通过内债这一中介与国民政府紧紧地联系在一起。大体而言，在国民政府统治前 5 年，江浙财团与政府间的合作是主流，但蒋介石的高压政策与江浙财团的商业原则也有矛盾乃至冲突；1932 年在江浙财团的支持下，国民政府进行了公债整理，之后国民政府通过改组银行和币制改革逐步控制金融界，江浙财团开始抵制政府公债，从而加剧了与国民政府的矛盾，国民政府通过改组和接管商业银行，使江浙财团作为独立的经济和政治力量不复存在。

第五章《江浙财团与国货运动》。主要考察江浙财团与国货运动的关系，认为江浙财团及其组织形式上海总商会、上海银钱业公会、华商纱厂联合会等团体与国货运动关系密切，并经历了一个从早期参与者到20世纪20年代末以后成为运动主导者的角色变化过程，国货运动的广泛开展对江浙财团的发展变迁与存在方式也产生诸多影响。

## 注　释

1　金普森:《略论浙江近代经济史研究》，人大复印报刊资料《经济史》1991年第5期。

2　姚崧龄:《张公权先生年谱初稿》上册，台湾传记文学出版社1982年版，第82—83页;姚崧龄:《中国银行二十四年发展史》，台湾传记文学出版社1976年版，第85页。

3　上海满铁调查资料第6编:《浙江财阀》，南满洲铁道株式会社上海事务所1929年（日文）版，《前言》第1页。

4　上海满铁调查资料第6编:《浙江财阀》，南满洲铁道株式会社上海事务所1929年版，第二章第6页。

5　包括浙江直系的卢学溥、胡孟嘉、徐寄庼、王晓籁、宋汉章、陈子埙、徐庆云、楼恂如、田祈原、盛筱珊、陶玉笙、李寿山、王鞠如、裴云卿，及浙江旁系的冯少山、林康侯、赵晋卿、顾馨一、叶惠钧、荣宗敬、陈光甫、周作民、唐寿民、郭标、郭乐、贝祖诒。

6　包括浙江直系的姚慕莲、王一亭、黄楚九、薛文泰、刘鸿生、方椒伯等，及浙江旁系的叶鸿英、黄奕柱、姚紫若、孙景西、史量才、聂潞生、程龄荪、顾棣三、陆伯鸿、朱志尧、杜月笙等。

7　日本评论社（东京），1938年版。

8　《中国经济评论》第2卷，第2号，1935年。

9　[日]山上金男:《浙江财阀论》，日本评论社1938年6月版，第71—72页。

10　[日]山上金男:《浙江财阀论》，第2页。

11　《中国经济评论》第2卷，第2号，1935年。

12　《申报月刊》第4卷，第8号，1935年8月15日。

13　上海光明书局1936年版。王说:"江浙财阀"在商业、金融界握有最大权势，其地位也超过其他银团，但"江浙财阀"也不过上海金融市场一分子，是苏浙皖土著银行即"华东集团"的"中坚"。

14　参见欧阳宋等:《中国内幕》第三种，上海新中国社1941年版。

15　《经济导报》1948 年 4 月 20 日。

16　魏友棐:《论所谓的浙江财阀》,《国闻周报》第 14 卷,第 47 期,1937 年 12
　　月 6 日。

17　参见王菊君、黄存林、李静克:《江浙财阀和蒋介石的上台》,《河北师院学报》1984
　　年第 2 期;史全生:《江浙财阀与蒋介石政权的建立》,《江海学刊》1984 年第 4 期;
　　钟晓光:《"江浙财阀"刍议》,《民国档案》1992 年第 1 期;另外,蔡静仪将美国学者
　　小科布尔的著作译为《江浙财阀与国民政府》,南开大学出版社 1987 年版。

18　参见黄逸平:《江浙财团析》,《学术月刊》1983 年第 3 期;杨树标、杨菁:《论四一二
　　前后江浙财团同蒋介石关系:读〈1927 年的上海商业联合会〉》,《杭州大学学报》
　　1991 年第 3 期;姚会元:《略论江浙财团的形成》,《江海学刊》1995 年第 1 期;姚会
　　元:《江浙财团形成的经济基础和社会基础》,《中国社会经济史》1995 年第 3 期;
　　易继苍:《江浙财团与南京国民政府关系》,《贵州社会科学》2002 年第 5 期。
　　等等。

19　[美]帕克斯·M. 小科布尔著,蔡静仪译:《江浙财阀与国民政府 1927—1937 年》,
　　南开大学出版社 1987 年版,第 8、10 页。

20　彭绍钧等:《中外财团经济的发展路径及模式比较》,《经济社会体制比较》2005 年
　　第 4 期。

21　高青海主编:《文史哲百科辞典》,吉林大学出版社 1988 年版。

22　姚会元:《江浙金融财团的三个问题》,《历史档案》1998 年 2 月;姚会元、邹进文:
　　《"江浙金融财团"形成的标志及其经济、社会基础》,《中国经济史研究》1997 年第
　　3 期;姚会元:《江浙金融财团研究》,中国财政经济出版社 1998 年版。

23　钟晓光:《"江浙财阀"刍议》,《民国档案》1992 年第 1 期。

24　杜恂诚:《上海金融的制度、功能与变迁》,上海人民出版社 2002 年版,第 79 页。

25　黄逸平:《江浙财团析》,《学术月刊》1983 年第 3 期。

26　周巍:《试论南京国民政府创建时期的民族资产阶级》,《学术论坛》1991 年 6 月;中国银
　　行行史编辑委员会:《中国银行行史》,中国金融出版社 1995 年版,第 85—91 页;黄逸峰、
　　姜铎等:《旧中国民族资产阶级》,江苏古籍出版社 1990 年版,第 346—373 页。

27　冯筱才:《1911—1927 年的中国商人与政治:文献批评与理论构建》,《浙江社会科
　　学》2001 年第 6 期。

28　黄逸平:《江浙财团析》,《学术月刊》1983 年第 3 期。

29　姚会元:《略论江浙财团的形成》,《江海学刊》1995 年第 1 期;《江浙财团形成的经济基础和社会基础》,《中国社会经济史》1995 年第 3 期。

30　[日]西里喜行:《关于清末的宁波商人》,《东洋史研究》第 22 卷,第 1 号。

31　[美]帕克斯·M.小科布尔著,蔡静仪译:《江浙财阀与国民政府 1927—1937 年》,第 8—9 页。

32　黄逸平:《江浙财团析》,《学术月刊》1983 年第 3 期。

33　史全生:《江浙财阀与蒋介石政权的建立》,《江海学刊》1984 年第 4 期。

34　郭廷以:《近代中国史纲》,香港中文大学 1980 年版,第 573 页。

35　毛知砺:《张嘉璈与中国银行的经营与发展》,台湾协联印书馆 1996 年版,第 135 页。

36　《辞海》,《历史分册·中国现代史》,上海辞书出版社 1984 年版,第 114 页。

37　姜铎:《略论旧中国三大财团》,《社会科学战线》1982 年第 3 期。

38　黄逸平:《江浙财团析》,《学术月刊》1983 年第 3 期。

39　姚会元:《江浙金融财团研究》,第 128、10 页。

40　史全生:《江浙财阀与蒋介石政权的建立》,《江海学刊》1984 年第 4 期。

41　[日]西里喜行:《关于清末的宁波商人》,《东洋史研究》第 22 卷,第 1 号。

42　钟晓光:《"江浙财阀"刍议》,《民国档案》1992 年第 1 期。

43　[美]帕克斯·M.小科布尔著,蔡静仪译:《江浙财阀与国民政府 1927—1937 年》,第 2 页;黄逸平:《江浙财团析》,《学术月刊》1983 年第 3 期;周巍:《试论南京国民政府创建时期的民族资产阶级》,《学术论坛》1991 年第 6 期。

44　[法]白吉尔著,许富强、许世芬译:《中国资产阶级的黄金时代 1911—1937 年》,上海人民出版社 1994 年版,第 249 页。

45　史全生:《南京国民政府的建立》,河南人民出版社 1987 年版;邱松庆:《江浙财团与南京国民政府的建立》,《党史研究与教学》1996 年第 5 期;张晓辉:《民族资产阶级与南京国民政府》,《史学集刊》1987 年第 1 期。

46　史全生:《江浙财阀与蒋介石政权的建立》,《江海学刊》1984 年第 4 期。

47　分别由上海财经大学出版社 2002 年 3 月、上海古籍出版社 2003 年 10 月出版;此外,这类研究成果主要还有吴景平、王晶:《"九一八"事变至"一·二八"事变期间的上海银行公会》,《近代史研究》2002 年第 3 期;吴景平:《从银行立法看 30 年代国民政府与沪银行业关系》,《史学月刊》2001 年第 2 期;吴景平:《评上海银钱业之间关于废两改元的争辩》,《近代史研究》2001 年第 5 期。

48　毛泽东曾说:"荣家是我国民族资本家的首户,在国际上称得起财团的,我国恐怕
　　只有这一家。"见唐庸章:《我所知道的荣氏在汉企业》,《武汉文史资料》2005 年第
　　2 期。

49　参见彭绍钧等:《中外财团经济的发展路径及模式比较》,《经济社会体制》2005 年
　　第 4 期。

50　参见《热烈祝贺中国大型民营财团(中瑞)在温州成立》,《光明日报》2004 年 7 月 9
　　日第 4 版。

51　参见王宗培:《中国金融业之阵容》,《申报月刊》第 4 卷,第 8 号,1935 年 8 月 15
　　日;王承志:《中国金融资本论》,上海光明书局 1936 年版,第 97—98 页;参见全天
　　慰《中国民族资本主义的发展》,河南人民出版社 1982 年版,第 163 页。

52　参见上海满铁调查资料第 6 编:《浙江财阀》,满铁上海事务所 1929 年(日文)版;
　　[日]山上金男:《浙江财阀论》,日本评论社 1938 年版;黄逸峰、姜铎:《旧中国的买
　　办阶级》,上海人民出版社 1982 年版;姜铎:《略论旧中国的三大财团》,《社会科学
　　战线》1982 年第 3 期;黄逸平:《江浙财团析》,《学术月刊》1983 年第 3 期;姚会元:
　　《略论"江浙财团"的形成》,《江海学刊》1995 年第 1 期。

53　上海满铁调查资料第 6 编:《浙江财阀》,满铁上海事务所 1929 年(日文)版,第
　　3 页。

54　[日]山上金男:《浙江财阀论》,日本评论社 1938 年版,第 69 页。

# 第 一 章

# "黄金时期"与江浙财团的兴起

　　辛亥革命以后至 1927 年,中国民族资本主义进入持续发展的"黄金时期"[1],在这期间,上海的产业资本、金融资本都获得较快发展,并且出现若干工商业大资本集团,金融业也出现以南五行为基础的、无具体联合形式而有联合内容的金融资本集团,而且呈现工商业资本与金融资本相互融合、相互渗透的趋势。在工商业、金融业资本家的组织形式方面,除了原有的上海总商会外,上海银行公会、上海钱业公会、华商纱厂联合会等也在此期间相继成立,使上海工商、金融、航运等各业资本家有了更为完善的组织形式和更为广阔的活动舞台,工商、金融等各业资本家的群体意识进一步加强,他们通过这些组织参与并影响当时的政治及经济政策,反映同业利益和要求,规范、指导同业发展,一个以金融资本为主、金融资本与产业资本融合的、以上海总商会及上海银钱业公会为其主要组织形式的大资本集团即江浙财团随之兴起。

## 一、产业资本的发展与资本集团的出现

　　在"黄金时期",中国、特别是上海的民族工商业获得快速发

展。据杜恂诚研究,1840—1911 年的 72 年中,中国创设的资本额
在 1 万元以上的工矿企业总共 953 家,创办资本额 20380.5 万元,
而 1912—1927 年的 16 年中,全国共创设资本在 1 万元以上工矿
企业达 1984 家,资本额约 45895.5 万元,无论是创办企业数还是
资本额都比前 72 年增长 1 倍以上,这还不包括 263 家设立年份不
详的企业。而且从 1914 年到 1927 年,中国的民族工矿业一直呈
发展态势,并不是如有的学者所说的从 1922 年后,民族工业就开
始衰落了。具体是:1914—1918 年这 5 年间,新设企业 539 家,创
业资本额 11934.0 万元;1919—1922 年这 4 年间,新设企业 673
家,创设资本 21235.3 万元;1923—1927 年这 5 年间,虽 1927 年因
受国内政治军事影响新设企业较少,但新设企业总数仍达 603 家,
创设资本额 10322.7 万元[2]。而上海民族工矿业的发展更为迅速,
从 1911—1925 年,上海几大主要工业如棉纺、缫丝、面粉、卷烟、造
纸、火柴、制药、机器船舶修造、电力工业中,大部分行业的工厂数
和资本总额都增长两倍以上,其产值增长多在 2.5 倍以上(见
表 1)。

表 1    1911—1925 年上海主要工业行业工厂数、资本额增长情况

资本额单位:万元

| 年份 | | 1911 | 1925 | 增长:倍 | 备注 |
|---|---|---|---|---|---|
| 棉纺 | 工厂数 | 7 | 22 | 2.14 | |
| | 资本额 | 463.33 | 4862.95 | 9.5 | |
| | 产值 | 4864.21 | 23655.53 | 3.86 | |
| 缫丝 | 工厂数 | 45 | 74 | 0.64 | |
| | 资本额 | 735.70 | 1041.10 | 0.42 | |
| | 产值 | 1394.1 | 1685.1 | 0.21 | |

| 年份 | | 1911 | 1925 | 增长:倍 | 备注 |
|---|---|---|---|---|---|
| 面粉 | 工厂数 | 8 | 19 | 1.38 | 分别为 1912、1926 年数据 |
| | 资本额 | 214.5 | 785.3 | 2.54 | |
| | 产值 | 1395.2 | 7744.3 | 4.55 | |
| 卷烟 | 工厂数 | 1 | 52 | 51 | |
| | 资本额 | 1 | 1010 | 1009 | |
| | 产值 | 4.8 | 1565.0 | 325.0 | |
| 造纸 | 工厂数 | 1 | 4 | 3 | 后一组工厂、资本额、产值数为 1926 年数据 |
| | 资本额 | 61.1 | 181.1 | 1.96 | |
| | 产值 | 99.6 | 265.10 | 1.66 | |
| 火柴 | 工厂数 | 2 | 5 | 1.5 | |
| | 资本额 | 33.9 | 104.6 | 2.09 | |
| | 产值 | 90.4 | 401.50 | 3.44 | |
| 制药 | 工厂数 | 1 | 18 | 17 | |
| | 资本额 | 0.5 | 36.8 | 72.6 | |
| | 产值 | 2.0 | 191.0 | 94.5 | |
| 机器与船舶修造 | 工厂数 | 70 | 284 | 3.06 | |
| | 资本额 | 71.8 | 233.3 | 2.25 | |
| | 产值 | 90.6 | 347.0 | 2.83 | |
| 电力工业 | 工厂数 | 2 | 6 | 2 | 缺资本额 |
| | 资本额 | — | — | — | |
| | 产值 | 4.3 | 180.9 | 41.07 | |

资料来源:根据徐新吾、黄汉民主编:《上海近代工业史》附录统计表1、3、5、8、10、12、14、15、16、17、21 改制。

随着民族工商业的发展,江浙地区出现资本集中趋势,形成一些大型民族资本企业集团,上海尤为明显。如荣家企业集团、永安企业集团、刘鸿生企业集团、简氏企业集团、孙氏企业集团、久成缫丝集团、张謇企业集团、三北航运集团、朱葆三企业集群等。

无锡荣宗敬、荣德生兄弟分别于 1904 年、1907 年就在无锡创办茂新面粉厂、振新纱厂。辛亥革命后又向上海发展,于 1912 创办福新面粉厂。第一次世界大战爆发后,福新生产的"绿兵船"牌面粉产销国内及欧洲、东南亚、澳大利亚等地,获利甚丰。1914—1918 年,福新一厂、三厂(1916 年创设)共赢利九十余万元。荣氏兄弟通过创办新厂、租办他厂等方式迅速扩大面粉业,从 1913—1919 年在上海等地新办面粉厂 8 家,他们在无锡创办的茂新面粉厂也新增 3 家分厂。至 1921 年,荣氏兄弟经营的面粉厂日厂能力达 76000 袋,占全国民族资本面粉厂生产能力的 31.4%[3],被称为"面粉大王"。与此同时,荣氏兄弟又积极向纺织业拓展,1915 年在上海创办申新一厂,当年即赢利两万余元,1916 年赢利十一万余元,1917 年达四十余万元[4]。该年荣氏以 40 万元盘买恒昌源纱厂,1919 年改名申新二厂。此后几年正是民族棉纺业发展空前绝后的黄金时期,申新厂获得惊人的利润,申新一厂 1919 年赢利 80 万元,1919 年赢利超百万元,1920 年赢余 110 万元[5]。荣氏不断增资扩充,先后在无锡、汉口创办第三、第四厂。至 1922 年,申新系统已建有 4 厂,资本总额 983.5 万元,纱锭总数 134907 枚[6]。1925 年,荣氏又以 65 万两盘买著名实业家穆藕初创办的德大纱厂,改名申新五厂。至 1931 年"申新有厂九个,共有锭五十万,布机三千余张,国内无出其右,外人侧目"[7]。荣氏兄弟为了加强对茂新、福新、申新三个系统的管理,1921 年投资 35 万元在上海江西路成立总公司,由总经理荣宗敬统一处理资金调度、原料与设备采购、产品调拨与销售等业务,具体生产业务由各系统工厂负责,形成中国最具规模的企业集团[8]。随着企业的发展,荣氏兄弟在江浙工商界的地位也日隆,荣宗敬在 1924 年华商纱厂联合会第七届常年大会上被选为副会长,荣德生则担任无锡纱厂联合会会长[9]。因会长周缉之(学熙)远在天津经营庞大的周氏企业集团,无暇顾及会务,荣宗敬事实上成了华商纱厂联合会主持人[10],被认为是江浙财阀的主要人物[11]。

永安企业集团创始人郭氏兄弟并非江浙籍人,第一次世界大战前的事业重心也不在江浙地区。1918 年,郭氏在上海创设永安百货公司,成为其拓展上海地区的标志。随后在上海开办大东方旅社、天韵楼游乐场和永安存款部等服务性企业,并在商业经营中积聚了巨额资金。1922 年,郭氏兄弟在上海杨树浦创办永安纱厂,额定资本 600 万元,有纱锭三万余枚。虽然永安创世即面临中国棉纺业滑坡困境,如郭乐所说"永纱出世后就遇着饥荒",但凭借企业内部以商养工等优势,永安纱厂不但立稳脚跟,而且 1924 年赢利十余万元,1925 年还盘买大中华纱厂,改称永安二厂,并在南通、海门、汉口、郑州、广州、香港及泰国、新加坡等地广设分庄和代理处,形成强有力的原料采购与产品销售网络。至 1925 年,永安纱厂已有纱锭八万余枚,布机 760 台,年产棉纱六万余件,成为上海仅次于申新的第二大棉纺织企业集团,郭氏兄弟也于 1920 年代中期联袂任华商纱厂联合会董事[12],都被认为是浙江财阀主要人物[13]。

宁波帮刘鸿生从买办业起家。1911 年任英商上海开平矿务局买办后[14],他广设销煤机构,先后与当时上海规模最大的义泰兴煤号(浙江余姚杜家坤创设)等在上海创设福泰煤号、开滦售品处、元泰煤号、东京煤公司。他还通过投资或合并手段控制外埠煤号,如 1920 年前后在南京、南通、芜湖、江阴与当地煤号合资设立生泰恒煤号,在镇江参与投资设立大华煤业公司,在苏州设立同和义煤号[15],使销煤业务从上海延伸到长江下游工业密集区。1923年,开滦煤在以上海为中心的江浙地区的销量已占其总销量的25%[16],刘氏因此获得巨额买办佣金和商业利润,至第一次世界大战结束时他已积累一百余万两。从1918年起,刘鸿生以码头堆栈业为切入点开始在上海独立创办企业。该年,他在浦东建源码头和南码头之间修建了一座简陋的木结构煤炭专用码头,1919年创设义泰兴码头北栈,1922年建成义泰兴码头南栈。1924年,刘氏又与浙江定海同乡韩芸根等在浦东白莲泾建成义泰兴白莲泾栈。1926年,他筹资42万元建造规模宏大的周家渡码头。1927年刘鸿生组织中华码头公司,统一管理上述各码头[17]。

从1920年始,刘鸿生又大步向民族工业迈进,该年创办了苏州鸿生火柴厂,在12万元资本中,刘氏占9万元。1926年,鸿生火柴厂改组为股份公司,资本增至50万元。1923年创办上海水泥厂,创业资本120万元,刘鸿生任总经理。1926年,刘鸿生投资6.6万元,在义泰兴码头南栈创建中华煤球公司,并任总经理。1928年,他又集资30万元,增设中华煤球公司第二厂。1929年10月,中华煤球公司盘进上海第一煤球公司,创设中华煤球公司第三厂[18],使中华煤球公司成为该业举足轻重的企业。此外,刘鸿生于1926年12月在浦东周家渡创设章华毛绒纺织厂,在80万元资本中,刘氏家族占99%以上。1927年,刘鸿生还与陈光甫等人筹资设立了大华保险公司,以解决不断增加的刘氏企业财产的投保问题[19]。除了以上刘氏独资或资本占绝对优势的企业,刘鸿生还广泛投资工矿、交通、金融企业及公用事业,1926年他投资的企业已达62家,315万余元;1931年刘氏的企业投资总额已达740万元[20]。

刘鸿生利用第一次世界大战的有利时机,将巨额买办资本和商业资本转化为工业及公用事业资本,先后创办了码头堆栈、火柴、水泥、煤矿、煤球等一批企业，并在激烈的竞争中站稳脚跟，居于同业重要地位。他又利用刘鸿记账房[21]为各企业提供资金调度，发挥统一管理功能，形成了初具规模的企业集团，被认为是浙江财阀重要人物[22]。

孙氏企业集团的创始人孙多森出身于安徽寿州显赫的官宦之家，1900年在上海创办了第一家中国民族资本机器面粉厂——阜丰面粉厂，从1902年起开始赢利，第一次世界大战期间，与其他面粉企业一样获得惊人的利润，至1919年赢利已达560万元。从1915年开始，孙氏开始广泛投资。该年孙氏在北京创办了通惠实业公司，随后由该公司投资各种企业：如烟台通益精盐公司，哈尔滨通森采木公司等，逐渐形成"通"字企业系列。1916年又在天津创办中孚商业银行，同时在上海、北京、天津设立分行。同年，孙氏又把上海的面粉工业推向各地，首先在济宁开办济丰面粉厂，1919年又在新乡设通丰面粉厂，还租办了上海长丰面粉厂和无锡泰隆面粉厂，1925年时日厂面粉达27800包。这样就形成了以上海为基点、工业资本与金融资本融合的资力雄厚的通孚丰企业集团。

久成集团是以浙江湖州人莫觞清创办的久成丝厂为基础发展起来的。莫觞清出生于丝商家庭，1899年入同乡杨信之开设的延昌永丝厂当学徒。1907年邀同乡王笙甫等人在上海新闸路租了一家丝长，打出"久成"厂名，并任经理。从1907—1909年，莫通过经租丝厂获得厚利，奠定了他在上海发展缫丝工业的基础。1910年，莫氏在沪南创建了久成一厂，有丝车512部，是当时上海规模最大的丝厂之一。同年又租进了又成丝厂，使经营的丝车总数达968部[23]。此后，莫觞清积极通过租厂制扩大经营规模，至1914年第一次世界大战前夕，已拥有5家缫丝厂，共有丝车1484部，初步形成久成缫丝集团。第一次世界大战爆发后，生丝销欧几于停止,已成交的期货也多为洋行毁约,厂商"受亏于洋商者不可胜计"[24],久成也遭同样境遇。但不久莫觞清接受美国丝绸商罗伯特·兰之聘为兰乐璧洋行买办,同时兼任经营丝绸的美商美鹰洋行生丝部买办[25],为久成产品的销美创造了条件。1919年,莫氏又在日晖港建成久成二厂,莫氏久成系统发展到7家丝厂,丝车增至2588部,占上海缫丝工业丝车总数的14.6%[26]。第一次世界大战后,民族缫丝工业因为出口受到日本生丝的挑战而步履维艰,但莫氏久成集团却在继续发展,他将久成一厂改为美亚绸厂,又将一厂的机器设备迁至日晖港,并加以扩充,建成拥有624部丝车的久成三厂,把它分为3个车间,实际上是3个分厂(即宝泰、广源、隆记)。至1928年,久成系统拥有10家丝厂,占上海丝厂总数的近10%;共有丝车2856部,占上海丝车数的11.7%;年厂丝5000担以上,稳执上海缫丝工业之牛耳,被称为"丝业大王"。

　　江苏通州(南通)人张謇1894年中状元,1899年受两江总督张之洞委派在南通创办大生纱厂,拥有纱锭2.02万枚。工厂运营后,连年获利,1904年扩充至纱锭4.04万枚,并在崇明久隆镇筹建大生二厂,1907年大生二厂建成,当年即获赢利。为了解决原料问题,张謇于1901年建立了全国第一个农垦企业通海垦牧公司,在南通、海门交界处开垦十余万亩海滩荒地进行植棉,至民初通海垦牧公司发展到年产棉花1.2万担的大型原棉基地。为适应大生企业运输和发展实业的需要,从1901年起,张謇又陆续兴办了天生轮船公司、大达内河轮船公司、大达轮埠公司、达通航业转运公司等企业。1903年,张謇又创办了阜生蚕桑染织公司,还于1905年创办资生铁冶公司,从事大生企业系统机械设备的维修制造。在20世纪初的十多年里,张謇还创办有大兴面粉公司、广生油厂、韩墨林印书局、同仁泰盐业总公司、镇江笔铅公司、耀徐玻璃厂等十多家企业。

1912—1921 年的 10 年间,张謇的大生企业系统获得空前发展。至 1921 年,大生一厂资本已达 250 万两,历年纯利总额达 1161.92 万两,大生二厂资本也达 119.4 万余两,历年纯利总额 501.7 万两。张謇因此锐意扩充,计划再在海门建三厂、四杨坝建四厂、天生港建五厂、东台建六厂、如皋建七厂、南通建八厂及上海吴淞建九厂(以后又名大生淞厂)。1921 年大生三厂建成,有纱锭 3.03 万枚,布机 300 台。1924 又在南通创办大生八厂,有纱锭 1.5 万枚。至此,大生系统棉纺企业共有纱锭 16.69 万枚,布机 1020 台,分别占全国华商纱厂设备的 9.53% 和 10.75%[27]。张氏其他企业也有很大发展,通海垦牧公司因大生企业对棉花需求的增加收益有所提高,张謇因此大力兴办垦牧公司,从 1913—1920 年,先后在南起长江口附近的吕四场,北到海州陈家港包括南通、如皋、东台、盐城、阜宁、涟水等县的广阔地区创办大有晋、大豫、华丰、大来、中孚、遂济、通遂、大丰、大佑、通兴、大纲、阜余、华成等 16 家垦牧公司,投资额 1963 万元,所占土地总面积达 433 万亩,已垦土地面积也有 69 万亩[28]。随着企业的发展,张謇十分重视金融、电力等企业的创办。1919 年创办了淮海银行,该行额定资本达 500 万元,张謇之子张孝若任行长,1920 年在上海设立分行。张謇还在天生港创办发电厂和通燧火柴厂等企业。1922 年,张謇在南通设立总管理处,统一管理纺织、盐垦及各工厂、轮埠公司。至 1924 年,张謇创办经营的企事业已达到六十余家,形成自有资金达 2483 万两的大型企业集团[29]。

由于"浙江财阀"概念是在张氏去世后的 1928 年始由日本学者提出的,所以该学者没有把张謇作为后来学术界所说的江浙财团的代表人物。近年来出版的一些经济史、工业史论著在论及中国民族资本企业的资本集中时也不提张謇企业集团。但笔者认为,江浙财团的兴起是在第一次世界大战及随后一个时期,应以上海银行公会、钱业公会、华商纱厂联合会等的成立为主要标志,张謇企业集团理应是江浙财团的重要组成部分,张氏无疑是该财团的重要代表人物之一。

三北航业集团的主持人是被称为"浙江财阀"第一人或上海财界第一人的虞洽卿[30]。他于1881年由族人从浙江镇海带至上海瑞康颜料号当学徒。1893年进入主营颜料的德商鲁麟洋行当买办,同时自营颜料生意。1902年以后,虞洽卿先后任华俄道胜银行、荷兰银行买办,其中担任荷兰银行买办长达40年。1908年,他与宁波帮著名商人吴锦堂、陈子琴、严子均、方椒苓、李厚礽、叶又新、董杏荪等创设宁绍轮船公司,因股份最大被推为总理[31]。1915年6月,他又创办三北轮埠股份有限公司,设总公司于上海,在宁波、镇海、龙山、舟山、沈家门设分公司,虞洽卿(或以他3个儿子名义)拥有的股份占95.5%[32]。时值第一次世界大战爆发后民族航运业发展的"黄金时期",虞洽卿抓住"船舶日少,货脚日贵"[33]的历史机遇积极扩展轮运事业。1916年购入"姚北"木轮投入浙东航线,同年向荷(兰)商购进1320吨的升孚轮,并投资30万元创办鸿生公司,在浦东兴建鸿生码头[34]。1917年虞洽卿脱离宁绍公司,倾全力于三北公司。该年11月虞氏出资20万元,创设宁兴轮船公司,购进2897吨的"宁兴"轮投入沪甬线[35]。1918年三北公司连续购置"升有"、"敏顺"、"惠顺"、"利泰"四轮。同年12月,虞洽卿等将已接办多年的英商鸿安公司改组成完全华商的鸿安商轮公司,有"长安"、"德安"两轮行驶沪汉线,并在镇江、南京、芜湖、九江、汉口等处建有码头、趸船、堆栈等设备,使虞氏航运事业得以拓展至沪汉线,改变了"华商长江航业从前只有招商"[36]的局面。

1919 年 2 月,鸿安商轮公司增资至 100 万元[37],三北公司的资本也扩至 200 万元[38]。至此,虞洽卿已陆续创办三北轮埠公司、宁兴轮船公司、鸿安商轮公司,资本达 320 万元,拥有轮船 12 艘,总吨位 14000 余吨,在沪甬、沪汉及南北洋都有定期或不定期航线,在长江及沿海一些商埠都设有码头、趸船和栈房,形成颇具实力的三北航业集团。

第一次世界大战结束后,一些西方轮船公司卷土重来,各线运力增加,竞争随之趋激,在长江航线尤烈。虞洽卿一方面整顿业务,改善经营管理;另一方面利用与段祺瑞等的特殊关系,向北京政府取得 150 万元贷款和公司股本六厘保息的财政支持[39],不但使三北公司激烈的竞争中坚持下来,而且航业迅速拓展。至 1927 年,虞洽卿的 3 家轮船公司已拥有轮船二十余艘,总吨位达 2.5 万余吨,在长江、南北洋及外洋开辟多条定期、不定期航线[40],实力已跃居民营航业第一[41]。

经营五金业起家的朱葆三"生平所营不专主一业",没有形成象大生纱厂、阜丰面粉厂、茂(新)福(新)面粉厂及申新纱厂等这样的"拳头"企业,所以经济史界在论述近代中国民族资本集中时从来不提朱葆三企业集团。事实上,朱氏在民初投资领域之广、参与创办企业之多、投资额之大,是当时民族资本家中少见的。史料记载,他所营企业属诸银行者五、属诸保险公司者四、属诸航运者六,"其他如自来水、水泥、煤矿、电气、面粉、造纸、榨油、化铁、毛绒、纺织、新闻事业,无所不办"[42]。

世籍浙江黄岩的朱葆三 14 岁到上海一家协记五金号当学徒,19 世纪 60 年代末升任经理。1878 年,朱葆三创设慎裕五金号,开始了独立经商的历程。由于朱氏熟悉五金业务,又得同乡巨商叶澄衷提携,慎裕号业务不断拓展,19 世纪末 20 世纪初,他已成为上海五金洋货业领袖人物。约 1890 年,他受聘英商平和洋行买办。从 19 世纪 90 年代中期起,朱葆三开始把自营进出口贸易和担任买办中聚集的巨额财富向金融、航运、工矿等业广泛投资。金融业方面,他以总董身份参与创办了中国通商银行,之后一直是该行董事、常务董事。1908年,他与宁波帮旅沪巨商袁鎏、周晋镳、李云书、虞洽卿等在上海发起创设四明商业储蓄银行,并任董事[43]。1909年,浙江官银号改组为浙江银行,朱氏任驻行董事[44]。辛亥革命后,该行改名浙江银行,朱任总经理[45]。上海光复后,朱葆三又参与创办中华银行,并任董事长。1913年后长期任该行首席董事[46]。1922年,他又与绍兴商人徐乾麟创办江南银行,任董事长[47]。朱葆三也是上海华商保险业的开拓者。1905年,他创办了华兴水火保险公司,1906年又创办华安水火保险公司,约1907年前他还参与创办华成保险公司,并担任这3家保险公司的总董。1912年,朱葆三又与人创办华安合群人寿保险公司,并任董事长。航运业方面,朱葆三"虑中国航业陵替,乃提倡不遗余力"[48],先后与同乡傅筱庵、谢蘅窗、许廷佐等集资创办了越东轮船公司(1906年设上海)、顺昌轮船公司(1915年设宁波)、镇昌轮船公司(1915年设上海)、同益商轮公司(1918年设上海)、舟山轮船公司(1922年设上海)[49]。这些轮船公司虽都独立经营,各公司中朱葆三的合伙人也不尽相同,但因朱氏是这些企业的主要投资者,因而在经营中能相互配合,形成以朱葆三为核心的企业集团。朱葆三还广泛投资工矿业,在上海为中心的江浙地区参与创办或投资同利机器纺织洋线麻袋公司、大有榨油厂、海州赣丰饼油厂、上海龙华造纸厂、上海和兴化铁厂、立大面粉厂、上海丝织厂、上海华商水泥公司、上海第一呢绒厂、宁波和丰纱厂、上海华商电车公司、汉口既济水电公司、舟山电灯公司、上海内地自来水公司、上海南市自来水公司、上海南市电灯公司、长兴煤矿公司、杭州西湖啤酒公司等,形成以金融、航运为主体兼及自来水、水泥、煤矿、电气、面粉、造纸、榨油、化铁、毛绒、纺织等业的大型企业群体[50]，成为江浙财团的重要人物。

## 二、金融业的发展及联合趋势

### （一）银行业的发展与融合

　　银行是最重要的近代金融机关。自 1897 年第一家华资银行——中国通商银行建立后，华资银行业获得缓慢发展，至 1911 年，共设立华资银行 30 家，资本 2557.7 万元。进入民国以后，如前所述，中国民族工业进入了持续发展的"黄金时期"。产业资本的大发展有力推动了信用范围的扩大和银行业的发展，当时的上海银行公会会长盛竹书形容银行业的发展"有一日千里之势"[51]。这种发展又以"民国七年以降为最著之增加"，"就中尤以上海为首屈一指"[52]。据 1922 年刊行的《银行年鉴》，该年全国有银行 70 家，其中有设立年份的 68 家，这 68 家银行中设立于上海的 38 家（16 家总行，22 家分行），占 53%[53]。又据寿伯 1925 年调查所得，至 1925 年 6 月 30 日，全国存有华商银行 141 家，资本额达 37515 万元，已交资本 15816.05 万元，公积金 1687.5 万元，其中总行设于上海的 34 家[54]。而据当代金融史家杜恂诚研究，1912—1927 年，全国新设创办资本额在 5 万元以上的银行共 313 家（不包括分行），资本总额达 20662.8 万元，其中新设上海的银行共 56 家，其中 50 家有资本额，资本总额 3407.9 万元[55]。这些银行主要由江浙籍人投资创办，据笔者研究主要由浙江籍创办或为企业代表的 37 家[56]。

　　随着上海新设银行的不断增加，中国的金融中心逐渐南移，北京逐渐失去金融中心地位而让位于上海。早在 1916 年，中国银行股东联合会就已认上海为"全国金融枢纽"[57]。1920 年前后，上海已经成为中国的金融中心。1919 年中国银行的营业报告说:"上海为中外商业荟萃之区,亦为全国金融中心,其银根之松紧,商务之盛衰,关系及于全国。[58]"次年的中国银行营业报告又进一步指出"上海不独为国内金融之中心点,亦为国际汇兑之中心点"[59]。1920 年 10 月,北洋政府驻沪金融调查专员李焱芬在给北京政府的一份报告中分析说:上海的金融与北京息息相通。北京是首都,全国度支出纳均聚散于此地,为本国的财政枢纽,是为全国的"财政金融中心";上海是全国最大的商埠,是中国对外贸易的咽喉,国内外汇兑市价多以上海为标准,是全国的"商务金融中心"。"北京与上海各成其为金融中心,有两个中心之倾向,而适成其为椭圆形焉"[60]。徐沧水也同意两个金融中心的说法,但他认为从严格意义上说,中国的金融中心只有一个即上海。他分析说:"至就银行业务上以言之,则北京之银行,其往来交易实以官家为大宗。若上海则纯为商业上之关系。假使今后政治清明,中央财政无仰仗小银行之必要,则已有之银行,自必逆取顺守,分设来沪,以谋其正当业务之发展。其在北京开设银行者,势必随以减少,加之上海类似银行之金融业,如钱庄等,其势力正非北京现有之银号所可比拟"。因此,他得出结论,"吾国金融之中心,可称为椭圆形,北京与上海,实可谓各成其为中心,殊有两个中心之倾向。若从严格以立论,并为正圆形之观察,则就种种方面的情势以下判定,则吾国之金融中心,实可谓在上海。"[61]1921 年,由银行公会所属会员银行为主组成的上海造币厂借款银团在致财政部函中也说,"上海一埠为全国金融之中枢,银洋出入荟萃之区"[62]。1927 年,交通银行在营业报告中更明确指出:"上海为我国最大商埠,实南北金融界之中心"[63]。

　　上海不仅发展成为全国的金融中心,而且上海地区的银行出现联合趋势,其表现除了成立银行公会以统一沪上银行业步调,规范、促进银行业发展外[64]，就是以南五行和宁波系三行为核心联合起来，经营趋于集团化。

所谓"南五行"即中国银行上海分行、交通银行上海分行、浙江兴业银行、浙江实业银行和上海商业储蓄银行[65]。

1905年9月设立于北京的户部银行，于次月即在上海设立分行。1908年户部银行总分行一律改为大清银行。户部银行设立时资本400万两，官商各半。改为大清银行时增资至1000万两，新增600万两仍为官商各半。辛亥革命爆发后，大清银行正监督叶景葵、上海分行经理宋汉章、总行秘书项兰生、江西分行总办吴鼎昌等成立大清银行商股联合会，呈文临时政府财政部呈准南京临时政府"将大清银行改设中国银行"。1912年2月5日，中国银行上海分行早于北京总行6个月先行成立，浙籍著名银行家宋汉章任经理，次年11月，张嘉璈任副经理。进入民国后，中国银行逐渐"商化"。1917年11月，中行股本增至1200万元，其中官股500万元，商股700万元。1921年4月中行临时股东会定中行资本额在原1200万元基础上增至3000万元，先募700万元，为此张嘉璈专程南下上海劝募。从1923年，北洋政府因财政困难将500万元官股陆续出售，到1926年官股只剩5万元。原来的官股和新募的商股主要为江浙巨商所有，如叶景葵、张嘉璈、张謇、项兰生、吴鼎昌、宋汉章、蒋抑卮、胡藻青、沈新三、蒋孟萍、周湘龄、张澹如等[66]。在北洋政府时期，中行上海分行经理一职一直由浙江余姚人宋汉章担任，1918年后该行副经理也一直由宋氏余姚同乡胡稺芗、严成德、冯泳青、史久鳌担任，行员中引入余姚籍人颇多，所以该行被视为"浙江系"银行。在北洋政府时期，以宋汉章为首的一派在中国银行内部颇具实力，其势力之盛"俨然可与北洋系的总行有分庭抗礼之势"[67]。到1920年时，中国、交通两总行虽均在北京，但两行的"营业重心,实在沪滨"[68]。中行上海分行成为该行命脉所系之分行,如至 1925 年,沪行发行的兑换券达 6600 万元,占全行发行额的一半[69]。1927 年、1928 年,中行全行分别亏损 157 万元、76 万元,而中行上海分行分别获利 45.1 万元和 67.1 万元[70]。

交通银行上海分行进入民国后也逐渐民营化,商股也主要来自江浙地区,以上海分行为主的江浙地区逐渐成为该行的业务重心。1916 年遭遇停兑后,交行总管理处于次年借入日款 500 万元,首先在交行上海分行开兑,交行董事会解释其原因说:"本行以上海为全国金融枢纽,当经妥为筹备,先行开兑"[71]。1917 年年初,浙江湖州人钱新之出任沪行副经理,次年升任经理。他迁行址于外滩,1921 年又引进宁波人胡孟嘉开创国际汇兑业,并努力扩大在金融和工商界的影响,使沪分行业务蒸蒸日上,成为交行业务的"龙头"。1922 年,交行上海分行的存款已达 13764332 元,占全行存款总额 30.3%,居全行第一位[72]。该年,张謇任交通银行总行总理,钱新之北上任协理,实际主持交行业务,原浙江兴业银行经理盛竹书继任沪行经理(浙兴经理由董事长叶景葵兼任)。1927 年盛氏病故后,胡孟嘉升任沪行经理。1928 年交行总行迁沪,胡即升任总行经理,桐乡人卢学溥任总行董事长,所遗沪行经理一度由唐寿民(镇江)担任,但不久即由胡孟嘉兼任,后又由钱业领袖秦润卿继任[73]。所以该行与上海中国银行一样被视为"浙江系"银行[74]。

1907 年设于杭州的浙江兴业银行原为经理浙路款项而设,次年被特许为殖业银行,拥有兑换券发行权,其创办大股东均为浙籍人[75]。该行经营素抱稳健主义,在民初动荡的政局中,银行界虽"迭起波澜,而该行累遭变乱处之泰然"[76],信用日益昭著。1914 年蒋抑卮手订章程,改革管理制度,设总行于上海,总行内设总办事处,并首创办事董事驻行办事制度。在叶景葵、蒋抑卮、盛竹书的合力经营下,该行业务迅速发展(见表2)。1914年实收资本仅50万元,1917年为100万元,1921年增至250万元。从1915—1927年,浙兴存款额从397.8万元增至3500.8万元,其存款额曾"连续多年在商办银行中居第一位"[77]。其资本盈利率也居商办银行前茅,1912—1926年,浙兴纯利润累计371万元,超过资本平均额1.36倍,平均年盈利率为15.8%[78]。1921年,浙兴赢利达70万元[79],1923年资本盈利率高达39%,成为全国商办银行中的佼佼者。

表2 浙江兴业银行迁沪后至1927年营业概况

单位:千元

| 年份 | 实收资本 | | 公积金 | 年底存款 | | 年底放款 | 年均发兑换券 | 有价证券 | 净余 | |
|---|---|---|---|---|---|---|---|---|---|---|
| | 数额 | 指数 | | 数额 | 指数 | | | | 数额 | 指数 |
| 1914 | 500 | 100 | 不详 | 3978 | 100 | 3582 | 不详 | 不详 | 66 | 100 |
| 1915 | 750 | 150 | 不详 | 3522 | 86 | 2676 | 不详 | 不详 | 98 | 148 |
| 1917 | 1000 | 200 | 231 | 8213 | 206 | 4556 | 不详 | 1366 | 172 | 260 |
| 1919 | 1000 | 200 | 297 | 10951 | 275 | 6554 | 不详 | 1366 | 172 | 260 |
| 1921 | 2500 | 500 | 615 | 16148 | 406 | 10773 | 不详 | 3020 | 477 | 723 |
| 1923 | 2500 | 500 | 921 | 20773 | 522 | 15367 | 2000 | 1363 | 982 | 1488 |
| 1925 | 2500 | 500 | 1198 | 29782 | 749 | 19506 | 2815 | 3055 | 838 | 1270 |
| 1927 | 2500 | 500 | 1529 | 35008 | 880 | 26083 | 3686 | 6946 | 437 | 662 |

资料来源:浙兴档案"本行第1—21届营业报告",此据丁日初主编:《上海近代经济史》第二卷,第270—271页表7—1,及中国银行总管理处经济研究室:《中国重要银行最近十年营业概况研究》(1933年版)有关内容编制。

浙江实业银行的基础是原浙江银行上海分行。辛亥革命后,浙江军政府派李馥荪、陈朵如接管浙江银行,经清理后改组为官商合办的中华民国浙江银行,额定资本300万元,但实收仅73万元,以朱葆三为总经理,内拨30万元作为上海分行资本,李馥荪为分行经理[80]。1915年6月改组为官商合办浙江地方实业银行,1万股股份按官六商四认股,但第一次世界大战爆发后,该行提出"扶助生产,发展事业"的经营方针,业务随着中国工商业的发展而蒸蒸日上,而且商股逐渐增加,"商化"日益浓厚。1915年年底,商股增至38.86万元,第一次超过官股(31万元)[81]。第一次大战结束后,仅上海分行的李馥荪、周宗良、卢学溥3人的股份就超过30万元[82]。1921年3月该行增资扩股100万元,按官六商四比例分认,但浙省因财政困难,官股届期分文未加,股东会议议决其未认未缴股份均有商股额外挂号补足,至1921年8月底该行实收资本增至176万元,商股骤增至144.97万元。江浙籍的李馥荪、钱新之、朱葆三、张嘉璈、叶景葵、周宗良、卢学溥、盛竹书、陈光甫均是商股主要股东。1923年,李馥荪、傅筱庵等策动官商拆股,商股在上海设立浙江实业银行,额定资本200万元,实收180万元,李氏任常务董事兼总经理(后兼董事长),陈朵如为副总经理。在李氏擘画经营下,该行稳步发展(见表3),成为"浙江系之重要金融机关"[83]和沪上商办银行的后起之秀。

表3 浙江实业银行营业概况(1923—1933)

单位:千元

| 年份 | 股本 | 公积金 | 指数 | 存款 | 指数 | 放款 | 有价证券 | 领兑换券 | 纯益 | 资本收益率 |
|---|---|---|---|---|---|---|---|---|---|---|
| 1923 | 1800 | 441 | 100 | 9299 | 100 | 9736 | 1589 | 2000 | 327 | 18.2% |
| 1925 | 1800 | 599 | 135 | 15670 | 169 | 14930 | 2547 | 2800 | 397 | 22.1% |
| 1927 | 1800 | 989 | 224 | 23385 | 252 | 17989 | 6336 | 2060 | 358 | 19.9% |
| 1931 | 2000 | 2486 | 564 | 38668 | 416 | 26949 | 14025 | 4496 | 528 | 26.4% |
| 1933 | 2000 | 2833 | 642 | 44362 | 477 | 30887 | 14439 | 3523 | 524 | 26.2% |

资料来源:中国银行总管理处经济室:《中国重要银行最近十年营业概况研究》,1933年版,第94页。

创办于 1915 年 6 月的上海商业储蓄银行,初创时实收资本仅5 万元,被称为"小小银行",股份主要来自江浙地区,即庄得之(江苏武进)、陈光甫(江苏丹徒)、楼映斋(浙江嵊县)、孙景西(安徽寿县)[84]、施再春、首届董事为庄得之、陈光甫、楼映斋、施再春、王晓籁等,庄任董事长,陈任办事董事兼总经理。始初营业侧重于无锡、常州的米麦放款和堆栈押款,后在陈光甫的经营下各种银行业务逐渐拓展,并且开创银元存户给息及 1 元储蓄等多种零星储蓄,又开创旅游支票制度,并创办旅行部(1926 年改为中国旅行社)等创新举措,使业务迅速发展起来,又厚提公积,高额准备,经营稳健,信用昭著,很快发展成为沪上著名的商业银行(见表4)。1919 年资本增至 100 万元,1921 年资本已达 250 万元,六年间资本增长 34.7 倍。该行与浙江兴业银行、浙江实业银行关系十分密切,以致有人说"陈光甫虽属苏人,而实与浙人各行为伙伴"。[85]

**表 4　上海商业储蓄银行经营概况(1915—1927)**

单位:千元

| 年份 | 实收资本 | 公积金 | 存款 | 放款 | 汇款 | 有价证券 | 领用中行兑换券 | 存放同业 | 纯益 |
|------|------|------|------|------|------|------|------|------|------|
| 1915 | 200 | — | 577 | 511 | — | 3 | — | 148 | 4.48 |
| 1917 | 300 | 13 | 2061 | 1298 | 49 | 41 | | 597 | 50 |
| 1919 | 1000 | 36 | 6169 | 4116 | 1519 | 273 | — | 1918 | 229 |
| 1921 | 2500 | 327 | 12825 | 7384 | 8459 | 1148 | 100 | 4559 | 486 |
| 1923 | 2500 | 472 | 15342 | 10266 | 1108 | 992 | 1190 | 5383 | 440 |
| 1925 | 2500 | 556 | 22886 | 17355 | 2417 | 2846 | 3600 | 4943 | 469 |
| 1927 | 2500 | 700 | 30331 | 16169 | 1159 | 4671 | 4166 | 9766 | 166 |

　　资料来源:据汪敬虞主编:《中国近代经济史》(1895—1927)下册,第2250—2251 页表 79 改制。

　　所谓宁波系三行即四明银行、中国通商银行、中国垦业银行[86]。

　　四明银行1908年9月11日由宁波帮袁鎏、朱葆三、吴传基、李厚垣、严义彬、叶璋、周金箴、虞洽卿、陈薰等创设于上海[87],陈薰任首任总经理,虞洽卿任协理,其发起人、第一届董事会、首任总协理为清一色宁波帮人。辛亥革命期间,该行凭借甬商之力平息了挤兑。进入民国后,创办时投资不大的孙衡甫拥有的股份逐渐增大,最多时占总额的35%,孙氏遂于1912年任总经理(后又兼任董事长)。在孙氏主持下(前后达二十余年),该行"储蓄极为发达"[88],"信誉亦日旺"[89]。1927年资本由75万元增至150万元,1932年实收资本已达225万元,存款1900余万元[90],在上海商办银行中名列前茅,被称为上海金融界"宁波帮的先进"[91]。

　　中国第一家华资银行——中国通商银行,主要由盛宣怀创办,但江浙籍绅商在创办过程中起了重要作用。在该行初创时的9名总董中,就有叶澄衷、严信厚、朱葆三、施则敬等江浙籍名商,严信厚是其中最主要的具体筹建人,并由上海北市钱业会馆的首创人、咸康钱庄经理陈笙郊(余姚人)担任首任华经理。进入民国后,通商银行也逐渐演化为宁波帮银行。辛亥革命以后,通商银行的最大股东招商局的股份全数派给招商局股东,而严子均、严廷桢(渔三)、朱葆三、沈仲礼、周金镳、傅筱庵、施之英、王存善、谢纶辉(时任通商银行华经理)江浙籍商人都是20世纪初招商局大股东[92],这就使通商银行中江浙籍的股权大为增加。1916年盛宣怀去世后,傅筱庵进入通商银行董事会,1919年又继谢纶辉任通商银行华经理(后改为总经理)。1920年,通商银行董事会议决:以后关于存款、放款、抵押及进出利息都由傅筱庵决定[93],傅氏遂长期控制这家银行。1934年时,该行董事会已是清一色的浙江帮、特别是宁波帮[94]。早在1928年,该行就被认为是"浙江财阀直系中最有实力的银行"之一[95]。

中国垦业银行原设于天津,1929年浙籍金融人士王伯元、秦润卿、梁晨岚、李馥荪、徐寄庼等接办后设总行于上海,天津改设分行,秦润卿任董事长兼总经理,王伯元为常务董事兼经理,"实力颇厚"[96]。在全部250万元资本中,王伯元、王仲允兄弟占58%。该行发展迅速,1934年除上海总行和5家支行外,已拥有天津、宁波、南京、北京等五家分行,其董事会也是清一色的浙籍人[97]。

在"黄金时期",上海华资银行业的发展不但形成若干在行业中具有举足轻重影响的商办银行,而且这些银行在经营上相互声援、相互支持,包括相互对开往来户、相互代理收解、在头寸紧缺时相互存款以通融支援,银行间建立领券关系,联合准备、联合承租栈房、联合放款等等,虽无联营之组织而有联营之实。

浙江兴业银行、浙江实业银行和上海商业储蓄银行在上海银行公会成立前就已经进行相互融通资金支持业务。1923年3月,上海商储蓄银行又与浙江实业、浙江兴业、大陆银行在沪机构订立"互通往来办法"七款,在立户往来、透支、利息、汇兑、拆款和买卖银元等方面通力协作,互给优惠[98]。在1924—1925年还一度商谈合并事宜[99]。虽然后来合并之事并没有告成,但南三行甚至以南五行为核心的上海地区银行间在经营上相互声援、相互支持却日益加强。

上海银行间的领券关系,更加强了银行间的相互关系。由于中国银行被定位于国家银行的地位,实力雄厚,其发行的钞券得随时兑现,因而有多家银行领用其钞券。中行厘定的《领用兑换券办法》规定:领用中行兑换券的同业需提供现金七成,公债三成,领用十足纸币。1915年5月,浙江实业银行与中国银行订立领券约定:浙实在 6 月底前收回所发钞票,以现金六成加中央公债一成交付中行作为准备,领用中行兑换券 100 万元。当年 10 月,浙江实业银行又与中国银行签订续领中行兑换券 100 万元合同,"浙实"又以现今五成加中央公债 2.5 成作为保证,向中行再领券 100 万元[100]。同年 9 月,浙兴业银行也与中行签定领券合同,"浙兴"也以现金五成、中央公债 2.5 成交中行作为保证,领用中行兑换券 300 万元,并规定"浙兴"领用 300 万元足额后,得得再按本合同条款加领 200 万元[101]。至 1918 年 11 月 19 日,"浙兴"已实际领用中行兑换券 380 万元[102]。上海商业储蓄银行领用中行兑换券晚于"浙兴"和"浙实",但也是领用中行兑换券的大户。1921 年,上海银行向中行领券 50 万元。1923 年、1924 年,两行又分别订立 100 万元、200 万元的领券合同[103]。随后,中孚银行、永亨银行、中国棉业银行、通易信托公司、东陆银行等也向中国银行领用兑换券[104]。交通银行发行的兑换券也被上海多家银行领用。如上海商业储蓄银行 1917 年与交通银行订约领券[105]。浙江实业银行和上海商业储蓄银行也先后与浙江兴业银行订约领用"浙兴"钞票,如 1926 年上海银行与"浙兴"订约领用钞票 200 万元[106]。

银行的联合放款,也进一步密切了银行间的联系。上海银行公会成立后,上海各主要银行多次联合组织会员或组成银团联合放款,仅 1921 年就有 1 月的交通部 600 万元车辆放款、3 月的上海造币厂借款、8 月的通泰盐垦五公司放款及垫款代兑中法实业银行钞票。这些联合放款行动,使上海相关银行结成风险利益共同体。

这里以上海银钱业联合承募中国第一次公司债票通泰盐垦五公司债票为例略作说明。通泰盐垦五垦殖公司即大有晋、大豫、大赉、大丰、华成公司,先后由张謇创立于民初,资本总额达 605 万元,地亩 253 万亩[107],到 1921 年前后,各公司亏折日重,而兴工施垦在在需款,于是各公司商议发行公司债,邀中国银行副总裁张公权到各地考察。张回沪后即召集银钱业讨论,都以为各盐垦公司规模宏远,关系农产、纺织业甚巨,亟应扶助;且公司债制度尚无先例,尤应提倡,使金融界、实业界得以联合,遂决议组织银团,代为经募[108]。1921 年 8 月,经募通泰盐垦五公司债票银团在上海银行公会召开成立大会,选举盛竹书、田祈原、宋汉章、陈光甫、倪远甫、田少瀛、叶鸿英、吴寄尘等 9 人为董事,主持银团一切事务,盛竹书为银团主席,叶鸿英、吴寄尘为临时稽核员。即由银团各行号认募第一期债票 300 万元,推银行业宋汉章、钱业田祈原为银团代表,与通泰五公司董事代表张謇、张詧等签定债票合同。银团各行号认募虽积极,但债票推销并不顺利,至 10 月 31 日合同规定截止日期远未募足,银团为此采取措施以保障债权人利益,一是推沈籁清、姚伯华、李铭侯、王文毓、翁季骧为稽核员,分驻各公司监察公司财务,并在上海设立稽核处;二是银团据调查所得提出经营意见,参与公司经营。即便如此,到 1922 年 6 月,银团仅缴款 253 万元,第一期未缴款还有 47 万元。由于 1921 年夏秋的台风暴雨,致使通泰盐垦五公司严重歉收,至 1922 年上半年财务又陷困境,银团已缴债款也呈险象。五公司代表请求银团招足第一期债票,银团主席盛竹书要求各行号缴足摊认债票,以挽回已有投资,维护银团信用。经盛竹书、陈光甫、钱新之、吴蕴斋、叶鸿英等商议,银团代表宋汉章、田祈原于 1922 年 6 月又与通泰五公司董事长张詧、五公司总管理处处长张謇、管理处主任江知源签订《续订债票合同附件》,规定由银团照原认之款摊认补足余款,公司划出 4 万亩作为红地[109]。上海银钱业对通泰盐垦五公司的联合放款更密切了上海金融界的联系。

以南五行为核心的上海地区银行的集团化趋势是建立在内部的相互投资和兼职基础上的,通过相互投资和兼职,使上海地区的银行结成风险共担、利益共享的集团群体。学界已有学者注意到这种情况并以 20 世纪 30 年代初的《全国银行年鉴》为例做了论证[110]。其实,这种现象在 20 年代初就已比较普遍。如 1922 年时,交通银行总行协理、上海分行经理钱新之同时兼任浙江地方实业银行董事;浙江地方实业银行董事李馥荪同时又是上海商业储蓄银行、中国银行、交通银行董事[111];上海商业储蓄银行总经理陈光甫同时又是中国银行董事、南通淮海实业银行董事;四明银行董事长朱葆三同时兼任江南银行董事长、中华商业储蓄银行董事、中国通商银行及浙江地方实业银行监察;而中国通商银行董事兼总经理傅筱庵同时又是中华商业储蓄银行董事、四明银行监察;浙江兴业银行办事董事蒋抑卮同时又是浙江地方实业银行监察;江南银行董事王一亭同时又是上海华大银行、上海正利商业银行、中华商业储蓄银行及设于杭州的浙江储蓄银行董事;浙江兴业银行董事张澹如同时又是通易银行董事长;上海商业储蓄银行董事荣宗敬同时兼任上海正利商业储蓄银行、华大商业银行董事[112]。这种相互投资和兼职情况随着上海银行业的发展到南京国民政府初期更为普遍[113]。确如山上金男所说:上海的金融界基本被出身于浙江、江苏者所掌控,他们往往同时身兼多家银行的董事,被称为金融巨头[114]。

## (二)保险、证券、信托业的发展及与银行资本的融合

"黄金时期"上海金融业的发展不仅表现为银行数量的增加、银行资本的集中和联合趋势,还表现在保险、证券、信托业的发展和银行资本与保险、证券、信托资本的相互融合。

华商商办保险公司于 20 世纪初兴起于上海[115]。1904 年宁波帮周金箴投资近 15 万元设立华洋人寿保险公司。1905 年浙江湖州巨商庞元济与客籍杭州的刘学询投资 14 万元创办合众水火保险公司。同年 5 月,曾少卿、朱葆三、傅筱庵、严信厚、周金箴、王一亭等筹资 7 万元创设华兴水火保险公司。次年 4 月,朱葆三、沈仲礼等投资 7 万元成立华安水火保险公司。1907 年,又有浙商徐冠南创办信益保险公司,朱葆三、王一亭、李平书、曾少卿等创办华成经保险公司,王一亭、李云书参与创办华通水火保险公司。1909 年,宁波帮李厚祉与人创办延年人寿保险公司[116]。至 1911 年,创办于上海的、资本额 1 万元以上的商办保险公司已有 7 家[117]。1907 年,同时任华安、华兴、华成三家保险公司总董的朱葆三发起组织华商火险公会,以联络同业感情及讨论同业间偶发的保价事件,朱葆三任第一任会长,这是华商保险业同业组织之发轫[118]。"于是,我国保险事业乃逐渐进展"[119]。

"黄金时期"上海地区保险业获得较快发展,并且也出现资本集中趋势。在北洋政府时期上海先后有华安合群保寿公司(1912年)、先施保险置业分公司(1914 年)、金星人寿保险公司(1914年)、康年保寿公司(1914 年)、金星水火保险公司(1915 年)、上海联保水火险公司(1915 年)、永安水火保险分公司(1916 年)、中华商立寿险公司(1918 年)、中华人寿保险公司(1918 年)、永宁水火保险公司(1919 年)、中央信托公司保险部(1921 年)、先施人寿保险分公司(1923 年)、丰盛保险公司(1923 年)、永安人寿保险公司(1924 年)、宁绍商轮公司保险部(1925 年)、安平保险公司(1926年)、上海恒泰水险公司(1926 年)、通易信托公司保险部(1927年)、大华保险公司(1927 年)19 家先后设立[120]。而且行业中形成若干家骨干企业,如 20 世纪 20 年代中期,由吕岳泉、徐绍祯、朱葆三等创办的华安合群保寿公司的分公司已遍设除青海、西藏、外蒙古等偏僻地区外的全国所有其他各省区,业务范围并已覆盖南洋群岛,其1926年的有效保额达到1562.14万元,已发展成为中国近代实力最强的专业寿险公司[121]。由郭乐任董事长、林弼南为总司理的永安水火保险公司创设资本就达150万港元。1921年由浙绍商人田祈原、田时霖、宋汉章等创设的中央信托公司保险部,虽然初设时财务并不独立,但因该公司创立时额定资本达1200万元,实收300万元,其保险部也具有很强的实力。

证券交易所和信托公司的出现,是金融业发展的重要表现。1920年7月1日,近代上海第一个证券交易所——上海证券物品交易所经虞洽卿等历经4年的曲折筹备宣告开业。该所分证券、棉花、棉纱、布匹、金银、粮油、皮毛7个部,额定资本500万元,第3次股东会议改股额1000万元,至1922年2月已缴足银500万元。开业前的创业大会选举虞洽卿任理事长,闻兰亭、赵士林、郭外峰、沈润挹、盛丕华、邹静斋、周佩箴任常务理事,张乐君、李柏葆、李云书、张澹如、薛文泰、魏伯桢、吴漱圜、洪承祁、冯友笙任理事。上述人员除邹静斋为赣籍外,余均为江浙籍,其中浙商达12人[122]。与此同时,另一家著名的证券交易所——华商证券交易所也在紧锣密鼓的筹备。在虞洽卿等筹备证券物品交易所时,上海股票商业公会决定迅速筹办华商证券交易所与之抗衡。1920年5月召开股东创立会,次年1月正式开业。该交易所股额银300万元,分15万股,1922年收足。创立大会选举范季美、张慰如、孙铁卿、尹韵笙、陈兰庭、冯仲卿、周守良任理事,范季美为理事长,张慰如为常务理事[123]。

随后交易所勃兴,至1921年年底,上海一地已有交易所112家,其中主要的有上海华商纱布交易所、上海金业交易所、上海面粉交易所、上海杂粮油饼交易所等。华商纱布交易所由后来被日本学者称为"浙江财阀旁系主要人物"的荣宗敬等发起成立于1921年4月,资本额300万元,实收150万元,交易棉花、棉纱、棉布,发起人荣宗敬、徐静仁、刘柏森、穆藕初、聂潞生、范云燮、穆抒斋等均为上海棉纺业巨子,穆藕初、徐庆云任理事长,吴麟书、匡仲谋、伍渭英、刘厚生、谢蘅窗、贾玉田、顾子盘、聂潞生等任理事[124]。上海金业交易所由施善畦、徐补荪等发起,股额200万元,全额收足,1921年11月13日开业,交易国内矿金、各国金块金币、标金等。施善畦任理事长,徐补荪、陈紫照、缪晋之、何鹤鸣任常务理事[125]。上海面粉交易所由顾馨一、荣宗敬、王一亭等发起创立于1921年,交易机制面粉和麦皮,一次收足股额250万元。"浙江财阀重要人物"王一亭任理事长,祝延才、孙春江、赵梅华、徐文斌、顾竹年等任理事[126]。上海杂粮油饼交易所由陈子彝、蔡裕熴等发起成立于1921年2月,该所股额200万元,交易物品为米谷、豆、麦、油饼、芝麻等。浙江财阀旁系主要人物顾馨一任理事长,陈子彝、蔡裕熴任专务理事,张乐君、袁祝三、陈煜明、梁文臣、叶惠钧、程际云、顾士章任常务理事,理事钱贵三、荣宗敬、杨勤学、张春荪、蔡伯韬任理事,银行家钱新之任监察[127]。

随着交易所的勃兴,与交易所股票业务关联的信托公司也随之在1921年兴起,"数月之间,宣告成立者达12家之多"[128]。其中由浙江绍兴帮巨子田祁原、田时霖、宋汉章、王晓籁、胡熙生、谢伯及、裴云卿、孙铁卿、陈一斋、胡纯芗、周星堂、李济生、严成德等46人于1921年6月发起成立的中央信托公司,额定资本达1200万元,实收300万元,最具规模。浙江永嘉黄溯初、徐寄庼等于1921年7月设立的通易信托公司(黄任董事长兼总经理)也颇有实力。

交易所与信托公司的连手投机,终于引发"民十信交风潮"。

风潮过后,交易所能继续营业的仅有上述上海证券物品交易所等6家[129],信托公司"能不卷入旋涡而得以独存者仅中央、通易两公司耳"[130],所以有人称这两家公司"诚信托公司之岁寒松柏也"[131],而且直至 20 世纪 20 年代末上海仍仅有这两家信托公司[132]。中央信托公司风潮过后"信用卓著,营业发达",1927 年资产已达811.4 万元,在全国信托业"足称为翘楚"[133]。

　　"黄金时期"的上海,不但保险、证券、信托业资本有了发展,各业都形成若干家大公司,而且银行资本与保险、信托、证券资本也出现融合现象。

　　这种融合的一种形式是银行直接投资设立保险公司、信托公司,或信托公司附设保险公司。华商银行创设保险公司始于 20 世纪初,1906 年中国通商银行就拨资 50 万元创办了华兴保险公司,该行总董朱葆三及股东严信厚、周金镳、傅筱庵是公司主要创办人。进入民国后,该行董事长兼总经理傅筱庵长期担任这家保险公司董事长。1919 年中国实业银行创办永宁保险行;1926 年东莱银行拨资 75 万元创办了安平水火保险公司;1927 年又有上海商业储蓄银行创办大华保险公司。前述中央信托公司和通易信托公司也分别于 1921 年、1927 年设立了保险部。

　　银行资本与保险、信托、证券资本融合的另一种更重要的形式是上海银行、信托、保险、证券业之间的相互投资,这样就把前述银行业连锁董事会扩大到整个金融业。银行、信托公司创设保险公司后加强了两者的密切联系。一方面,银行、信托公司代理销售保险产品;另一方面保险公司提供银行服务;更为重要的是保险公司的领导层董监事会基本上就是银行董监事会成员。例如中央信托公司与该公司保险部的董事长、总经理均为田时霖、田祈原。这里仍以 20 世纪 30 年代初的史料为例来说明银行、保险、信托业间的兼职情况,应该基本上也能说明情况。1934 年中国保险公司董事会中就有前述江浙籍银行家宋汉章、张公权、贝淞荪、李馥荪、冯仲卿、史久鳌、潘久芬、金润泉等。而宋汉章又任中央信托公司及该公司保险部董事。银行家钱新之兼任太平水火险公司、安平水火险公司董事;陈光甫兼任大华保险公司、宝丰保险公司董事;周作民兼任太平保险公司董事;徐新六、卢学溥兼任安平水火险公司董事;徐寄庼兼任上海信托公司常务董事,东南信托公司、通易信托公司董事兼通易信托公司保险部董事;蒋抑卮兼任通易信托公司及其保险部监察;傅筱庵兼任华兴保险公司董事;张澹如兼任通汇信托公司常务董事,上海信托公司、东南信托公司董事;孙蘅甫又任四明保险公司董事长;王伯元又任天一保险公司董事长。中国通商银行理事厉树雄是上海保险公会主席,又任华兴保险公司总经理,泰山、华成经两保险公司董事;胡咏骐任上海保险公会常务委员,又任宁绍人寿保险公司、宁绍商轮公司保险部总经理;傅其霖任华安保险公司总经理,又兼任华兴、华成经两保险公司董事,中国海上意外保险公司常务董事,同时任上海保险公会执行委员[134]。

## (三)钱庄业的发展及钱业资本与银行等新式金融资本的融合

在"黄金时期",上海地区的旧式金融机构钱庄业虽然有外资银行、本国银行等新式金融机构的竞争,但仍然获得较大发展。1912 年,上海汇划钱庄(以下所说的钱庄均指汇划钱庄)只有 28 家,1917 年增至 49 家,1920 年为 71 家,1926 年达 87 家。不但钱庄数量有了显著增长,而且每家钱庄的资本实力也显著增强。1912 年,上海全市钱庄资本总额不到 150 万元,平均每家仅 5.3 万元;1920 年资本总额增至 776.8 万元,平均每家 10.9 万元;1926

年资本总额更增至1875.7万元,平均每家约21.6万元。详见表5。

**表5　1912—1926年上海钱庄业发展情况表**

| 年份 | 家数 | 资本总额 | | 指数 | 平均每家资本(银元) |
|------|------|----------------|----------|--------|--------------------|
|      |      | 资本额(银两) | 折合银元 |        |                    |
| 1912 | 28 | 1064000 | 1488000 | 100.0 | 53100 |
| 1914 | 40 | 1465000 | 2049000 | 137.7 | 51200 |
| 1916 | 49 | 2023000 | 2829000 | 190.0 | 57700 |
| 1918 | 62 | 3139000 | 4390000 | 295.0 | 71000 |
| 1920 | 71 | 5554000 | 7768000 | 522.0 | 109400 |
| 1922 | 74 | 7720000 | 10797000 | 725.6 | 145900 |
| 1924 | 89 | 11887000 | 16625000 | 1117.2 | 186700 |
| 1926 | 87 | 13411000 | 18757000 | 1260.6 | 215600 |

资料来源:根据《上海钱庄史料》,第191页表改制。

不仅钱庄数、资本额都有成倍增长,而且上海钱业也出现相对资本集中。这主要表现在三个方面:

第一,出现若干家实力雄厚、信用卓著的大钱庄。如创设于1889年的绍兴陈氏(春澜)永丰庄,在陈一斋、田祁原的经营下成为"钱业中之翘楚","信誉居第一流地位",其所做之各种信用长期押款等放款总数最多时达1000万两,通常也在七八百万两[135]。由绍兴王若菜、王鞠如父子长期经营的镇海方氏安裕庄,从1879年创办到20世纪30年代初资本增长25倍达70万元,其信誉也居第一流地位[136]。苏州程氏顺康庄1934年资本也达70万元,信用放款也常在1000万元左右,创设近20年,赢利竟达200余万元[137]。程氏福康庄1934年资本也达65万元,其放款总额多时也在七八百万元,且根基稳固,也为沪上第一等钱庄[138]。

第二,出现若干钱业资本家族集团。上海钱业发展至 20 世纪初就形成九大钱业资本家家族集团,即镇海方家、镇海李家、鄞县秦家、苏州程家、慈溪董家、镇海叶家、湖州许家、洞庭山严家和万家,这些大钱庄主都在上海及宁波、杭州、苏州等地开设有多家联号钱庄,而且各家族联号庄资金互为挹注、经营共为进退。但后人研究中,在论及中国近代(上海)的钱业资本家族集团时每每以此为例,这就值得商榷了,因为上述九大钱业集团,有的仅盛于清末,进入民国后就几乎在钱业界销声匿迹了,如慈溪董家和湖州许家、镇海叶家,而一些民国时期随着上海钱业复苏、发展而兴起的大钱庄家族如慈溪徐(庆云)家、宁波孙(衡甫)家、广东潮阳郑家和郭家等,并没有列入,也没有把清末已是上海著名钱庄主、民国时期继续发展的绍兴陈(春澜家族)家包括在内。纵观近代上海钱业发展史,镇海方家、镇海李家、鄞县秦家、慈溪徐家、绍兴陈家、苏州程家、宁波孙家、洞庭山严家和万家、潮州郑家和郭家等确是著名的钱业资本家家族集团[139]。他们拥有的资产少则几百万两,多至千万两。如鄞县秦家仅秦君安长子秦涵琛名下资产,1934 年就有1000 余万元[140],慈溪徐家也达 1000 余万元[141]。至于方家,1934 年仅在钱庄有投资的方式如、方季扬、方选青、方哲民、方家荪的资产即在 1500 万元以上[142],这还不包括方家公有的上海方萃和、方惠和糖行,宁波方怡和、杭州方裕和南北货号及上海公共租界宁波路、华界南市豆市街等地的房产,尚有其他城市房产及个人所置当时银行无法调查清楚的资产。这些钱业家族在江浙地区金融界、以致整个江浙地区商界都具有重要影响,是江浙财团极其重要的成员,但在以往有关江浙财团的研究论著中,都没有引起足够的重视。

　　第三,区域性钱业集团更为显著。钱业分帮是以经理人员的籍贯而定的,"凡经理同属同乡之钱庄,即使其股东不必为相稔,而经理则因同乡关系较为接近,故在营业上殊有不少便宜行事之处"[143],能"相互关切、互通声气、有事磋商"[144],因而逐渐形成地域性的钱业帮别和区域性松散集团,如绍兴帮、宁波帮等,宁绍帮始终是上海钱业的主体和领导力量。如在 1921 年上海 69 家汇划钱庄中,绍兴帮有 38 家,宁波帮 16 家,上海本帮 7 家,苏州洞庭山帮 5 家,镇江帮 2 家,其他 1 家,宁绍帮占 78.26%,江浙籍经营的钱庄占 97.5%[145]。1932 年,宁绍两帮在上海钱业中"以家数言,占全体会员总额 72%;以资本言,占全体会员资本总额 73.4%。"[146]而浙江各帮中又以绍兴帮最占优势,在 1931 年 2 月上海 76 家钱庄中,绍兴帮共 38 家,占 50%[147]。

　　而且上海地区的钱庄通过公单制等制度及经理人员的相互投资结成密切的联系。上海钱庄在鸦片战争前就已实行汇划制,各庄间的收解凭"总汇簿"彼此划低,以免现银收解之繁(划剩的余数乃需解送现银),但由于上海汇划庄多时达上百家,所以每庄每天的划拨次数仍十分繁杂。有鉴于此,上海北市宁绍帮各大钱庄于 1890 年首创"公单制度",即每天下午 2 时后,各汇划庄将其应收之庄票送到原出票钱庄换取公单,然后交钱业"汇划总会"汇总,由该总会将各庄公单相互扎抵,是为中国票据清算之滥觞。这一制度大大加强了钱庄间的联系,因为各庄为了在"汇划总汇"清算划拨,相互之间必须相互存入款项,这自然加强了相互间的内部经济联系。

　　此外,上海钱业经理人员间的相互投资又使各庄联系更为紧密。20 世纪 20 年代前后,上海钱业经理间的相互投资十分普遍,如永丰庄经理陈一斋(浙江上虞)是宝丰、志丰、滋丰、鸿丰、厚丰、春元、怡大七家钱庄投资人；福源庄经理、钱业公会领袖秦润卿（浙江慈溪）是鸿祥、恒大庄投资人；承裕庄经理、上海钱业领袖人物谢韬甫（浙江余姚）则投资志诚钱庄；永丰庄经理、钱业公会会长田祈原（浙江上虞）是和丰庄投资人；赓裕庄经理盛筱珊（浙江慈溪）在志诚庄拥有股份；滋丰庄督理、永丰庄副理李济生（浙江上虞）在永丰、志丰、和丰庄拥有股份；怡大庄经理胡莼苈（浙江余姚）在信孚、春元庄拥有股份；存德庄经理张文波（浙江上虞）又是五丰庄投资人；鸿胜庄经理郑秉权（浙江慈溪）同时又是鸿祥庄、鸿来庄投资人；宝大庄经理冯受之（浙江慈溪）又是鸿祥、寅泰庄投资人；永余庄经理何长庚是衡余、永余庄投资人；信成庄经理陈梅伯（浙江上虞）同时是永兴庄投资人；等等[148]。

以上我们简略论述了"黄金时期"上海钱业发展和钱业资本集中情况。与此同时，上海银行资本、钱业资本联系也更为紧密。一方面，钱业大量向银行领用兑换券，融通银钱业资本。这种情况在民初就已出现，但领用钞票不固定于某行。1924年，上海钱业与中国银行上海分行协商后签定了令用中行钞票的合同，每家钱庄以现金六成、整理案内公债照市价合三成或道契及领券庄期票一成，可在一定领用额度内随时分批向中国银行上海分行领券，从此"向之以五日为期七日为期领用各行钞票者，今专领用中行钞票矣；向之中外银行并用者，今乃专用中行钞票矣"[149]。至该年5月4日，已有16家钱庄领用中行钞券172.5万元。至6月，领券钱庄已达22家，领券额达614万元[150]。

另一方面，银行等新式金融业与钱业之间的相互投资在进入民国后也日益普遍，使新式金融资本与钱业资本在一定程度上融为一体[151]。这种相互投资和融合有多种形式。

一是钱庄庄东投资银行等新式金融业。如镇海李家钱业资本集团的李咏裳、李云书除续营祖传钱业外,参与创办四明商业储蓄银行并一直任董事。李云书又投资中华银行、华通保险公司,并于1920年创办民新银行。李咏裳除投资中华银行、华成保险公司外,于1921年参与创办中华劝工银行,1925年创办正华银行,1928年又发起创办恒利银行,均任董事长[152]。上海惠丰、怡大、惠昌钱庄大股东孙直斋创办惠丰储蓄银行,并为该行对外总代表,又任华东银行董事长[153]。

二是钱业经理人员投资银行,出任银行经理、副经理或董事、监事。1918年,福康庄督理、首任钱业公会会长朱五楼参与发起创办上海永亨银行[154]。1921年,上海敦余钱庄经理楼恂如参与创办中华劝工银行,任董事兼经理。同年,同丰庄经理裴云卿参与创办浙江商业银行;福源庄总经理、上海钱业公会会秦润卿发起创办上海棉业银行,并任董事长[155],同时兼任上海银行董事、交通银行董事、太平水火保险公司董事,1928年接办中国垦业银行后又任中国垦业银行董事兼总经理。1921年,绍帮钱业经理、副经理16人参与发起创办中央信托公司,并有7人进入董监事会,包括永丰庄经理、上海钱业公会副会长田祁原,永丰庄副经理李济生,义生庄经理田子馨,同丰庄经理裴云卿,怡大庄经理胡熙生,永余庄经理李菊亭,安裕庄经理王鞠如[156]。其他如兆丰庄经理胡稚芗任中国银行副经理[157]。志大庄副经理王子崧任交通银行沪行副经理、总行发行部经理、天一保险公司董事[158]。鸿胜庄经理郑秉权任国泰银行常务董事[159]。他们融钱庄老板与银行家于一身。

三是一批出身钱业的钱庄合伙人出任银行经理、副经理或董事、监事。"向由钱业出身"的孙衡甫,1912年后出任四明银行总经理达二十余年[160],并任上海明华银行、统原银行、江浙银行、四明保险公司董事,成为民国时期著名银行家,但他仍长期合伙开设信裕、恒隆、恒来、益昌慎记、成丰等钱庄,投资钱业近20万元[161]。冯仲卿也由上海"南市元泰钱庄习业出身",后又到同乡陈春澜开设的兆丰钱庄服务,1909年入大清银行上海分行,后升任该行改名的中国银行沪分行副经理达26年,1920年参与创办华商证券交易所,并任理事,同时任上海中和、至中银行和中国保险公司常务董事,永亨、大康、绸业银行及瑞康银公司董事,又是上海志诚、和丰、福泰和汉口衍源等钱庄合伙人[162]。谢光甫出生于钱业世家,本人也出身于钱业,后承父(谢纶辉)业,长期任中国通商银行董事、常务董事(一度任总经理)、华兴保险公司及华安保险公司董事,但他又一直是同余、聚康等钱庄合伙人[163]。何谷声也系钱业出身,后改营标金、银行等业,20世纪20年代初任中国垦业银行常务董事,惠中银行、乾一银公司、大华银公司、天一保险公司董事及泰康、润鸿金号大股东,同时是慎源钱庄合伙人[164]。

以上并没有能把上海地区钱业与银行等新式金融业的相互投资与兼职情况完整反映出来,但已足以说明,随着20世纪初、特别是20年代前后银行业的蓬勃发展,一批钱业资本家在继承祖业的同时也向银行业渗透,将部分钱业资本转化为银行资本;更有大批钱业经理人员积极向银行等近代金融业投资,并在其中任经理、副经理和董监事,同时成为两方面责任人,从而沟通两方面营业,使资金互为挹注,这些都加强了钱业资本和银行等新式金融资本的融合。20年代末,《浙江财阀》一书说:"浙江财阀之所以成就如此之大,是银行、钱庄二业一体,掌握了上海金融界之霸权的原故。"[165]

## 三、工商业资本与金融资本的相互渗透、融合

1920年前后,上海地区工商业资本与金融资本相互渗透、融

合已很普遍,这种渗透与融合主要有两种形式。一是实业家投资于金融业。据1922年《银行年鉴》,有一批沪上实业家投资于银行业[166]。如棉纺、农垦企业家张謇同时任中国银行董事、交通银行总理、上海银行董事、淮海实业银行董事。"上海南市营小钱庄业"出身的荣宗敬,在投资经营棉纺、面粉工业的同时,大量投资金融业,任中国银行、上海银行、华大商业储蓄银行、正利银行、劝业银行、华东银行董事,上海面粉交易所理事,上海振泰崇记、生昶钱庄股东[167]。棉纺企业家穆藕初参与发起创办中华劝工银行,并任董事;另一棉纺企业家、华商纱厂联合会理事徐静仁同时任交通银行董事、中南银行监察。面粉、航运业重要投资人王一亭同时任正利银行、浙江储蓄银行、中华银行、华大商业储蓄银行、上海江南银行董事。洋货业巨商叶鸿英同时任正利银行董事长、华大商业储蓄银行董事。豆米业领袖、面粉业重要人物顾馨一同时任正利银行、浙江储蓄银行、中华银行董事及华大商业储蓄银行董事兼总经理。糖业领袖姚紫若同时任华大商业储蓄银行董事、上海正利商业银行监察。在航运及工商业广泛投资的朱葆三同时兼任四明银行、江南银行董事长及中华商业储蓄银行董事,中国通商银行及浙江地方实业银行监察。著名航运商傅筱庵同时兼任中国通商银行总经理、四明银行监察。著名颜料商贝润生任中华商业储蓄银行董事。著名木商朱吟江任上海商业储蓄银行董事;面粉企业家孙景西任中孚银行上海分行经理;航运商石运乾任劝业银行上海分行经理;棉纱业巨商吴麟书任中华劝工银行董事;著名颜料商张兰坪任中华劝工银行董事。

上述仅是根据1922年《银行年鉴》罗列的上海工商界部分要人在银行业的投资情况,并不能全面反映"黄金时期"上海工商等业资本在银行、保险、证券、信托及钱庄等金融业的投资与兼职情况,事实上这类投资兼营还有很多。如航运巨子虞洽卿在辛亥以前就参与创办四明银行,并任协理,以后一直是这家银行董事[168]。1915 年他与孙多森等集资 500 万元开办通惠实业公司(实际上是投资公司)。虞氏也是中国银行大股东,1918 年任中国银行候补董事[169]。1920 年他又创办上海证券物品交易所,并任理事长。同年他又发起创办劝业银行,并任董事。1921 年他又参与发起创办中国商业信托公司和华盛信托公司,还担任中易信托公司董事和福州信托公司监察[170]。"企业大王"刘鸿生于 1921 年与韩芸根创办了煤业银行,并一直担任这家银行董事[171]。1927 年他又与陈光甫发起创办大华保险公司。刘鸿生也投资钱庄业,1922 年和 1926 年与人合伙设立志裕钱庄、成丰钱庄[172]。参与创办振华、厚生纱厂及维大纺织公司的棉纺业著名人物薛文泰,1920 年投资上海证券物品交易所,次年与秦润卿等在上海创设中国棉业银行,还与棉纺织经营者李柏葆、王正廷、沈九成等创设中华劝工银行。在钱庄方面,1920 年他与李柏葆等在上海设立瑞泰钱庄,1922—1924 年,他又与人设立均泰、敦余、泰昌等钱庄[173]。前述著名木商朱吟江除任上海商业储蓄银行董事,还投资嘉定商业银行(1922 年)、通和商业储蓄银行(1925 年)。著名木材商田时霖 1921 年发起创办中央信托公司并任董事长。棉纱业巨头闻兰亭任上海证券物品交易所常务理事。著名棉纺企业家穆杼斋 1922 年还兼任了上海水火险公会会长[174]。礼和洋行买办顾棣三,1921 年投资创办浙江储蓄银行并任董事,并任华大商业储蓄银行董事[175],1922 年投资上海慎益钱庄。

工商业资本与金融资本融合的另一种形式是金融业人士投资工商业。在 1920 年前后,上海金融界人士对金融与实业的关系也有更深的认识。如上海银行公会会长盛竹书说,"银行与实业,其关系极为密切。银行固须赖实业之进步而始发达;实业又必须银行之扶助,始得振兴。"[176]

所以,在第一次世界大战至 20 世纪 20 年代,金融业人士投资企业也逐渐增多。如 1917 年钱新之参与投资南洋兄弟烟草公司,1919 年参与创办浦东电气公司、中华捷运公司,1921 年还与李馥荪投资华丰棉纺公司,同年还参与创办泰山砖瓦公司。而李馥荪1919 年还与陈光甫投资上海维大纱厂。1920 年,盛竹书投资大中华纺织公司、荣华纱线厂。同年,中南银行大股东、董事长黄奕住投资上海民生纱厂。秦润卿则在 20 年代任大有余机器榨油厂董事长、上海亚浦尔电器公司董事长、大丰庆记纺织公司董事[177]。

资本主义发展到一定阶段,必然会出现金融资本和产业资本的融合趋势,形成金融资本支配产业资本的大资本集团,这是一般意义上"财团"形成的标志。在 1920 年前后的上海,金融资本和工商业资本的融合虽然还没有发展到金融资本支配产业资本、形成金融寡头的程度,但这种融合的出现应视作资本主义幼稚阶段地域性的财团即江浙财团兴起的主要考量标志,应当予以重视。

## 四、上海资本家群体意识的增强与江浙财团组织形式的发展

20 世纪初,上海资本家群体意识随着资本主义的发展而显著增强,这主要表现在上海总商会的成立和收回利权运动的发展上。在"黄金时期",上海资产阶级的群体意识进一步增强,除原有上海总商会作为其最主要的组织形式外,期间又成立了上海银行公会、上海钱业公会、华商纱厂联合会、华商水火险公会等上海几个最重要的行业组织,这些行业团体成为江浙财团重要的组织形式

和活动舞台。

　　上海总商会被称为是"浙江财阀的摇篮,又是其根据地"[178],这不但因为它是由行帮首领组成的上海最大、最有影响的工商团体,被称为中国第一商会;还因为它主要由浙江商人所创立,创立后江浙籍、特别是浙籍商人始终占绝对优势,掌握着总商会的领导权。所以,1929 年满铁的调查资料说:上海总商会发展史,从某种意义上说就是浙江财阀的发展史[179]。

　　1902 年,为应因中英商约谈判的需要,盛宣怀迭发手谕要求上海道袁树勋会同通商银行及上海商务总局总董、宁波帮领袖严信厚组织商会。严氏衔命后,即与同乡知友、道员周金箴及绍兴帮钱业领袖谢纶辉"征求各业董组织会议"[180],诸绅董议决新商会组织名为"上海商业会议公所"。2 月 22 日,上海各帮董事七十余人举行上海商业会议公所成立大会,公推严信厚为总理,周金箴为副总理兼坐办,并选举议董 28 人。上海商业会议公所的正、副总理均为浙江慈溪籍人,在 28 名议董中,除劳敬修(广东)、唐露园(广东)及陈润夫(江西)外,均为江浙籍[181]。由上可知,严信厚是上海商业会议的创办人[182],江浙籍商人、特别是浙籍商人一开始就在上海总商会领导层占据绝对优势。

　　不但如此,江浙籍商人还长期掌握着上海总商会的最高实权。从 1902 年上海商业会议公所成立到 1929 年上海总商会被改组的 27 年间,总商会共换届 18 次,其中江浙籍商人担任总理或会长 15 次,内中宁波帮就有严信厚、李厚佑、周金箴、朱葆三、宋汉章、虞洽卿、傅筱庵 7 人共 14 次当选总理(会长),总任职年限达 23 年。江浙商人担任总商会副职的也达 19 人次,其中又以宁波帮最占优势(见表6)。

### 表6 上海总商会历届主要负责人地缘构成

| 时间 | 制度 | 总理(会长) 姓名 | 总理(会长) 籍贯 | 协理(副会长) 姓名 | 协理(副会长) 籍贯 | 备注 |
|---|---|---|---|---|---|---|
| 1902.2 | 总理制 | 严信厚 | 浙江慈溪 | 周金箴 | 浙江慈溪 | |
| 1904.5 | 总理制 | 严信厚 | 浙江慈溪 | 徐润 | 广东 | |
| 1905.12 | 总理制 | 曾少卿 | 福建 | 朱葆三 | 浙江定海 | |
| 1906.12 | 总理制 | 李厚佑 | 浙江镇海 | 孙多森 | 安徽寿州 | |
| 1907.12 | 总理制 | 周金箴 | 浙江慈溪 | 李厚佑 | 浙江镇海 | |
| 1909.3 | 总理制 | 周金箴 | 浙江慈溪 | 严子均 | 浙江慈溪 | |
| 1910.2 | 总理制 | 周金箴 | 浙江慈溪 | 邵琴涛 | 江苏长洲 | |
| 1911.2 | 总理制 | 陈润夫 | 江西清江 | 贝润生 | 江苏元和 | |
| 1912.6 | 总理制 | 周金箴 | 浙江慈溪 | 贝润生 / 王一亭 | 江苏元和 / 浙江吴兴 | 自该年始遵照新章,改一年一任为两年一任 |
| 1914.6 | 总理制 | 周金箴 | 浙江慈溪 | 贝润生 / 朱葆三 | 江苏元和 / 浙江定海 | |
| 1915.10 | 会长制 | 朱葆三 | 浙江定海 | 沈联芳 | 浙江吴兴 | 因周金箴任上海道尹而改选 |
| 1916.5 | 会长制 | 朱葆三 | 浙江定海 | 沈联芳 | 浙江吴兴 | |
| 1918.10 | 会长制 | 朱葆三 | 浙江定海 | 沈联芳 | 浙江吴兴 | |
| 1920.8 | 会长制 | 聂云台 | 湖南 | 秦润卿 | 浙江慈溪 | |
| 1922.7 | 会长制 | 宋汉章 | 浙江余姚 | 方椒伯 | 浙江镇海 | |
| 1924.7 | 会长制 | 虞洽卿 | 浙江镇海 | 方椒伯 | 浙江镇海 | |
| 1926.7 | 会长制 | 傅筱庵 | 浙江镇海 | 袁履登 | 浙江鄞县 | |
| 1928.3 | 委员制 | 冯少山 | 广东 | 林康侯 / 赵晋卿 | 江苏上海 / 江苏上海 | |

资料来源:1907 年、1909 年、1911 年见该年《上海总商会同人录》,藏复
旦大学图书馆;1916 年、1922 年见该年《上海总商会同人录》,藏上海图书
馆;1924 年据《上海总商会月报》第 4 卷第 10 号;1902 年、1904 年、1905 年、
1906 年、1910 年、1912 年、1914 年、1915 年、1918 年、1920 年、1926 年、1928
年会董名单据徐鼎新《上海总商会史》附录"大事记",籍贯系笔者据其他资
料确定。

在上海总商会议董(会董)、会员中,江浙籍商人也占很高比
例。由表 7 可知,江浙籍商人在上海总商会会董中的比例一般占
80%以上 1924 年高达 97%;在总商会会员中的比例一般占 70%
以上,1909 年高达 92.3%。其中又以浙籍商人为主,浙江商人在
总商会会董中一般占 50%左右,1924 年浙籍会董占 72.75%,1926
年更高达 84.8%,总商会会董向浙籍商人集中现象非常明显;在
上海总商会会员中,浙籍一般占 45%—50%。而浙籍会董、会员
中又以宁波帮为主,如 1907 年的 9 名浙籍会董朱葆三、谢纶辉、袁
联清、苏葆笙、严子均、虞洽卿、沈仲礼、樊时勋、陈子琴是清一色的
宁波帮,即占 47.4%;在 1922 年的 33 名会董中,宁波帮有 15 人,占
45.6%;在 1924 年的 33 名会董中,宁波帮达 20 人,占 60.6%[183]。在
上海总商会会员中宁波帮一般也占 35%左右。(见表 7)。[184]

表 7　江浙籍商人在上海总商会会董、会员中的比重

| 年份 | 人数 | 会董 | | | | 会员 | | | | |
| --- | --- | --- | --- | --- | --- | --- | --- | --- | --- | --- |
| | | 江浙籍 | | 浙籍 | | 总人数 | 江浙籍 | | 浙籍 | |
| | | 人数 | 占% | 人数 | 占% | | 人数 | 占% | 人数 | 占% |
| 1907 | 19 | 16 | 84.2 | 9 | 47.4 | 122 | 96 | 78.7 | 55 | 45.1 |
| 1909 | 19 | 16 | 84.2 | 7 | 36.8 | 117 | 108 | 92.3 | 55 | 47.0 |
| 1911 | 19 | 16 | 84.2 | 9 | 47.4 | 124 | 95 | 76.6 | 55 | 44.4 |
| 1916 | 33 | 30 | 90.9 | 16 | 48.5 | 228 | 191 | 83.8 | 110 | 48.2 |

| 年份 | 人数 | 会董 | | | | 会员 | | | | |
|---|---|---|---|---|---|---|---|---|---|---|
| | | 江浙籍 | | 浙籍 | | 总人数 | 江浙籍 | | 浙籍 | |
| | | 人数 | 占% | 人数 | 占% | | 人数 | 占% | 人数 | 占% |
| 1920 | 33 | 27 | 81.8 | 19 | 57.6 | 408 | 311 | 76.2 | 190 | 46.6 |
| 1922 | 33 | 27 | 81.8 | 19 | 57.6 | 459 | 344 | 74.9 | 222 | 48.4 |
| 1924 | 33 | 32 | 97.0 | 24 | 72.7 | 478 | 389 | 81 | 247 | 51.7 |
| 1926 | 33 | 29 | 87.9 | 28 | 84.8 | 523 | 413 | 78.9 | 266 | 50.4 |

资料来源:据上列各年《上海总商会同人录》汇总,1911 年前藏复旦大学图书馆;1920 年《上海总商会同人录》据《上海总商会月报》第 1 卷,第 1 号;1911 年后各年藏上海市图书馆。

上海银行公会是上海"银行业之联合机关"[185],它的成立是江浙财团兴起的标志性事件。早在 1915 年,中国银行上海分行正副经理宋汉章、张嘉璈就与浙江地方实业银行总经理李馥荪、上海商业储蓄银行总经理陈光甫等发起由中国、交通、浙江兴业、浙江实业、上海商业储蓄、盐业、中孚七家银行经理人员参加的聚餐会,每天中午各银行要人聚餐一起,借以讨论一切。当时并没有选举会长、会董,也没有章程,"全系精神上之结合"[186],这是银行公会的雏形。1918 年 7 月 8 日,宋汉章、张嘉璈、陈光甫、李馥荪、徐寄庼、钱新之等正式发起成立银行公会,其发起缘起说:"尝鉴于上海年来银根日紧,市面时有恐慌,每当风潮发生,惟吾金融界影响最烈。苟平日无通筹救济之方,即临时有应付竭蹶之虑,殊非所以昭金融稳固之道也"[187]。根据章程,其任务是厘定有关各项规章、会员营业之统制、指导、研究、调查及统计[188]。公会初创时有会员银行中国(宋汉章)、交通(陶兰泉)、浙江兴业(盛竹书)、浙江实业(李馥荪)、上海(陈光甫)、盐业(倪远甫)、中孚(孙景西)、广东

（黄朝章）、中华（江上峰）、聚兴诚（葛纯武）、四明（孙衡甫）、金城（田少瀛）12 家，前述"南五行"及宁波系四明银行都成为创始会员[189]，成立大会投票选举董事 7 人，复由董事选举宋汉章为首任会长，陈光甫任副会长，李馥荪任书记董事[190]。公会正式创立前，张嘉璈、陈光甫、李馥荪等于 1917 年创刊《银行周报》，张任首任编辑。该报除每周市况提要、每周金融、每周汇兑、每周证券、每周商情、经济周观等内容外，关于经济、财政、金融、商业、银行业务、会计事项等均有论说，不但提供商业信息、金融服务指导，而且广泛联络金融界、特别是银行界，反映同业利益和要求，成为上海、甚至全国同业的喉舌和联络的纽带。公会成立后不久，1918 年 11 月 30 日，公会会员大会为防不虞之备，控制金融风险，维护入会银行信用，议决设立公共准备金 30 万两[191]。由宋汉章在中行上海分行库内划出空间存放、保管。各行认定准备金情况是：中国 6 万，交通 6 万，兴业 3 万，浙江银行 2 万，上海 2 万，中孚 2 万，聚兴诚 2 万，四明 2 万，金城 2 万，中华 1 万，盐业 1 万，广东 1 万[192]。凡会员银行或其他大钱庄，如因市面发生意外风潮而需要维持并籍资周转，都可以相当抵押品向公会抵押借用。公会准备金的设立，使会员银行结成风险共担的整体，结成更为紧密的利益公共体。

与上海的银行大多为"浙江系"银行相适应，上海银行公会董事会（委员会）成员基本上也是江浙籍银行家。从表 8 可以看出，从 1918 年银行公会正式成立到 1931 年共八届银行公会成员中，浙江、江苏籍银行家始终居于绝对优势，银行公会会长、副会长基本为江浙籍银行家垄断，而浙籍银行家基本上掌握了银行公会的领导权。从 1918—1931 年银行公会换届 8 次，其中设会长（主席）共六届，浙籍银行家先后由宋汉章、盛竹书、李馥荪出任五届会长，其中"浙兴"总经理盛竹书就出任三届会长(见表8)。

表8 1918—1931年上海银行公会历届委员地缘结构

| 类别<br>届期 | 会长(主席) | 副会长 | 董事(委员、常委) |
|---|---|---|---|
| 第一届<br>1918.7 | 宋汉章(浙) | 陈光甫(苏) | 盛竹书(浙)、李馥荪(浙)、倪远甫(苏)、孙景西(皖)、陶蓝泉(苏) |
| 第二届<br>1920.9 | 盛竹书(浙) | 钱新之(浙) | 孙衡甫(浙)、倪远甫(苏)、孙景西(皖)、江少峰(粤)、周荣峰(?) |
| 第三届<br>1922.9 | 盛竹书(浙) | 孙景西(皖) | 钱新之(浙)、李馥荪(浙)、倪远甫(苏)、叶扶霄(苏)、林康侯(皖)、田少瀛(苏)宋汉章(浙) |
| 第四届<br>1924.9 | 倪远甫(苏) | 孙景西(皖) | 宋汉章(浙)、吴蔚如(浙)、陈光甫(苏)、叶扶霄(苏)、吴蕴斋(苏)、郑鲁成(?)、钱俊騤(?) |
| 第五届<br>1926.9 | 盛竹书(浙) | 吴蕴斋(苏) | 宋汉章(浙)、李馥荪(浙)、徐新六(浙)、陈光甫(苏)、倪远甫(苏)、叶扶霄(苏)、黄明道(粤) |
| 第六届<br>1927.1 | 无 | 无 | 宋汉章(浙)、李馥荪(浙)、徐新六(浙)、胡孟嘉(浙)、陈光甫(苏)、倪远甫(苏)、吴蕴斋、(苏)、叶扶霄(苏)、黄明道(粤) |
| 第七届<br>1927.12 | 无 | 无 | 胡孟嘉(浙)、徐新六(浙)、李馥荪(浙)、贝淞荪(苏)、陈光甫(苏)、吴蕴斋(苏)、孙景西(皖)、叶扶霄(苏)、黄明道(粤)、朱虞生(苏)、黄汉梁(闽)、胡孟嘉(浙)、贝淞荪(苏)、叶扶霄(苏) |
| 第八届<br>1931.6 | 李馥荪(浙) | 林康侯(秘书长,皖) | 胡孟嘉(浙)、徐寄庼(浙)、贝淞荪(苏)、吴蕴斋(苏)、林康侯(皖) |

资料来源:徐沧水:《上海银行公会事业史》"附录",1925年版,此据台湾文海影印版。徐寄庼:《最近上海金融史》,第112—114页,1932年版;上

海档案馆藏银行业同业公会档 S173—1—21，S173—1—9，S173—1—19，S173—1—20，S173—1—21。籍贯系笔者据历届上海总商会名录等资料查得。另注：1. 银行公会成立时为会长制，设正副会长各1人，董事若干人；1927年1月第5任会长盛竹书病逝后即改委员制，不设会长，以原有董事为委员；1927年12月改选委员，也不设会长；1931年依《同业公会法》改组为上海市银行业同业公会，设主席、秘书各1人，常委5人、执行委员15人。2. 人名后加括号注名籍贯，暂时无法查明籍贯的注"？"。

以银行公会委员为主的金融界人士是江浙财团的核心人物，早在1929年，日本学者就认为上海银行公会、钱业公会是以金融业为中心的浙江财阀的根本[193]。所以，金融史前辈学者洪葭管把银行公会的成立看作是江浙财团势力形成和发展的标志[194]，笔者很赞同这一观点。

稍早于银行公会成立的上海钱业公会也是"上海金融业两大集团之一"[195]，它的成立也是江浙财团兴起的标志性事件。

上海钱业早在乾隆年间就在城隍庙设立了公所[196]。随着开埠后租界的开设和租界地区商务的发展，上海钱业中心也逐渐北移，南市钱业于1883年另建钱业公所，以协调南市诸钱庄业务。1889年浙帮钱业领袖谢纶辉、陈笙郊、屠云峰、王冥生、袁联清等又创设北市钱业会馆。20世纪初，北市钱业以谢纶辉经理的承裕庄余屋作为会所成立了钱业会商处，它既是钱业诸领袖集议商定业中大事之所，又是钱业对外联络机构。1917年2月，北市钱业又以此为基础，成立沪北钱业公会。南市钱业立即表示希望加入公会，以结束上海钱业分立南北两个组织的局面，于是将北市钱业公会改为上海钱业公会，苏州程氏福康庄经理朱五楼（浙江吴兴）任首任会长[197]，"从此日起，南北钱业虽地区不同，实际上已在一个团体组织之下矣"[198]。

钱业公会创设后，为谋求公平的竞争秩序和行业群体利益制

定了"同行规则"。1920 年制定了《上海钱业公会章程》,规定以
"谋金融之流通及交易之安全"为宗旨[199]。1921 年创办了《钱业月
报》,反映钱业经营状况和钱业界的利益与要求,提出改良钱业建
议,通报本埠及国内外的金融商情,向同仁灌输新知识、新观念[200],
对凝聚同业、促进同业和上海经济发展起了重要作用。1922 年公
会又设立了市场委员会,加强钱业市场建设,并于 1923 年在新落
成的公会大厦设立交易市场,使公会的"洋厘"、"银拆"行市成为
上海金融市场的标准行市。1925 年,公会在原汇划制度的基础上
由每庄出资 1 万两(1927 年增加到每庄 2 万两)设立票现基金,并
成立票现基金委员会负责基金运作管理。这些举措进一步密切了
各庄间的联系,加强了钱业界团结,提高和巩固了钱业在上海金融
业的地位。

　　与钱业在近代上海经济发展中的地位相适应,钱业公会成立
后成为上海最具实力和影响的同业组织之一。历届公会董事(委
员)是清一色的江浙籍人,其中浙江帮钱业集团的强大实力在这
一组织中得到了充分反映,他们完全控制了钱业公会的领导权,见
表 9。

表 9　第一届至第十届上海钱业公会成员表

| 类别<br>届期 | 会长 | | 副会长 | | 会董(董事、委员、执委) |
|---|---|---|---|---|---|
| | 姓名 | 籍贯 | 姓名 | 籍贯 | |
| 第一届<br>1917 年 | 朱五楼 | 浙江<br>吴兴 | 秦润卿 | 浙江慈溪 | 无 |
| | | | 魏福昌 | 浙江余姚 | |
| 第二届<br>1919 年 | 朱五楼 | 浙江<br>吴兴 | 王鞠如 | 浙江绍兴 | 无 |
| | | | 盛筱珊 | 浙江慈溪 | |

续表

| 类别 届期 | 会长 | | 副会长 | | 会董(董事、委员、执委) |
|---|---|---|---|---|---|
| | 姓名 | 籍贯 | 姓名 | 籍贯 | |
| 第三届 1920年 | 秦润卿 | 浙江慈溪 | 田祈原 | 浙江上虞 | 盛筱珊(浙江慈溪)、叶丹庭(浙江余姚)、王伯埙(江苏太仓) |
| 第四届 1922年 | 秦润卿 | 浙江慈溪 | 田祈原 | 浙江上虞 | 盛筱珊(浙江慈溪)、叶丹庭(浙江余姚)、王鞠如(浙江绍兴)、谢韬甫(浙江余姚)、锺飞滨(浙江吴兴)、李寿山(浙江慈溪)、冯受之(浙江慈溪)、王蔼生(浙江余姚)、蒋福昌(浙江余姚)、王伯埙(江苏太仓) |
| 第五届 1924年 | 田祁原 | 浙江上虞 | 秦润卿 | 浙江慈溪 | 盛筱珊(浙江慈溪)、叶丹庭(浙江余姚)、王鞠如(浙江绍兴)、谢韬甫、锺飞滨、李寿山、冯受之、王蔼生、蒋福昌、王伯埙 |
| 第六届 1926年 | 秦润卿 | 浙江慈溪 | 谢韬甫 | 浙江余姚 | 田祈原、盛筱珊、王鞠如、胡熙生(浙江余姚)、李寿山、蒋福昌、楼恂如(浙江鄞县)、沈翊笙(浙江上虞)、陈子薰(浙江鄞县)、王伯埙 |
| 第七届 1928年 | 秦润卿 | 浙江慈溪 | 无 | 无 | 谢韬甫、田祈原、王鞠如、盛筱珊、胡熙生、李寿山、楼恂如、蒋福昌、陈子薰、裴云卿(浙江上虞)、赵文焕(浙江上虞)、朱允升(江苏嘉定)、严均安(江苏吴县)、王伯埙 |

| 类别<br>届期 | 会长 | | 副会长 | | 会董（董事、委员、执委） |
|---|---|---|---|---|---|
| | 姓名 | 籍贯 | 姓名 | 籍贯 | |
| 第八届<br>1931年 | 秦润卿 | 浙江<br>慈溪 | 裴云卿、胡熙生、俞佐廷、严均安 | | 谢韬甫、盛筱珊、王鞠如、李寿山、楼恂如、李济生（浙江上虞）、王怀廉（浙江余姚）、徐伯熊（浙江慈溪）、傅松年（浙江鄞县）、王伯埙 |
| 第九届<br>1933年 | 秦润卿 | 浙江<br>慈溪 | 裴云卿、王怀廉、俞佐廷、席季明（江苏吴县） | | 盛筱珊、胡熙生、李寿山、张梦周（浙江上虞）、邵燕山（浙江诸暨）、刘午桥（浙江绍兴）、陈笠珊（浙江上虞）、郑秉权（浙江慈溪）、严大有（浙江上虞）、钱远声（江苏南通） |
| 第十届<br>1935年 | 何衷筱 | 浙江<br>上虞 | 邵燕山、刘午桥、陆书臣（江苏吴县）、席季明 | | 张梦周、陈笠珊、严大有、郑秉权、张文波（浙江上虞）、沈景梁（浙江绍兴）、赵松源（浙江鄞县）、徐文卿（浙江慈溪）、张达甫（上海）、汪介眉（外帮） |

资料来源：1922年、1924年、1926年、1935年据"上海市钱商业同业公会档"，上海市档案馆藏，其他年份名单据《上海钱庄史料》，第647—651页历届钱业公会委员名录，籍贯系笔者据前述钱业公会档案及《上海市钱业调查录》（1934年）、《上海总商会同人录》等资料查得。另注：人名首次出现时注明籍贯，再次出现不再注明。

从表9可以看出：从1917年上海钱业公会创办到抗战爆发前的近20年中，该会正副会长、总副董及主席职务始终为浙籍钱业经营商所垄断，继朱五楼后，又由秦润卿、田祁原、何衷筱先后任会长（总董），其中秦润卿先后任6届会长。钱业公会的历届董事、执行委员也是清一色江浙籍，其中90%以上是浙籍人。1929年满铁调查资料就说"上海的钱业界完全为浙江财阀所垄断"。[201]

华商纱厂联合会也成立于 1917 年。该会的成立既是第一次世界大战期间中国棉纺业发展的需要,也是中国棉纺业联合应对日本纺织界要求修改棉花、棉纱税率的需要。《华商纱厂联合会会刊》关于该会成立缘起说:"吾国承欧战之余惠,欧西各国纱布,无余力以供亚东之需,由是企业家风起云涌,群组纱厂,力图发展,获利之巨,何止倍蓰,同业增多,遂觉有协力统一之必要,本会于是乎产生"[202]。此外,1917 年 3 月,北洋政府为修改税则,与各国商议增加关税,日本提出以中国棉花进口、棉纱出口免税为交换条件。消息披露后,华商纱厂群谋抵制。3 月 15 日,上海、苏州、杭州、无锡等地 18 家华商纱厂代表 20 人在上海总商会开会,决议成立华商纱厂联合会临时会,以便联合行动。该会章程规定:"以固结团体,互通情谊,促进纱业之发展,增进公(共)同利益"为宗旨[203]。会议推举恒昌源纱厂祝兰舫任会长,但祝氏辞而不就,穆藕初也不愿就议董之职[204],使该会创立之初主持无人,经费无着,而恳请政府反对免除花、纱进出口税事也羁延 3 月无结果。纱厂同业鉴于竞争趋烈,"非有统一机关,难收折冲明效",决定将联合会临时机关,改设为永固团体。12 月 1 日召开成立大会,15 家纱厂代表会议选举聂云台、刘柏森、薛文泰、吴寄尘、杨翰西为议董,聂云台任总董[205]。但聂氏坚辞不就,并推荐张謇担纲。1918 年 3 月,华商纱厂联合会重开选举会,选举张謇为会长,聂云台任副会长,另选薛文泰、刘柏森、杨翰西、徐静仁、吴寄尘任董事[206],从此会务渐入正规,组织日见扩大。

该会虽名曰全国华商纱厂联合会,但居支配地位的显然是江浙地区尤其是上海纱厂业巨头。从该会成立到 1924 年年初,正副会长均由江浙地区棉纺业领袖担任,会董也主要是上海为主的江浙地区棉纺企业家(见表 10)。1924 年在天津召开的第七次会员大会虽然推举周绲之(学熙)任会长,但因周氏忙于华北地区庞大的企业群无暇顾及设于上海的该会,所以会务工作始终由著名新兴棉纺企业家荣宗敬主持[207]。

表10　北洋政府时期历届华商纱厂联合会成员表

| 时间 | 会长副会长、姓名、籍贯、执业纱厂 | | | 会董 |
|---|---|---|---|---|
| 1918.3 | 会长 | 张謇 | 江苏 | 大生 | 薛文泰(浙江,上海振华)、刘柏森(江苏,宝通及宝丰纱厂)、杨翰西(江苏,无锡广勤、业勤纱厂)、徐静仁(安徽,上海溥益纱厂)、吴寄尘(江苏,大生) |
| | 副会长 | 聂云台 | 湖南 | 上海恒丰纱厂 | |
| 1920.3 | 会长 | 张謇 | 江苏 | 大生 | 徐静仁(上海溥益纱厂)、刘柏森(宝通及宝丰纱厂)、荣宗敬(江苏,上海申新)、薛文泰(上海振华)、穆藕初(江苏,上海厚生)、杨翰西(无锡广勤、业勤纱厂)、徐荣廷(湖北,裕华纺织公司)、郑培之(广东,上海鸿裕) |
| | 副会长 | 聂云台 | 湖南 | 上海恒丰纱厂 | |
| 1922.3 | 会长 | 张謇 | 江苏 | 大生 | 荣宗敬(上海申新)、刘柏森(宝通及宝丰纱厂)、赵聘卿(天津裕大)、徐静仁(上海溥益)、薛文泰(上海振华)、杨翰西(无锡广勤、业勤纱厂)、曹秉权(?)、吴麟书(江苏,上海统益)、穆藕初(上海厚生)、穆杼斋(江苏,上海德大)、徐荣廷(湖北,裕华纺织公司) |
| | 副会长 | 聂云台 | 湖南 | 上海恒丰纱厂 | |
| 1924.4 | 会长 | 周缉之 | 安徽 | 华新纱厂 | 杨翰西(无锡广勤、业勤纱厂)、倪幼丹(?)、薛文泰(上海振华)、徐静仁(上海溥益)、吴麟书(上海统益)、曹秉权(?)、刘柏森(宝通及宝丰纱厂)、穆藕初(上海德大)、聂云台(上海恒丰)、徐荣廷(湖北,裕华纺织公司)、郑培之(上海鸿裕) |
| | 副会长 | 荣宗敬 | 江苏 | 上海申新纱厂 | |

根据上海档案馆馆藏:《上海市棉纺织工业同业公会董事会议记录》(三)(四)(五),S30—1—5,37,38,39;成员籍贯系笔者根据其他资料查得;人名第一次出现时注明籍贯,再次出现时不再注明,暂时无法查明籍贯的注"?"。

"国内实业,荦荦大者,首推纱厂"[208]。华纱纱厂联合会在上海地区的同业团体中也具有重要地位,江浙地区棉纺业同仁以纱厂联合会为纽带,维护同业利益,促进同业发展,使之成为江浙财团又一重要组织形式和活动舞台。

　　华商水火险公会也成立于 1917 年,它是由华商火险公会发展
而来的。华商保险业主要兴起于 20 世纪初,清末即形成一定的规
模,成为上海重要的近代金融行业。1907 年,同时任华安、华兴、
华成三家保险公司总董的上海工商界巨擘朱葆三发起组织华商火
险公会,以联络同业感情及讨论同业间偶发的保价事件,初立时有
会员 9 家,朱氏任总董。这是华商保险业同业组织之发轫[209],也是
上海最早的华商金融业同业公会。"于是,我国保险事业乃逐渐
进展"[210]。第一次世界大战期间,上海保险业也获得很大发展,不
但新公司纷纷设立,业务范围也大为拓展,许多公司开始经营水
险、寿险等业务,火险公会已不适应保险业发展的实际需要,华兴
公司倡议将华商火险公会改名为华商水火险公会。1917 年 10 月
1 日,上海保险业 14 家公司代表召开特别会议,通过了修改公会
名称的动议,正式更名上海华商水火险公会,并通过了经修订的新
章程。章程规定,公会以联络全沪各华商保险公司履行保险章程,
维持保价,确守统一之进行为宗旨;章程还规定,公会推行正、副会
长制,每年选举一次。1918 年 1 月,公会选举洪文廷、李煜唐为正
副会长。上海华商水火险公会的成立,使沪上华商保险业有了统
一的组织,内部更趋于团结,并以集体的名义承揽大宗业务,与外
商保险公司进行竞争,积极开拓保险业务。但上海华商水火险公
会不包括寿险业,这种状况不适应上海华商寿险业发展的需要。
1923 年,上海总商会致电华安等 6 家保险公司建议设立华商保险
公会,以集合华商保险业力量,巩固信用,与实力雄厚的外商公司
竞争,打破其独占的地位[211]。1928 年 11 月 4 日,上海水火险公会
更名为上海保险公会,宁波帮商人傅其霖任主席,会员包括经营水
火险、寿险及综合类保险公司 20 家,使公会真正成为名副其实的

整个保险行业组织,成为江浙财团又一组织形式和活动舞台。

## 注　释

1　学术界都认为,北洋政府时期中国资本主义发展经历了"黄金时期",但对该时期的
　　起讫时间有不同看法。传统说法是,中国民族资本主义在第一次世界大战期间获
　　得较快发展,大战结束后帝国主义又卷土重来,发展即告停止。虞和平指出:中国
　　资本主义经济出现1912—1922年持续十年的"黄金时期",1923—1927年,由于外
　　国经济势力卷土重来,使中国资本主义经济有所衰退,但也并非绝对的、全面的衰
　　退,是相对于前十年持续全面发展的相对的、局部的衰退(参见《20世纪的中
　　国——走向现代化的历程》,人民出版社2010年版,第241页)。徐新吾等把上海
　　民族工业的"黄金时期"定为1916—1922年(参见徐新吾、黄汉民《上海近代工业
　　史》,上海社会科学院出版社1998年版,第119页)。杜恂诚用翔实的数据说明:中
　　国民族工业的发展并非只是在第一次世界大战期间,而战后就萧条、萎缩了,也不
　　是发展势头仅延续到1922年就衰落了,1923—1927年的创办企业数仍超过大战期
　　间的5年(参见《民族资本主义与旧中国政府(1840—1937)》,上海社会科学院出
　　版社1991年版,第106—108页),言外之意是"黄金时期"持续到1927年——虽然该
　　年因战争和政治变动影响,新设企业较少。法国学者白吉尔说的"黄金时期"是指
　　1911—1937年(见《中国资产阶级的黄金时代(1911—1937)》,张富强等译,上海人
　　民出版社1994年版)。本书认为,从全国总体而论,辛亥革命后至1927年都应该是
　　中国资本主义发展的"黄金时期"。

2　杜恂诚:《民族资本主义与旧中国政府(1840—1937)》,上海社会科学院出版社
　　1991年版,第106—108页。

3　上海社会科学院经济所:《荣家企业史料》上册,上海人民出版社1980年版,第
　　106—108页。

4　《乐农自订行年纪事》,《荣德生文集》,上海古籍出版社2002年版,第75、77、80页。
　　第一次世界大战爆发后,进口纱布大量减少,国内纱布市价大幅上涨,花纱比价十
　　分有利于国内纱厂。1917年,上海纱厂每出售一件16支纱,可获利15.32银两,
　　1919年高达50.45银两,1920年仍达46.45银两。参见许维雍、黄汉民:《荣家企业
　　发展史》,人民出版社1985年版,第26—27页。

5　《乐农自订行年纪事》,《荣德生文集》,第82、85、88页。

6　上海社会科学院经济所：《荣家企业史料》上册，上海人民出版社 1980 年版，第 84、104 页。

7　《乐农自订行年纪事》，《荣德生文集》，第 110 页。

8　薛明剑：《实业家荣氏昆仲创业史》(1929 年 4 月)，《荣德生文集》，第 532 页；另参见《上海近代工业史》，第 136—153 页。

9　《上海市棉纺织工业同业公会董事会议记录(五)》，上海档案馆藏 S30—1—39。

10　笔者检索华商纱厂董事会议记录，周绲之甚至未曾参加 1924 年纱厂联合会七届常会的董事会。

11　上海满铁调查资料第 6 编：《浙江财阀》，满铁上海事务所 1929 年版，第 60—61 页。

12　《上海市棉纺织工业同业公会董事会议记录(五)》，上海市档案馆藏 S30—1—39。

13　上海满铁调查资料第 6 编：《浙江财阀》，满铁上海事务所 1929 年版，第 62 页。

14　上海市社会科学院经济研究所：《刘鸿生企业史料》上册，上海人民出版社 1981 年版，第 4 页。

15　上海市社会科学院经济研究所：《刘鸿生企业史料》上册，第 17—23 页。

16　《刘鸿生企业史料》上册，第 22 页。

17　《刘鸿生企业史料》上册，第 47—73 页有关内容。

18　《刘鸿生企业史料》上册，第 232—239 页有关内容。

19　《刘鸿生企业史料》上册，第 277 页。

20　据刘鸿生投资一览表：《刘鸿生企业史料》上册，283—286 页；"前言"第 1 页。

21　"刘鸿记"初为刘鸿生的买办账房，也兼管刘氏买办、商业收入和财产。自 20 世纪 20 年代始，刘鸿生开始大量投资工矿运输业，该账房逐渐成为各企业财务收支、资金调剂中心，同时吸收刘氏亲友存款，以资各企业周转。

22　上海满铁调查资料第 6 编：《浙江财阀》，满铁上海事务所 1929 年版，第 65—66 页。

23　江浙皖丝茧总公所丝厂调查(庚戌五月底)，上海市档案馆藏：上海市缫丝工业同业公会档 S37－1－96。

24　《江浙皖三省丝厂茧行同业录》(民国四年五月)，上海缫丝工业同业公会档 S37－1－45。

25　浙江蚕丝会编：《浙江蚕丝会成立记》，1918 年版，第 13 页。

26　1919 年上海缫丝工业丝车总数见徐新吾主编：《中国近代缫丝工业史》附录一，上海人民出版社 1990 年版，第 616 页。

27　中国近代纺织史编委会编著:《中国近代纺织史》上卷,第273—274页;下卷,第204页,中国纺织出版社1997年版。

28　《为通泰各盐垦公司募集资金之说明》(1924年),张謇研究中心等编:《张謇全集》第3卷,实业,江苏古籍出版社1994年版,第646—648页。另据章开沅:《张謇传》,第294页表,至1925年,已成立的垦牧公司达22家(不包括通海),中华工商联合出版社2000年版。

29　《中国近代纺织史》上卷,第273—274页;下卷,第204页,中国纺织出版社1997年版。

30　上海满铁调查资料第6编:《浙江财阀》,满铁上海事务所1929年版,第23、24页。

31　《宁绍轮船公司第一次股东会》,《申报》1908年10月12日。

32　《三北轮埠公司史料选辑》,《档案与史学》1996年第5期;又见冯筱才:《虞洽卿与近代中国轮运业》,金普森主编:《虞洽卿研究》,宁波出版社1997年版,第229页。

33　1918年虞洽卿上交通部文,交通部、铁道部交通史编撰委员会编印:《交通史航政篇》第1册,1931年版,第396页。

34　丁日初主编:《上海近代经济史》第2卷,上海人民出版社1997年版,第332页。

35　前揭冯筱才文,见《虞洽卿研究》,第230页。

36　《华商长江航业之大发展》,《申报》1919年4月22日。

37　樊百川:《中国轮船航运业的兴起》,四川人民出版社1985年版,第481页。

38　前引《交通史航政编》第1册,第395页;虞和平:《清末以后城市同乡组织的现代化——以宁波旅沪同乡组织为中心》,《中国经济史研究》1998年第3期。

39　前引《交通史航政篇》第3册,第1066、1382页。

40　参见前揭冯筱才文。

41　丁日初主编:《上海近代经济史》第2卷,上海人民出版社1997年版,第332页。

42　《朱葆三追悼会之盛况》,《申报》1926年10月2日;也见《朱葆三先生事略》,《宁波旅沪同乡会会刊》,复刊第11号。

43　《民立报》1913年1月19日。

44　洪品成:《浙江地方银行始末》,《浙江近代金融业和金融家》,第111页。

45　《申报》1912年1月25日第6版。

46　中国社科院近代史研究所:《近代史资料》,第58号,第239页;中华银行广告,见《申报》1920年1月6日(在1920年1月前后连日刊登)。

47　《上海总商会月报》第2卷,第3号;《申报》1922年2月16日。

48　《朱葆三先生昨日作古》,《申报》1926年9月3日第4版。

49　陶水木:《浙江商帮与上海经济近代化研究》,上海三联书店出版社2000年版,第
　　174页。

50　陶水木:《浙江商帮与上海经济近代化研究》,第171—178页。

51　盛竹书在首届全国银行公会联合会欢迎大会上的欢迎词,上海银行周报社编:《经
　　济类钞》第二辑,历届银行公会联合会汇记,第2页。

52　冰:《中国银行业之现状》,《上海总商会月报》第1卷,第1号,1921年7月。

53　上海《银行周报》社编:《经济类钞》第3辑,《上海金融市场论》,1923年版,第
　　13页。

54　寿伯:《中国银行业之调查》,《上海总商会月报》第6卷,第2号,1926年2月。

55　杜恂诚:《民族资本主义与旧中国政府》(1840—1937),上海社会科学院出版社
　　1991年版,第159页。

56　陶水木:《浙江商帮与上海经济近代化研究》,上海三联书店出版社2000年版,第
　　133页。

57　《中国银行股东联合会成立记》,《民国日报》1916年5月13日。

58　《中国银行民国八年营业报告》,中国银行总管理等编:《中国银行行史资料》
　　(1912—1949)三,档案出版社1991年版,第1856页。

59　《中国银行民国九年营业报告》,中国银行总管理等编:《中国银行行史资料》
　　(1912—1949)三,第1872页。

60　《驻沪调查金融专员李焱荣陈报上海银钱业资力及金融近状呈》(1920年10月20
　　日),《中华民国史档案资料汇编》第三辑,金融(二),江苏古籍出版社1991年版,
　　第783页。

61　沧水:《吾国金融之分布与金融之中心及上海金融业资力之推测》,《银行周报》第
　　4卷,第38号,1920年10月12日。

62　《上海造币厂借款银团致财政总长暨币制总裁公函》,上海银行周报社编:《上海金
　　融市场论》,1923年版,第136页。

63　《交通银行总管理处编制1927年营业报告书》,中国第二历史档案馆等编:《中华
　　民国史档案资料汇编》第三辑金融(一),江苏古籍出版社1991年版,第384页。

64　上海银行周报1923年汇辑的《经济类钞》第三辑《上海金融市场论》说:"银行之联

合机关为银行公会",见该辑第 15 页。

65 王承志:《中国金融资本论》,光明书局 1936 年版,第 98 页。

66 中国银行行史编委会:《中国银行行史》,中国金融出版社 1995 年版,第 88 页。

67 江南问题研究会编印:《中国银行》(四行二局一库调查资料之二),1949 年版,第 1 页。

68 《驻沪调查金融专员李焱莱陈报上海银钱业资力及金融近状况》(1920 年 10 月 20 日),《中华民国史档案资料汇编》第三辑,金融(二),第 784 页。

69 徐寄廎:《最近上海金融史》,1926 年版,第 3—4 页。

70 董昕:《中国银行上海分行研究》,上海人民出版社 2009 年版,第 66 页表 1—5。

71 《交通银行总管理处第七十次董事会议纪要(1917 年 10 月 18 日)》,财政科学研究所、中国第二历史档案馆编:《民国外债档案史料》第六卷,档案出版社 1991 年版,第 100 页。

72 交通银行总行、中国第二历史档案馆编:《交通银行史料汇编》第 1 卷,上册,中国金融出版社 1995 年版,第 312 页。

73 徐寄廎:《最近上海金融史》,1932 年版,第 54—55 页。

74 蕾啸岑译:《中国资产阶级的分析》,《时事月报》第 7 卷第 1、2 期。见陈真主编《中国工业史资料》第 1 辑,第 329 页。

75 参见拙作《浙江商帮与上海经济近代化研究》,上海三联出版社 2000 年版,第 67 页表 2—3"浙江兴业银行创办时大股东情况"。

76 周葆銮:《中华银行史》(1919 年初版),台湾文海影印本,第六编,第 5 页。

77 朱镇华在《徐寄廎生平事迹》中说"从 1919—1926 年,(浙兴)连续几年存款额占全国大银行的第一位",见上海市政协文史委编:《旧上海的金融业》,上海人民出版社 1988 年版,第 122 页。

78 中国人民银行浙江省金融研究所:《浙江兴业银行简史》,1984 年油印本,第 15 页。

79 《去年上海银行业之概况》,《上海总商会月报》第 2 卷,第 5 号,1922 年 5 月。

80 《申报》1912 年 1 月 25 日第 6 版。

81 上海市档案馆藏浙江地方实业银行档案,Q270—1—173。

82 徐矛等主编:《中国十银行家》,上海人民出版社 1997 年版,第 195 页。

83 [日]森次勋:《上海财阀之鸟瞰》,《经济评论》第 2 卷,第 1 号,1935 年。

84 《上海商业储蓄银行史料》,上海人民出版社 1990 年版,第 36 页。

85　参见浙江省政协文史委:《浙江籍资本家的兴起》,浙江人民出版社 1986 年版,第 209 页。

86　王承志:《中国金融资本论》,光明书局 1936 年版,第 98 页。

87　《四明银行行史资料》,《档案与史学》2002 年第 6 期。

88　徐寄廎:《最近上海金融史》,1926 年版,第 18 页。

89　中国银行总管理处:《上海市钱业调查录》(1934 年),第 19 号,上海社会科学院中国企业史研究中心藏。

90　上海市商会商务科:《上海市商会商业统计·金融业》(1932—1934 年),台湾文海影印版,第 55 页。

91　王承志:《中国金融资本论》,上海光明书局 1936 年版,第 99 页。

92　他们都是招商局董事或查账员,见《轮船招商局历年大事记》(1947 年),上海市档案馆编:《旧中国的股份制》,中国档案出版社 1996 年版,第 48、49 页。

93　中国人民银行上海市分行金融研究室:《中国第一家银行》,社会科学出版社 1982 年版,第 34 页。

94　即董事长傅筱庵,常务董事徐圣禅(镇海)、谢光甫(谢纶辉之子)、孙衡甫(慈溪)、朱子奎(定海,朱葆三子),理事厉树雄(定海)、俞佐廷(镇海),总经理朱子奎。见上海市商会商务科:《上海市商会商业统计·金融业》,第 43 页。

95　上海满铁调查资料第 6 编:《浙江财阀》,满铁上海事务所 1929 年版,第 47 页。

96　徐寄廎:《最近上海金融史》,1932 年版,第 270 页。

97　上海市商会商务科:《上海市商会商业统计·金融业》,第 49—50 页。即董事长兼总经理秦润卿、常务董事兼总行经理王伯元,常务董事何谷声(余姚)、王仲允(慈溪)、梁晨岚(宁波),董事李馥荪(绍兴)、徐寄廎(永嘉)、周宗良(宁波)。

98　上行挡,业务类 2025 号,沪银挡,转引杜恂诚:《上海金融的制度、功能与变迁》,上海人民出版社 2002 年版,第 79 页。

99　《陈朵如访问记录》(1959 年 7 月 10 日),《上海商业储蓄银行史料》,上海人民出版社 1990 年版,第 76—77 页。

100　《浙江地方实业银行领用中国银行兑换券办法合同》(1915 年),中国银行总行、中国第二历史档案馆编:《中国银行行史资料汇编》上编,档案出版社 1991 年版,第 1028—1031 页。

101　《浙江兴业银行领用中国银行兑换券合同》(1915 年),《中国银行行史资料汇编》

上编,档案出版社 1991 年,第 1032—1034 页。

102 参见董昕:《中国银行上海分行研究》(1912—1937),上海人民出版社 2009 年版,第 158 页表 3—11。

103 董昕:《中国银行上海分行研究》(1912—1937),第 165—166 页。

104 毛知砺:《张嘉璈与中国银行的经营与发展》,协联印书馆有限公司 1996 年版,第 220 页。

105 交通银行总行、中国第二历史档案馆编:《交通银行行史料汇编》第 1 卷,下册,档案出版社 1988 年版,第 885 页。

106 上行挡,业务类 2028 号,沪银档,转引杜恂诚:《上海金融的制度、功能与变迁》,第 79 页。

107 《中国第一次发行之公司债》,《申报》1921 年 7 月 28 日。

108 徐沧水:《上海银行公会事业史》,台湾文海影印本,第 107 页。

109 参见徐沧水《上海银行公会事业史》,第 105—123 页。

110 杜恂诚:《民族资本主义与旧中国政府》,上海社会科学院出版社 1991 年版,第 233—236 页。

111 《中国银行行史资料汇编》上册,第 205 页;银行周报社编:《银行年鉴》,1922 年。

112 银行周报社编:《银行年鉴》,1922 年。

113 参见上海市商会商务科:《上海市商会商业统计·金融业》(1932—1934),台湾文海影印版。笔者曾对浙江籍人士 20 世纪 30 年代初在银行业的相互投资和兼职情况作过梳理,见《浙江商帮与上海经济近代化研究》,上海三联书店 2000 年版,第 141—143 页。

114 [日]山上金男:《浙江财阀论》,日本评论社(东京)1938 年版,第 115 页。

115 罗北辰:《民元以来我国之保险业》,朱斯煌主编:《民国经济史》,银行学会 1947 年编印,第 93 页。

116 陶水木:《浙江商帮与上海经济近代化研究》,附录一;颜鹏飞:《中国保险史志》,上海社会科学院出版社 1989 年版,第 65、111、114、116 页。

117 杜恂诚:《民族资本主义与旧中国政府》,第 524 页。

118 上海市档案馆藏:上海保险业同业公会档 S181 - 2 - 1,第 2 页。《上海市保险业同业公会报告册》(1931 年)及《保险业年鉴》(中华人寿保险协进社 1935 年版)都说:1905 年成立上海保险公会,而以华安公司总经理朱葆三为会长,所说公会名称和成立时间都有误。1907 年成立的是华商火险公会,1917 年因经营水火险同业的加入才改名华商水火险公会,1928 年又因寿险同业的加入才改名上海保险公会。

119 《保险业年鉴》下篇,中华人寿保险协进社 1935 年版,第 2 页。

120 据杜恂诚:《民族资本主义与旧中国政府》(1840—1937),附录(四十七),上海社会科学院出版社 1991 年版;及赵兰亮:《近代上海保险市场研究》(1843—1937),第 207—208 页表及第 215 页表,复旦大学出版社 2003 年版。

121 赵兰亮:《近代上海保险市场研究》(1843—1937),复旦大学出版社 2003 年版,第 219 页表。

122 上海市档案馆编:《旧上海的证券交易所》,上海古籍出版社 1991 年版,第 63—65 页;进步书局编:《交易所一览》,文明书局 1922 年版,第 1—2 页。

123 进步书局编:《交易所一览》,文明书局 1922 年版,第 12—13 页。

124 进步书局编:《交易所一览》,文明书局 1922 年版,第 29 页。

125 进步书局编:《交易所一览》,文明书局 1922 年版,第 37—38 页。

126 进步书局编:《交易所一览》,文明书局 1922 年版,第 115—116 页。

127 进步书局编:《交易所一览》,文明书局 1922 年版,第 22—23 页。

128 黄溯初:《信托业之过去与将来》,上海市商会商务科:《上海市商会商业统计·金融业》,台湾文海影印本,第 203 页。

129 冯子民:《民元来上海之交易所》,朱斯煌主编:《民国经济史》,银行学会 1947 年编印,第 151 页。

130 黄溯初:《信托业之过去与将来》,《上海市商会商业统计·金融业》,第 203 页。

131 徐寄庼:《最近上海金融史》,华丰印刷所 1926 年版,第 127 页。

132 杨荫溥:《上海金融组织概要》,商务印书馆 1930 年版,第 18 页。

133 《上海市商会商业统计·金融业》,第 222 页。

134 《上海市保险业同业公会报告册》(1931—1937),上海图书馆藏;《保险年鉴》,中华人寿保险协进社 1935 年版,下编,第 9—150 页,第 160 页;及上海市商会商务科:《上海市商会商业统计·金融业》第 1—234 页有关资料汇总。

135 中国银行总管理处业务调查课:《上海市钱业调查录》,第 4 号,1934 年打印稿,上海社科院经济研究所中国企业史研究中心藏(以下不注明藏档处)。

136 《上海市钱业调查录》,第 2 号。

137 《上海市钱业调查录》,第 10 号。

138 《上海市钱业调查录》,第 6 号。

139 关于镇海方家、镇海李家、鄞县秦家、慈溪徐家钱庄的具体发展情况参见本文第二章"宁波帮与江浙财团"中"宁波帮与江浙地区金融业"中的相关内容。

140 中国银行总管理处业务调查课:《上海市钱业调查录》,第 9 号。

141 《上海市钱业调查录》,第 33 号。

142 据中国银行总管理处业务调查课调查,1934 年在钱庄有投资的方式如个人名下资产约四五百万元,方季扬四五百万元,方选青二三百万元,方哲民二三百万元,方家荪 250 万元。《上海市钱业调查录》,第 1 号,第 2 号,第 5 号。

143 魏友棐:《十年来上海钱庄事业之变迁》,《钱业月报》第 13 卷,第 1 号,1933 年 1 月 15 日。

144 秦润卿谈话记录(1957 年 7 月),《上海钱庄史料》,第 770 页。

145 魏友棐:《十年来上海钱庄事业之变迁》,《钱业月报》第 13 卷,第 1 号,1933 年 1 月 15 日。

146 秦润卿:《五十年来上海钱业之回顾》,中国通商银行编:《五十年来之中国经济》,1947 年版,第 72 页。

147 丁裕良:《最新上海金融论》,上海世界书局 1931 年版,第 87—88 页。

148 《上海钱庄史料》第 195—202 页"1913—1926 年新设钱庄投资人表"。

149 徐寄庼:《最近上海金融史》,1926 年版,第 226 页。

150 中国银行上海分行:《上海钱庄史料》,上海人民出版社 1960 年版,第 146 页。另参见董昕:《中国银行上海分行研究》,上海人民出版社 2009 年版,第 168—169 页,不过,董著谓钱庄领用额度为 625 万元。

151 《上海钱庄史料》根据 1959 年陆书臣的回忆,列举了近代上海银钱业在人事上的相互关系,但该项资料很不完整,所例内容也没有明确的时限,见该书 148—151 页。

152 《上海市商会商业统计·金融业》,第 61、91 页。

153 《上海市钱业调查录》,第 13 号。

154 《上海市商会商业统计·金融业》,第 29 页。

155 徐寄庼:《最近上海金融史》,1926 年版,第 51 页。

156 《上海钱庄史料》,第 122—123 页。

157 徐寄庼:《最近上海金融史》,1926 年版,第 48 页,籍贯据其他资料查得。

158 《上海钱庄史料》，第 149 页；《保险年鉴》下编，1935 年版，第 28 页，籍贯据其他资料查得。

159 《上海市钱业调查录》，第 17 号。

160 银行周报社：《银行年鉴》，1922 年版，第 17 页；《上海市钱业调查录》，第 19 号。

161 《上海市钱业调查录》，第 19 号；《上海钱庄史料》，第 769 页。

162 《上海市钱业调查录》，第 32 号。

163 《上海市钱业调查录》，第 8 号；《保险年鉴》下编，1935 年版，第 109 页。

164 《上海市钱业调查录》，第 63 号。

165 上海满铁调查资料第 6 编：《浙江财阀》，满铁上海事务所 1929 年版，第 11 页。

166 以下除注明出处者外，均据《银行年鉴》，银行周报社 1922 年 8 月。

167 《银行年鉴》，银行周报社 1922 年 8 月；《上海市钱业调查录》，第 28 号。

168 上海市商会商务科：《上海市商业统计·金融业》，台湾文海影印本，第 55 页。

169 中国银行总行等编：《中国银行行史资料》上册，档案出版社 1991 年版，第 191 页。

170 《时报》1921 年 6 月 6 日，7 月 15 日，7 月 1 日，7 月 13 日。

171 上海市商会商务科：《上海市商业统计·金融业》，台湾文海影印本，第 86 页。

172 《上海钱庄史料》，第 198 页。

173 参见陶水木：《浙江商帮与上海经济近代化研究》附录一有关内容；《上海钱庄史料》，第 767、199、201 页。

174 上海市保险业同业公会档 S181－1－88。

175 《申报》1921 年 6 月 23 日；《银行周报》第 7 卷第 9 号。

176 盛竹书在全国银行公会第一届联合会上之欢迎词，《历届银行公会联合会议汇记》，载银行周报社编：《经济类钞》第 2 辑，第 3 页。

177 《上海市钱业调查录》，第 34 号。

178 上海满铁调查资料第 6 编：《浙江财阀》，满铁上海事务所 1929 年版，第 75 页。

179 上海满铁调查资料第 6 编：《浙江财阀》，满铁上海事务所 1929 年版，第 77 页。

180 严信厚为民国二年《上海总商会议事录》所作的序言，转见张桓忠：《上海总商会研究》(1902—1929)，台湾知书房出版社 1996 年版，第 42 页。

181 即郁屏翰(江苏上海)、劳敬修(广东鹤山)、印锡章(江苏嘉定)、林莲荪(浙江鄞县)、叶鸿英(江苏上海)、杨信之(浙江吴兴)、夏粹芳(江苏青浦)、朱衡斋(浙江镇海）、朱吟江（江苏嘉定）、胡稚芗（浙江余姚）、陈子琴（浙江镇海）、沈联芳（浙江吴兴）、叶明斋（江苏吴兴）、祝兰舫（江苏金匮）、周舜卿（江苏无锡）、朱葆三（浙江定海）、陈润夫人（江西清江）、王子展（浙江杭州）、顾馨一（江苏上海）、丁钦斋（浙江镇海）、沈缦云（江苏无锡）、唐露园（广东香山）、庞莱臣（浙江吴兴）、施善畦（江苏吴县）、洪惠祖（浙江镇海）、张乐君（浙江鄞县）、傅筱庵（浙江镇海），名单据上海市工商业联合会等编《上海总商会组织史资料汇编》，上册，上海古籍出版社 2004 年版，第 51 页，籍贯据其他史料查得。

182 时隔 20 年后的总商会机关报说"上海之有商会自公（即严信厚，引者）始也"，见《严信厚传》，《上海总商会月报》第 2 卷，第 3 号。

183 据各该年《上海总商会名录》汇总。

184 徐鼎新等：《上海总商会史》，第 89 页。

185 《经济类钞》第三辑：《上海金融市场论》，上海银行周报社 1923 年编印，第 15 页。

186 徐寄庼：《最近上海金融史》，华丰印刷所 1926 年版，第 145 页。

187 中国历史第二档案馆等编：《中华民国金融法规选编》上册，江苏古籍出版社 1990 年版，第 317 页。

188 上海市银行商业同业公会自开始组织起至选出第一任董事的历次会议暨第一二三四任董事会议记录，上海市档案馆藏银行公会档 S173—1—9。

189 徐沧水：《上海银行公会事业史》"附录"第 10 页"上海银行公会会员银行表"，1925 年版，此据台湾文海影印本。

190 上海市银行商业同业公会自开始组织起至选出第一任董事的历次会议暨第一二三四任董事会议记录，上海市档案馆藏，S173—1—9。

191 上海市档案馆藏银行公会档：1918 年 11 月 30 日会员大会会议记录，S173—1—3。

192 上海市档案馆藏银行公会档：1919 年 2 月 22 日会员大会会议记录，S173—1—3。

193 上海满铁调查资料第 6 编：《浙江财阀》，满铁上海事务所 1929 年版，第 75 页。

194 金融史专家洪葭管在《中国金融史》中说：1918 年上海银行公会的成立，标志着江浙财团势力的形成和发展。见该书第 172 页，西南财经大学出版社 1993 年版。

195 秦润卿：《五十年上海钱庄业之回顾》，中国通商银行编：《五十年来之中国经济》，第 74 页，1947 年版。

196 《上海钱庄史料》，1960 年版，第 10 页。

197　参见《上海钱庄史料》,1960 年版,第 645—646、648 页。

198　钱业公会议事录,上海市档案馆藏上海钱业公会档案 174—1—1。

199　《银行周报》第 4 卷,第 20 期。

200　《本报略史》,《钱业月报》第 8 卷,特刊号。

201　上海满铁调查资料第 6 编:《浙江财阀》,满铁上海事务所昭和四年十月,第
　　　35 页。

202　《编辑者言》,《华商纱厂联合会半年刊》第 9 卷,第 1 号,1931 年 6 月。

203　《暂拟草章》,上海市棉纺织工业同业公会董事会议记录,上海市档案馆藏 S30—
　　　1—35。

204　"挽留祝兰舫先生函",上档藏上海市棉布商业同业公会档,S30—1—5。

205　"通告各厂函",1917 年 12 月 11 日,上海市棉布商业同业公会档,S30—1—5。

206　上海市棉布商业同业公会档,S30 - 1 - 5。

207　笔者检索董事会议记录,周缁之甚至未参加过此后的董事会。

208　叔仁:《永安之吸并鸿裕纱厂》,《上海总商会月报》第 8 卷,第 3 号。

209　上海市档案馆藏:上海保险业同业公会档 S181—2—1,第 2 页。《上海市保险业
　　　同业公会报告册》(1931 年)及《保险业年鉴》(中华人寿保险协进社 1935 年版)
　　　都说:1905 年成立上海保险公会,而以华安公司总经理朱葆三为会长,所说公会
　　　名称和成立时间都有误。

210　《保险业年鉴》,下篇,中华人寿保险协进社 1935 年版,第 2 页。

211　《致华安等六保险公司劝设保险公会缄》(1923 年 3 月 26 日),《上海总商会月
　　　报》第 3 卷,第 4 号,1923 年 4 月。

# 第 二 章
## 宁波帮与江浙财团

宁波自古以来就是一个繁盛的对外贸易商埠，这使得甬人极富经商才能和冒险精神，再加上人稠地狭等原因，宁波人经商的足迹遍履天下，从而使其以"无宁不成市"闻名遐迩。明朝天启、崇祯年间，宁波鄞县的药材商人在北京设立鄞县会馆，学术界公认此为宁波商帮初始形成的标志。鸦片战争前，宁波商帮在京津地区和长江中下游等一些商业重镇已有相当势力，但毕竟未能突破传统商帮的格局。近代以来，宁波帮在新的环境中脱颖而出，发展成为影响最大、领袖商界的近代商帮。

随着宁波帮实力的日益增强，影响的日渐扩大，颇为各界瞩目。早在百年前，就有学者说："宁波商人，自其人数之多、历史之远、势力之大观之，实可谓上海各商领袖，""故上海者，即曰宁波人之上海亦无不可"[1]。1938 年，日本学者山上金男在他的论著《浙江财阀论》中，将宁波帮视为浙江财阀（江浙财团的另一称谓）的中心：指出在上海资本家阶级中，以宁波帮为中心的江浙乡帮的地缘性集团构筑成了浙江财阀[2]。钟树元则将宁波帮看作是江浙财团的支柱，[3] 此可谓是对宁波帮在江浙财团中实力和影响的代表性表述。宁波帮在江浙财团的核心优势地位由此可见一斑。

# 一、宁波帮：江浙财团的社会基础

江浙财团初步形成于第一次世界大战时期，发展于 20 世纪二三十年代，金融资本集团构成其"灵魂"，这一发展轨迹和特点与宁波帮的历程颇有重合之处。二三十年代也正是宁波帮的鼎盛时期，钱庄、银行是其专擅之业，金融业奠定了其崛起的坚实基础。

江浙财团的形成有其特定的地域基础和社会基础。日本学者森次勳将其界定为："所谓浙江财阀者，严格言之，为浙江省出身者之结合。"这是其认为的狭义的"浙江财阀"；而广义的浙江财阀"包括江苏省之财阀而言"，[4] 可见江浙财团（或浙江财阀）中的"江浙"，并非指商人的活动区域，而是指工商业者的籍贯而言。"以上海为本据之，浙江、江苏省出身的金融资本家之结合势力"组成的江浙财团虽然没有一个固定的组织形式，但它凭恃着强大的经济实力，影响着上海及江浙，乃至全国的社会经济。其中，宁波帮作为江浙地区声誉最著、实力最强的商人集团，成为江浙财团的社会基础。

宁波具有悠久的商贸传统，商业资金积淀雄厚，人称"过账码头"。宁波帮以雄厚资力，从业商贸人数的众多，使得以宁波帮为主的"宁绍帮"在以上海为中心的江浙钱庄业中的资金份额、庄数、人事等各方面都占据着至关重要的地位。在近代华资银行业尚未兴起之前，宁波帮商人掌控的钱庄业的长期持续发展，为民族工商业的发展提供了资金条件，为新式银行的兴起，在人才、业务等方面奠定了良好的基础。在资金方面，华资银行的兴起在很大程度上利用了钱业资本。在近代银行兴起时，蓄有巨资的宁波籍钱庄主在资金投入上占了一定比重。如四明银行 50 万两开办资本中,与钱业有关的资本计达 5.5 万两,占 11%。

19 世纪末期,随着中国新式商业和近代工业的产生和发展,对资金融通的要求更为迫切,这一切都催生着新式银行。当创建新式银行的实践初显端倪时,对新兴事物素极敏感的宁波帮商人,积极参与创办新式银行,中国通商银行、四明商业储蓄银行、中国垦业银行、中国企业银行、中国煤业银行、中华劝工银行、上海棉业银行等银行的创建、管理中,无不有宁波帮的功劳;中国银行、中国交通银行、浙江兴业银行、中华银行等等重要银行的管理层中,也有宁波帮金融家位居其中。

新式商业是指近代以来,一些商号开始卷入世界资本市场体系,销售洋货,转销土产,成为与资本主义生产相联系的、不同于传统商业的商业形式。此时,素负"无宁不成市"美名的宁波帮除了继续在传统商业领域施展才能外,滨海居民所特具的开拓冒险精神又引导他们进入了一个全新的空间。他们依据既有的贸迁经验和商业网络,或改变原来的经营方式,或创设新的商业机构。1853 年宁波人蔡氏就在上海南京路创办恒兴洋布店,随后叶澄衷、朱葆三在五金业,秦君安、周宗良在颜料业,黄楚九、项松茂在新药业,皆为业中翘楚。如在上海新兴的颜料商业中,就有许多宁波籍的"颜料巨头",其中鄞县人秦君安以恒丰昌颜料号起家,后与人合伙开设瑞康盛颜料号。宁波人周宗良则是德国颜料在华的总经销人,他于 1910 年进德商谦信洋行任买办,后任德孚洋行总买办。1920 年前后组建谦和靛油号,包销谦信洋行的靛青,总号设在上海,并在全国遍设推销机构。1930 年独资设立周宗记颜料号,成为颜料业首屈一指的巨商。

在金融业、商业并举的同时,宁波帮也开始了对近代民族工业的楔入。在中国近代最早的一批工业企业中,即有严信厚于 1887

年在宁波创办的通久源轧花厂,资本5万两,购置日本出产的蒸汽发动机和锅炉,另有40台新式轧花机,雇佣工人三四百人。1889年又有人在慈溪开设了一家火柴厂,是我国最早开设的民族火柴企业之一,暂时雇用日本工匠,教授中国工人制造技艺,但开业不久后歇业。1890年叶澄衷在上海虹口朱家木桥(今唐山路)设立燮昌自来火公司,是上海火柴制造业的肇始,也是我国早期民族火柴工业中规模较大的一家,资本5万两,生产木梗硫磺火柴,该厂生产所需的药品材料都是使用欧洲输入品,木梗、箱材及纸均使用日本货,每日约产火柴二十余箱,主要销售于江西、安徽等地。在与洋货竞争中迫使中国第一家外国人开办的火柴工厂英商燧昌火柴厂倒闭。[5]此外,严信厚于1888年参与了上海恒丰纱厂的设立,叶澄衷又于1892年在上海创办纶华缫丝厂;黄楚九于1887年接盘上海中西大药房;傅采芹(宁波人)于1894年在沪上创办东信机器行,此俱为开风气之先之举,其中中西药房为新药业的鼻祖,燮昌火柴厂和纶华缫丝厂也是业中先导。

宁波帮还有着从事沙船[6]、帆船运输的有利条件。宁波地处浙东沿海,优良的港口条件和内河外海的便利交通,使宁波造船业一贯发达,"造小船一只,只需数金。鄞镇沿海之民,稍有本力者,一家自数只、数十只不等"。[7]另外,宁波濒临东海,居南北洋中间,南北洋往返的船只,往往以宁波为停泊港,并将其运载的南北各地物产与宁波土特产交换,为此宁波、慈溪、镇海一带商人自行置船装运。有研究者指出:浙东海商"以宁波帮为大",[8]其与上海、胶州、烟台、牛庄、天津等地通商者,名为北号,而与福州、厦门、广东等地贸易,则称南号。在清代中期,由北号经营的大型帆船(俗称北头船)就行驶于宁波、上海、天津之间以及营口等地,贩运南北货物。沙船运输业和后来的轮船航运业成为宁波商帮得以发迹和臻于鼎盛的支柱行业之一。

近代以来，西方轮运业楔入我国沿海、长江航运，"轮舟之利"的争夺日益激烈，传统运输业遭到猛烈冲击，而国内进出口贸易的增长使近代轮船航运业的发展环境得以形成。继1872年轮船招商局创办后，华商开始了独资兴办近代航运业的尝试。宁波商人及时更新转化，在沙船运输余势未衰时，捷足先登，转而发展经营轮船航运业，领华商经营此业之先声。1882年，叶澄衷"禀请置造轮船，另立广运局"，但被李鸿章以"不准另树一帜"为由予以驳回，以致1889年叶澄衷参与创办的鸿安轮船公司只得附托于外商名下。鸿安轮船公司是甲午战前航行于江海的仅有的近代民营华资轮船公司。[9]

随着在上海经商的宁波人数量的增多，嘉庆二年（1797年），钱随、费元圭等人筹建四明公所，主要是为同乡办理寄柩，推行善举。以后上海成为宁波帮在海内外发展的基地和大本营。宁波帮在上海势力的不断增强，促使新型同乡团体的建立。宣统元年（1909年），慈溪旅沪商人洪宝斋创议筹组四明旅沪同乡会，次年改名为"宁波旅沪同乡会"，明确以"团结同乡团体，发挥自治精神"为宗旨，成为上海最早的新型地域性同乡组织。宁波旅沪同乡会的成立，标志着宁波帮在上海的发展进入了一个全新阶段。随之，以县为单位的同乡组织如定海旅沪同乡会[10]、镇海旅沪同乡会[11]、奉化旅沪同乡会[12]、象山旅沪同乡会[13]等相继成立，甚至出现了以更小的地理区域为单位的同乡组织——三北同乡会[14]（指镇北、慈北、姚北）、金塘旅沪同乡会（属定海，1931年成立）。

宁波帮经营范围广泛，活动地域并不仅限于上海一地，天津、汉口、重庆等都是其发展重镇，宁波帮在江浙一带经商的人数尤多。此际，他们在江浙等地陆续设立的同乡组织有：宁波旅严同乡会(浙江建德,清光绪年间)、宁波旅杭同乡会(杭州,1908 年)、宁波旅苏同乡会(苏州,1919 年)、宁波旅瓯同乡会(浙江温州,1927年)、宁波旅京同乡会(南京,1928 年)、宁波旅琴同乡会(江苏常熟,1928 年)、宁波旅临同乡会(浙江临海,1936 年)。江浙各地新型同乡组织的不断创设,表明注重乡谊、互帮互助的宁波帮商人在各地经商人数增多,势力渐增,范围更广。而且宁波帮的活动地域已不仅限于大中城市,其在乡镇也有相当大的势力,如南浔镇北下坝的宁绍会馆,创建于嘉庆年间,同治五年、光绪十六年先后两次重修扩建[15]。

20 世纪二三十年代是宁波帮势力盛极之时,他们以各地的同乡组织为基础,充分发挥其擅长经商的才能和优势,逐渐渗透到社会经济的各个领域。此时,以贸易为先导,金融为依托,航运为纽带,工业为基础的商人集团——"宁波帮"发展成熟,并驰誉海内外。从宁波帮在上海及江浙经济社会领域的势力和成就而言,宁波籍金融家被称为江浙金融集团的支柱,宁波帮被称为江浙财团的"灵魂",并非言过其实。

## 二、宁波帮与江浙金融业

### (一)宁波帮经营的钱庄业

宁波是中国钱庄业的主要发祥地,早在明隆庆元年(1567 年)开放海禁后不久,因洋钱(银元)大量流入,宁波就有每天不同的银元和铜钱的兑换率,"以大同南货店每天挂牌作为根据"[16]。清乾嘉年间,宁波等地以经营借贷业务为主的大"大同行"、"小同行"已十分发达,并在鸦片战争前开创了钱业界的"过账制度"。

上海开埠之前,宁波帮已经在此设立钱庄。1830 年前后,经营糖行和丝号致富的镇海人方介堂的族侄方润斋在南市设立履龢钱庄(称为南履龢,后改组为安康钱庄),这是宁波帮在上海开设的最早钱庄之一。

近代以后,宁波商帮经营的钱庄业无论在本地,还是在杭州、绍兴、温州和上海、南京、天津、武汉、福州、厦门等地都有很大的发展。[17]特别是上海,由于开埠后很快成为中国对外贸易中心,宁波帮也随之大量在上海开设钱庄。"自上海发达,交通日便,外人云集,宁波之商业,遂移至上海,故向以宁波为根据以从事外国贸易之宁波商人,亦渐此移至上海"[18],逐渐形成以上海为中心的宁波帮钱庄业。19 世纪后半期兴起的上海九大钱业资本家家族,宁波帮就占了 5 家,即镇海方家(方介堂)、镇海李家(李也亭)、慈溪董家(董棣林)、镇海叶家(叶澄衷)、宁波秦家(秦君安),还有湖州许家(许春荣)与镇海叶家是姻亲,其祖籍也为宁波。其中方家在上海开设钱庄 17 家,在宁波开设 5 家,在汉口和杭州各开设 1 家;董家在上海开设钱庄 3 家,在宁波开设 5 家,在杭州开设 2 家,在汉口开设 1 家;叶家在上海开设钱庄 4 家,杭州开设 2 家,芜湖开设 1 家[19]。

19 世纪后期,钱庄业进入了一个新的发展阶段,由于外资银行的初来乍到,华资银行迟未兴起,加之传统习惯的支配,"彼辈(指商人——引者注)一遇资金之需要,则惟钱庄是赖",作为旧式金融机构的钱庄虽然未突破传统的兑换、结算和存放款三项业务,但就其经营范围以及在商贸中的实际作用而言,都已发生了重大变化。至光绪二十九年(1903 年),上海南北市钱庄共 82 家,其中宁波籍 22 家,占 26.8%。[20]除上述宁波籍钱业巨擘在沪上所设的钱庄外,慈溪人严信厚因在天津经营盐业而积累了不少财富,其子严义彬于光绪八年(1882 年)在上海设立号称票号实则钱庄的源

丰润票号,并在京津两地及江南各省设立源丰润分支机构 17
处[21],建立起一个庞大的汇兑网,经营汇兑和商业拆放业务,兼营
存放款,盛极一时。

　　因 1910 年橡皮股票风潮及辛亥革命的影响,上海钱庄业受到
严重影响,钱庄数量从 1908 年的 115 家锐减至 1912 年的 28 家,
其中宁波帮经营的有 11 家,占 39% 。第一次世界大战期间民族
工商业的迅速发展,使钱庄业也随之发展,这一趋势一直持续到
20 世纪 30 年代初。宁波帮商人也趁此有利时机,纷纷设立、投资
钱庄。此时在上海投资钱庄的除原有几个家族集团外,又出现了
一批新的投资人,如徐庆云、徐承勋、徐霭堂、薛文泰、孙衡甫、王伯
元、周宗良、刘鸿生、严子均等。据统计,1921 年上海的 69 家钱庄
中,宁波帮商人所开 16 家;1932 年,上海南北两市汇划钱庄共有
72 家,其中由宁波人经理共 17 家,即永聚庄(经理吴廷范)、恒祥
庄(经理邵兼三)、鸿祥庄(经理钱瀛官、金俊瑜)、顺康庄(经理李
寿山、应芝庭)、鸿胜庄(经理郑秉权)、恒巽庄(经理俞佐廷)、志诚
庄(经理秦贞甫)、敦余庄(经理赵松源)、益昌庄(经理徐伯熊)、
恒隆庄(经理秦绥如)、赓裕庄(经理盛筱珊)、源升庄(经理周子
文)、信裕庄(经理傅松年)、恒赍庄(经理陈绳武)、寅泰庄(经理
冯斯仓)、福源庄(经理秦润卿)、征祥庄(经理徐凤鸣),资本额共
计 392 万两。[22]

　　一般所说的上海九大钱业资本家家族集团中的镇海方家,其
事业的开创者方介堂于嘉庆年间在镇海设粮食、杂货店开始业商,
积累一定资金后到上海经营糖业,开设义和糖行,其族侄后又设方
萃和、方惠和糖行和振承裕丝号,经营食糖和丝、茶等,并开始经营
钱业,在南市设立南履酥(后改安康)钱庄,上海开埠后又在北市
设立北履酥(后改组为寿康钱庄)。此后,方氏后裔续添新钱庄,至辛

亥革命前已在上海设立 16 家钱庄。辛亥革命时期,钱业经历风潮,方家钱庄虽大多收歇,但仍有 4 家得以赓续,占 1912 年上海钱庄总数的 1/6 弱。进入民国后,方家又在上海创设复康、福康钱庄,到 1934 年,方家仅新方系就先后在上海设立钱庄 18 家(见表 11),仍在营业的钱庄有安康、安裕、承裕、赓裕 4 家,资本总额 202 万元(国币)[23]。

此外,新方系又在杭州开设慎裕钱庄,在宁波开设敦裕、益康、瑞康、义生、成裕等钱庄。因钱庄为无限责任性质,庄东实力很大程度上决定钱庄的信誉和营业能力,而方家族人资财雄厚,是"甬申两地钱庄股东中之首屈一指者",所以方家钱庄信誉均属一流,象安康钱庄 1934 年资本仅 24 万元,放款常在 1000 万元左右[24]。

表 11    镇海方家(新方系)在上海所设钱庄概况表(迄止 1934 年)

| 庄名 | 起迄时间 | 附注 |
|---|---|---|
| 同裕 | ?—约 1911 年前后 | 方性斋创办 |
| 尔康 | ?—约 1911 年前后 | 方性斋创办 |
| 延康 | ?—约 1911 年前后 | |
| 寿康 | 1866—1910 年 | 由北履馫钱庄改组而成,经理屠云峰 |
| 安康 | 1870—1950 年 | 由南履馫钱庄改组而成,方黼臣创办,股本 2 万两—4 万两,庄址宁波路 120 弄 26 号,董事长方哲民,经理应信森。1934 年资本为国币 24 万元,1936 年增至法币 48 万元 |
| 五康 | 1876—1911 年前后 | |
| 允康 | 1876 年前—1903 年前 | |
| 安裕 | 1879—1950 年 | 与金山黄氏合股创设,方黼臣等创办,股本 1.2 万两,庄址宁波路 120 弄 19 号,董事长方季扬,经理刘召棠。废两改元后改为国币 70 万元,方家 7 股 |

续表

| 庄名 | 起迄时间 | 附注 |
|---|---|---|
| 承裕 | 1894—1942 年 | 与金山黄氏合股创设,经理谢纶辉。1934 年国币 54 万,方家 8 股 |
| 钧康 | 1904—1910 年 | |
| 和康 | 1906—1910 年 | |
| 汇康 | ?—1920 年 | 最先称义余钱庄,后改此名,方性斋创办 |
| 赓裕 | 1908—1950 年 | 与金山黄氏合设,由方式如、方季扬等创办,盛筱珊任经理,股本 2.4 万两,庄址宁波路 120 弄 20 号。1937 年增资为法币 54 万元 |
| 庶康 | 1908—1910 年 | 方椒伯创办 |
| 元康 | 1910—1911 年 | 方性斋创办 |
| 乾康 | 1910—1911 年 | |
| 复康 | 1923—1927 年 | 方季扬、方家荪开设,经理王允中 |
| 福隆 | 1927 年—? | 方椒伯为股东之一 |

　　资料来源:根据《上海钱庄史料》,第 731、200 页;中国银行总管理处:《上海市钱业调查录》第 1 号、第 2 号、第 5 号,1934 年打印稿,藏上海社科院中国企业史研究中心;及《上海金融业概览》、《最近上海金融史》、《宁波金融志》(一)第 274 页等整理。

　　方介堂的族弟方建康(老方系始祖)最初在上海创设泰和钱庄,随后建康之子仰乔继承父业经营钱业,并大事扩展,为老方系大规模设立钱庄的开始。老方系在江浙地区设立的钱庄,主要有上海的元大亨(1870—1911 年)、晋和(1904—1911 年)、元益(1904—1911 年)、会余(1905—1910 年)、敦和(1906—1912 年)、元祥(1907—1910 年)、益和(1909—1912 年)、森和(1910—1911

年),宁波的同和、咸和、祥和、谦和、恒和、大和、元亨、元通;在杭州有豫和、赓和[25]。

　　另一堪称上海钱业巨擘的小港李家也在江浙地区开设了很多钱庄。小港李家的始祖李也亭经营沙船业起家,清末在上海南市场开设久大沙船号,进入民国后李诇裳更名新记公司,继续经营沙船业,为沙船号商领袖。李家经营沙船致富后大量投资钱庄,至1934 年,李家先后在上海开设的钱庄有 9 家(见表 12)。

表 12　镇海李家在上海所设钱庄概况表(迄止 1934 年)

| 庄名 | 起讫年份 | 附注 |
|---|---|---|
| 慎余 | 1868 年前—1911 年 | 设于北市,经理郑朗斋、陆甸孙、朱桂生 |
| 崇余 | 1868 年前—1912 年 | 设于北市,经理袁联清 |
| 立余 | 1868 年前—1912 年 | 设于南市,经理林莲荪 |
| 同余 | 1903—1911 年 | 资本额 3 万两,李屑清、王子展、谢纶辉等合股,经理邵燕山 |
| 会余 | 1905—1911 年 | 李诇裳、方蓉洲合资,经理楼心如 |
| 仑余 | 1906—1909 年 | 李如山为大股东,经理沈颂如 |
| 渭源 | 1919—1922 年 | 李诇裳与徐承勋等开设,经理郭殿甫 |
| 敦余泰记 | 1923—1939 年 | 李诇裳为大股东,另有宁波帮薛文泰、徐庆云等,经理楼恂如 |
| 恒异 | 1931—1938 年 | 李诇裳与宁波秦家、徐庆云合设,经理俞佐庭 |

　　资料来源:《上海钱庄史料》,第 735、199 页;《上海市钱业调查录》第 47号,1934 年打印稿;《宁波金融志》(一),第 276 页。

　　宁波秦家以颜料业起家,19 世纪 70 年代其开创者秦君安即入股上海恒丰昌颜料号,为大股东,后成为秦家独资的颜料地产号,第一次世界大战时期,秦家获得惊人的财富,秦君安成为沪上颜料业巨头。20 世纪初,秦家开始投资钱庄业,先后以秦余庆堂、恒丰昌或秦氏家族个人名义投资钱庄 8 家(见表 13)。另外,秦家在宁波创办有震恒、晋恒、鼎恒、复恒、泰源、衍源 6 家钱庄。

表 13　宁波秦家在上海所设钱庄概况表(迄止 1933 年)

| 庄名 | 起讫年份 | 资本额 | 附注 |
|------|----------|--------|------|
| 恒兴 | 1905—1935 年 | 1905 年 3 万两,1912 年增至 10 万两,秦君安及恒丰昌共 8 股,李瑞湖 2 股 | 经理沈翊笙(1905—1935 年,其中 1912—1924 年为总经理)王钦华(1912—1924) |
| 恒隆 | 1918—1937 年 | 1918 年 11 万两,1925 年增为 22 万两,1932 年改组,加秦记,1933 年改为 30 万元。恒丰昌 5 股,徐庆云等 6 股 | 经理陈子壎(1918—1931),秦绥如(1932 年),林友三(1933—1937) |
| 永聚 | 1922—1932 年 | 资本 10 万两,秦珍荪与徐承勋等创设 | 经理吴廷范 |
| 恒大 | 1926—1930 年 | 资本 22 万两,恒丰昌 5 股,严康懋等 6 股 | 经理周雪舲,洪吟蓉 |
| 恒赉 | 1929—1935 年 | 资本 20 万两,秦涵琛与徐庆云、孙衡甫等创设 | 经理陈绳武 |
| 恒巽 | 1931—1937 年 | 资本 22 万两,秦余庆堂、恒丰昌 5 股 | 经理俞佐廷 |
| 同庆 | 1933—1937 年 | 资本 30 万元,秦善富、秦善福与王伯元等创设 | 经理夏圭初 |
| 慎源 | 1933—1939 年 | 资本 30 万元,秦善宝与徐承勋等创设 | 经理林荣生 |

　　资料来源:《上海钱庄史料》,第 747—750 页;《宁波金融志》(一),第 278 页;《上海市钱业调查录》第 9 号、第 33 号、第 54 号、第 56 号、第 62 号、第 63 号。

慈溪人徐庆云起家于棉纱业,20 世纪初在上海创设福泰棉纱号,第一次世界大战期间,获利甚丰,一跃成为上海纱业巨头。他还创设福泰金号,精于标金生意。20 年代初参与创设纱布交易所,接盘大丰纱厂,并任大英银行买办。从 1918 年起,他先后独资或与宁波秦家等合资在上海创设钱庄 7 家(见表 14)。

表 14　慈溪徐家在上海创设钱庄表(至 1933 年)

| 庄名 | 起讫年份 | 资本额 | 附注 |
|---|---|---|---|
| 恒隆泰记 | 1918—1937 年 | 1918 年 11 万两,1933 年改为 30 万元。徐庆云与宁波秦家合设 | 经理先后为陈子壎、秦绥如、林友三 |
| 敦余泰记 | 1923—1939 年 | 徐庆余堂(徐庆云之堂号)与镇海李家及宁波帮薛文泰等合设 | 经理楼恂如 |
| 寅泰 | 1926—? | 徐庆云与冯受之等创设 | 经理冯斯仓 |
| 恒贲元记 | 1929—1935 年 | 徐庆云与宁波秦家秦涵琛等创设,资本 20 万两 | 经理陈绳武 |
| 恒巽 | 1931—1937 年 | 徐庆云与宁波秦家秦余庆堂、镇海李家等创设 | 经理俞佐廷 |
| 同庆 | 1933—1937 年 | 由徐蔼记(代表徐庆云子徐蔼棠)资本 30 万元,秦善富、秦善福与王伯元等创设 | 经理夏圭初 |
| 聚康丰记 | 1916—? | 由徐蔼棠出面与陈青峰、谢光甫等合设 | 经理王怀廉 |

资料来源:《上海钱庄史料》,第 753 页;《上海市钱业调查录》第 33 号、第 47 号、第 54 号、第 56 号、第 62 号。

宁波帮占优势的上海钱庄业,不仅为民族工商业提供了资金条件,促进了民族工商业特别是对外贸易的发展,也推助了金融资本与工商业资本的初步结合。

上海开埠初期,在商业流通领域中存在着繁杂的银两制度,国外也有各种币制流入。外国商人来华贸易,难免会遇到货币兑换、商业清算等困难,而钱庄的货币兑换、发行庄票(钱庄发出的信用货币,可作为支付手段,分为即票和期票两种)、承办汇兑、贴现票据、居间中介等一整套金融业务适应了这些需求,钱庄的汇票信用制度还沟通了中外商人、通商口岸和内地的贸易交往,促进了早期对外贸易。在华洋贸易中,一般由钱庄开出庄票,由买办担保后作为华商向洋行付款的凭证,如果华商延期付款,多以钱庄所开5—20天的远期庄票给付;洋商收票后或委托外国银行届期向钱庄收款,或由洋行直接向钱庄收款,华商则待货物出售取得货款后,再付本息与钱庄。此外,洋商在收买出口丝茶时向华商支付的外国银行支票,华商亦须委托钱庄向外国银行代收。因而钱庄既为华洋贸易充当了不可或缺的担保,又代理执行了商业清算。如此时方润斋、方性斋昆仲所经营的南履龢和稍后开设的北履龢、方振记字号(专营对外贸易,后改为方镇记),直接和英商李百里等洋行进行贸易,开出的庄票普遍为外商所接受。

钱庄在埠际贸易中也起了重要作用。19世纪四五十年代,上海埠际贸易的规模随着外贸的发展而逐渐扩大,各商号的周转资金也主要来自钱庄的放款。钱庄主要以汇票和长期放款的形式支持贸易,其中最集中表现在对沙船贸易的信用支持上。当时上海的一些大钱庄对沙船主放款,以载货船只为押品,这些船只从上海载漕米北运,换回油、大豆及豆饼返回上海销售,钱庄收回放款;从南方则运回木材等货物。如镇海李也亭经营沙船,最初就得到钱业同乡赵朴斋的很多帮助。李也亭在沙船上做工而积资渐多,遂独资开设久大沙船号，后来又买进沿浦滩码头，名曰久大码头。担任钱庄跑街的赵朴斋（后来任钱业董事）贷与李也亭大宗款项，李因有钱庄通融资金的便利，经营颇为顺手，不久渐成巨富。[26]

　　宁波帮钱庄为近代工业的发展融通了资金。从中国银行业产生到 20 世纪 20 年代初，中国金融中心操诸钱庄，银行资本尚小，力量薄弱。而且银行以抵押放款为主，钱庄以信用放款为主，而当时人们的观念还没有完全更新，不少人以借款欠债为耻，贷款需抵押，更觉难堪，除抵押品外，银行借款还需保人签字盖章，手续烦琐，钱庄则无此手续，所以不少工厂都乐与钱庄保持金融关系。如"吾国丝厂之金融流通，恒唯钱庄是赖"[27]，而宁波帮在上海钱业的地位已如上述，所以，说丝厂融资唯钱庄是赖，便大致可知宁波帮钱庄在其中的作用了。就具体钱庄而论，如由宁波富商秦君安、徐庆云、孙衡甫创办，宁波帮陈子薰、林友三经理的恒隆庄对张謇的大生系统纱厂及余葆三、王启宇的达丰染织厂都有数额较大的放款，对大生的信用放款常在三五十万两，抵押放款也在一二十万两。恒隆庄对达丰的放款每年也常在二三十万两[28]。《上海钱庄史料》载有恒隆历年放款工业的企业名称与金额，从中可以看出该庄对民国工业发展的作用[29]。1920 年浙商秦润卿担任钱业公会会长以后，一直倡导钱庄向民族工业放款，而其经营的福源及福康、顺康钱庄尤为突出。自 1925—1941 年，福源庄放款一直以棉纺织业为主，1927 年对鸿裕等 6 家纱厂的抵押放款总额达 96 万两，1932 年对申新纱厂一家的放款就达 46.5 万两，1933 年对鸿章纱厂的放款更达银元 237 万多元，超过了当时福源原有资金的 4 倍以上[30]，同年对公利等丝厂的放款也达 31.6 万多元。上海鸿章纱厂曾有一个时期的流动资金全部由福源钱庄提供。从 1925—1936 年，福源钱庄对民族工业的放款计达 102 厂次，计达 1336 万元[31]。至 1927 年,该庄与金城银行组成的永金公司(两金融组织对大生放款合组的专户)对大生的放款达 32 万元。永丰庄还派李济生的长子李陛伯任大生纱厂经理。由浙商李寿山经营的顺康钱庄也大量放款民族工业。从 1925—1935 年,顺康庄放款民族工业总计达 108 厂(次),总计 412.75 万元。该庄放款对象主要是面粉、纺织、丝绸企业,阜丰、长丰面粉厂都是该庄的放款大户。1925—1926 年,该庄放款长丰面粉厂 30 万两;1930 年,放款阜丰面粉厂 30 万两[32]。

宁波帮主持的上海钱庄业不仅资助了近代工商业的发展,许多甬籍钱庄主还踊跃投资近代工商业,钱庄资本开始与工商业资本相融合。镇海李家投资的近代新兴工商业包括垦殖、轮船、绢丝、银行、保险等各个方面。李也亭之孙李云书 1905 年注资 7 万元与张謇、汤寿潜等人组建沪上第一家民办轮船公司——大达轮船公司,又于 1905 年投资 55.9 万元兴办上海绢丝公司,1908 年投资 139.9 万元兴办华通水火保险公司。[33]李詠裳的儿子李祖华、李祖恒、李祖泰自 20 世纪 30 年代转而经营工业,开办新华薄荷厂,所产白熊牌薄荷脑可与日货相争胜。

镇海方家投资、经营近代工商业的成效也是蔚为可观。方液仙于 1912 年筹设的中国化学工业社(今上海牙膏厂的前身),不仅是中国首家化妆品厂,也是业中首屈一指的大型企业,该厂先后推出三星牌蚊香、三星牌牙膏、三星牌调味品、箭刀牌肥皂等名牌产品。此外,方液仙参与投资的有关工厂还有:1925 年开设永盛薄荷厂,为中化社提供化妆品及牙膏所需原料薄荷油,任董事;1932 年与方哲年、方作舟合资兴办肇新化学厂,供应中化社化工原料,任董事长;1934 年投资开成造酸公司,供应中化社工业用酸,任董事;1934 年创办中国胶木厂,出产电木、电玉日用器皿,为中化社提供胶木瓶盖等,任董事;合资创设美龙香精厂,供应中化社酒精及香精,任董事;1938 年盘进天一味母厂,加冠"中国"二字,成为中化社的联营企业,任董事;此外还投资健华化学制药厂,任董事长。方液仙通过所属子工厂及联营企业,组建了原材料基本自给的工业制造系统,使中化社成为解放前我国规模最大的日用化学工业的综合企业,方液仙也因此成为我国近代日用化学工业的奠基人之一。1922 年 8 月,方椒伯与秦润卿、薛文泰集资 30 万元,在西苏州路 36 号创办大有余榨油厂,方被推任为董事长。1923 年,方椒伯又被推选为宁绍轮船公司董事长,直到 1936 年改选为止。

另一方面,为了资金周转的便利,一些买办、商人和企业主在沪上经营近代工商业的同时,也纷纷投资钱庄。如方家不论新方还是老方,都是由商业而钱业,同时仍兼营他业。方介堂早在上海开埠前即在沪上开设义和糖行,以后他的族侄润斋、梦香两人设萃和糖行和振承裕丝号,其后他们的七弟性斋继续经营,新方由此积资而得以在上海经营钱业。老方亦然,始祖方建康最初在上海设泰和糖行,其子仰乔继承父业,大事扩展,经营钱业。除钱庄外,方家所营各业包括沙船、银楼、绸缎、棉布、药材、南货、渔业、房地产业等。慈溪董家、镇海李家的情况也皆为如此,董棣林的儿子耿轩、友梅开设大生沙船号,往来南北,贩运土产,友梅之孙仰甫于 1878 年在上海设泰吉钱庄、子咸设会大钱庄、慎甫设晋大钱庄。李家也是经营沙船业致富后,转而投资钱庄。[34]钱庄资本与近代工商业资本的结合,表明钱庄实质上已演化成具有资本主义性质的金融机构。

宁波帮掌控的钱庄业的发达,为日后新式银行创办经营积累了丰富的经验,提供了许多便利的条件。如新式银行创办伊始,一度采取通过对钱庄拆借生息以立足的办法,而且银行钞票的发行还要借助钱庄来推广,银行未设分支机构之处的汇兑业务也要委托钱庄代理。最重要的是宁波钱业的过账制度对上海金融业的影响。

宁波过账制度究竟始于何时,众说不一,但甬地浩繁的物资交易促进了过账制度的施行则是不争的事实。据光绪《鄞县志》载:"市中交易,诸路皆用银钱,惟宁波凭计簿日书其出入之数,夜持簿向钱肆堂录之,次日互对,谓之过账。"[35]可见过账制度在清朝中叶的宁波已普遍通行,宁波因之被称为"过账码头"。所谓过账,就是划账,它实际上是与后来银行业所实行的"票据交换"相类似的一种制度,只是它不用票据,而是以"过账簿"代替。"过账簿"是往来存折的变形,它虽然与现代票据交换制度不同,但由于手续极其简便,又相当严密,在当时确已发挥了票据交换制度的作用,对活跃市场、调剂金融有重要作用,因而长期成为宁波钱业通行之法。宁波帮的发展重心移至上海后,"过账制度"这一宁波钱业在长期实践中积累的有用的经验,也随之行于沪上而衍变为汇划制度,颇为新式银行所殷鉴。

汇划制度的形成,是钱庄经营方式开始近代化的重要标志之一。19世纪80年代末期,沪上各钱庄的结算方式还只是分头轧账,以后随着钱庄的不断增设、业务的日益繁忙,日渐为公单制度所取代。1890年宁波籍钱庄主占主体的上海北市钱业成立汇划总会,首创"公单制度"。[36]汇划总会是上海最早成立之清算所,它的设立及公单制度的实行,"实为中国清算方法之滥觞,即外滩方面(即设在外滩的外资银行——笔者注)之汇划,亦多脱胎于此。"[37]汇划制度的实行,进一步避免了大量的现金搬运,成为我国票据交换的雏形。此制一直沿用到30年代,1937年上海钱业联合准备库内才正式成立了票据交换所,而上海银行业也自 1933 年起,在上海银行同业公会联合准备委员会内附设上海票据交换所。可见,在上海钱业的运营清算方式由分头轧账—汇划清算—票据交换的发展历程中,宁波帮起了极其重要的作用。

## (二)宁波帮经营的银行业

1897 年国人自办的第一家银行——中国通商银行宣告成立,它打破了外国银行独霸中国金融市场的局面,也使中国金融业的发展进入了一个新时期。

宁波帮商人在中国通商银行的兴办、资金的筹措、业务的管理等各方面起了重要作用。从人员构成看,通商银行初创时的 9 名总董中,就有叶澄衷、严信厚、朱葆三 3 位宁波人,同时第一任华大班也由余姚人、上海北市钱业会馆的首创人、咸康钱庄经理陈笙郊担任;其继任者也为余姚人、承裕钱庄经理谢纶辉。行中最重要的 7 位职员,曾经一度全都是宁波人:即董事长傅筱庵,常务董事徐圣禅、孙衡甫、谢光甫和朱子奎,事务局理事厉树雄,业务局理事俞佐庭。其中傅筱庵于 1919 年担任华大班(后改为总经理),在他任职期间,在虹口、南市设立分行,分别由宁波帮王心贯、方椒伯负责。1920 年 4 月,通商董事会议决,嗣后关于存款、借贷、抵押各款及进出利息均须经傅筱庵的许可方能照行,至此傅完全掌握了通商银行的实权,直至 1935 年杜月笙取而代之任董事长止。宁波帮在中国通商银行中的势力和影响如此之大,该行因而被人们归属于"宁波帮"的金融势力范围[38]。

辛亥革命以前,宁波帮创办或参与创办、经营的银行还有大清银行、四明银行、浙江兴业银行、浙江银行等。大清银行的前身户部银行成立于 1905 年 8 月,同年 10 月设立该行上海分行。1908

年改名大清银行,1909 年余姚人宋汉章、胡稺荛出任大清银行上
海分行经理、协理[39],开始了两人长达十余年的合作。1912 年大清
银行改组为中国银行,宋氏被任命为中国银行上海分行经理,其副
经理一职也一直由宋氏余姚同乡胡稺荛、严成德、冯泳青、史久鳌
担任,行员中引入余姚籍人也颇多,以致有调查资料说,以宋汉章
为首的余姚派在中国银行内部颇具实力,其势力之盛"俨然可与
北洋系的总行有分庭抗礼之势"[40]。中国银行是当时全国规模最
大、实力最强、信誉最好、资本额最高的银行,对中国政治经济有重
要影响,而中行之命脉实系于沪行,作为唯一与旧中国银行相始终
(1912—1949)的人士,宋汉章为建立中国银行沪行的信誉而殚精
竭虑,为树立中国银行近代化、国际化大银行的形象起了重要作
用。他的副手张公权曾归纳宋氏对上海金融、社会经济的贡献为:
(1)建立中国银行上海分行之基础,辅助中国银行全体之发展,促
进上海银行业之滋长。(2)树立中国银行上海分行纸币之信用,
增加纸币流通,同时抵制外商银行发行之纸币,间接帮助中国货币
之统一。(3)协助上海中国商业银行与钱庄解决金融上之困
难,并助长其发展。(4)创办国外汇兑,积储外汇资金,奠定日
后中国银行改组为国际汇兑银行之基础。(5)扩充工农业放
款,辅助国家经济建设,抗战期间,在后方协助政府安定金融,
增加生产。[41]对于一生尽瘁于中国银行的宋汉章来说,这些称
赞并非溢美之辞。

　　四明银行纯是宁波帮创设的中国最早创立的华资银行之一。
光绪三十四年(1908 年)9 月 11 日四明银行在上海成立,初名四
明商业银行,后改名四明商业储蓄银行,发起人、主要投资者和管
理者均为宁波帮商人。笔者将发起人、投资 5000 两(即占股份总
额 1%)以上的股东及第一届董事会董事列成表 15。

表 15 四明银行主要发起人、投资人情况　　　　股金单位:两

| 姓名 | 籍贯 | 简历 | 股金 | % | 备注 |
|---|---|---|---|---|---|
| 陈薰 | 镇海 | 上海源丰润银号经理,上海商务总会议董 | 35000 | 7 | 发起人,首任总经理 |
| 董杏生 | 镇海 | 老晋隆洋行买办,轮运业 | 35000 | 7 | |
| 蔡麦氏 | | 上海道尹蔡乃煌之妻 | 30000 | 6 | |
| 李威如 | | | 28000 | 5.6 | |
| 虞和德 | 镇海 | 荷兰银行买办,通惠银号主,商务总会议董 | 15000 | 3 | 发起人,第一任协理 |
| 卢少堂 | | 地产商 | 10000 | 2 | |
| 厚大庄 | | | 10000 | 2 | |
| 苏保善堂 | | | 10000 | 2 | 疑为宁波帮棉布商苏葆笙堂号 |
| 严义彬 | 慈溪 | 严信厚子,总商会协理,原通官银号经理,老久章绸缎局主 | 9500 | 1.9 | 发起人,第一届董事 |
| 李厚垣 | 镇海 | 沙船业,开设新记公司并拥有崇余、会余多家钱庄 | 5100 | 1.0 | 发起人,第一届董事 |
| 周晋镳 | 慈溪 | 上海商务总会会长,招商局董事,并投资电报、纺织、保险等多家企业 | 5000 | 1 | 发起人,第一任总董 |
| 朱佩珍 | 定海 | 慎裕五金号主,平和洋行买办,通商银行及华兴、华安等保险公司总董,火险公会会长,曾任总商会协理 | 5000 | 1 | 发起人,第一届董事 |
| 严渔三 | 慈溪 | 上海总商会第一任秘书, | 5000 | 1 | 严子均族人 |
| 朱铣伯 | | | 5000 | 1 | |

| 姓名 | 籍贯 | 简历 | 股金 | % | 备注 |
|---|---|---|---|---|---|
| 汤之庆 | | | 5000 | 1 | |
| 杨俊卿 | | | 5000 | 1 | |
| 涂严坤 | | | 50000 | 1 | |
| 馀庆堂 | | | 5000 | 1 | 地址系义善源钱庄转 |
| 公慎堂 | | | 5000 | 1 | 地址系义善源钱庄转 |
| 四明公所 | | | 5000 | 1 | 宁波帮同乡团体 |
| 三多堂 | | | 5000 | 1 | |
| 喻松荫记 | | | 5000 | 1 | |
| 袁鎏 | 鄞县 | 钱业会馆董事,崇德钱庄经理,总商会议董 | | | 发起人,第一届董事 |
| 方舜年 | 镇海 | 钱庄老板并经营糖业,开设元生糖行 | | | 发起人,第一届董事 |
| 叶璋 | 镇海 | 叶澄衷之子,五金业,老顺记五金号主 | | | 发起人,第一届董事 |
| 李翊燕 | 鄞县 | 钱业,开设泰崇钱庄 | | | 发起人,第一届董事 |
| 吴传基 | 鄞县 | 宁波商会会长,宁波源隆钱庄经理 | | | 发起人,第一届董事 |
| 李云书 | 镇海 | 久大沙船号主,曾任上海商务总会总理 | | | 发起人 |

资料来源:此表依据洪葭管:《从借贷资本的兴起看中国资产阶级的形成及其完整形态》(《中国近代资产阶级研究》续集,第314—316页)有关表格(内中有不少错误)及1902—1908年上海商业会议公所、上海商务总会名录、上海档案馆藏上海保险业同业公会档、《上海钱庄史料》等资料编制。

从表 15 中可知,四明银行第一任董事会董事和第一届职员由旅沪宁波籍巨商组成。如总董为周金箴,董事为袁鎏、朱佩珍、吴传基、李厚垣、方舜年、严义彬、李翙燕、叶璋,总经理为陈薰,协理为虞和德,因而该行后来被称为上海金融界"宁波系的先进"[42]。该行总行设在宁波路,陆续在宁波、南京、汉口、重庆、成都、宁波、苏州、杭州等地设立分行,甚至在宝鸡、平凉等西北而三线城市设立办事处。1935 年四明银行遭官股吞并,成为官商合办银行。

浙江兴业银行行创设于 1907 年 10 月 16 日,宁波帮苏葆笙是创立时大股东。次年,该行汉口、上海两分行设立,宁波帮盛竹书、樊时勋(均为镇海人)分别任经理,上海分行随即成为"浙兴"的业务重心。1914 年,蒋抑卮手订章程,并对"浙兴"进行了重大改革,改上海分行为总行,总行内设总办事处,设董事、监察人,在董事中选出董事长 1 人,办事董事 4 人常驻总处。国内公司之有董事长制度和办事董事驻行办事制度,"浙兴"是为嚆失[43]。"浙兴"随即选举叶景葵(杭州人)为董事长,樊时勋任总经理,不久盛竹书任总经理(至 1925 年)。盛氏总经理期间是"浙兴"发展的黄金时期,其存款额从 1915 年的 438.5 万元,增至 1926 年的 3312.1 万元,持续多年在全国商办银行中居第一位,成为资力最雄厚的商业银行之一。

浙江银行的前身是 1908 年 4 月成立的浙江官银号,次年 5 月改名浙江银行,系官商合办性质,额定资本 200 万两,实收资本 54.2 万两,其中商股 24.2 万两,总行设杭州,另在上海设分行,"商股中心人物"宁波帮朱葆三任办事董事兼总行协理,分驻上海兼管上海分行[44]。辛亥革命后,该行于 1912 年 2 月 27 日改名中华民国浙江银行,额定资本 300 万元,实收 72.28 万元,朱葆三任总经理。由于拥有发钞权并经理省库,该行在 1912 年、1913 年"营业颇旺"[45]。1915 年该行改组为浙江地方实业银行,取消省库代理权,这虽对业务有所影响,但第一次世界大战爆发后,该行提出"扶助生产,发展事业"的经营方针,业务随着中国工商业的发展而发展,而且商股逐渐增加。大战结束后,仅上海分行周宗良(宁波)、李馥荪(绍兴)、卢学溥(桐乡)3 人的股份就超过 30 万元[46]。1923 年该行商股在上海设立浙江实业银行,额定资本 200 万元,实收 180 万元,1932 年仅周宗良与李馥荪、钱新之所占股份就超过 50%[47]。

辛亥革命后、特别是第一次世界大战爆发后直至 20 世纪 30 年代中期,从总体上看,中国民族资本进入了持续发展的黄金时期,华资银行业随之获得空前发展。商机敏锐的宁波帮及时把握这一发展良机,以上海为事业中心,积极向周边地区及全国拓展,陆续创设或参与创办了一大批银行,如中华银行、殖边银行、中孚银行、杭州商业银行、通惠银行、边业银行、永亨银行、东莱银行、利华商业银行、豫源商业储蓄银行、大中银行、东陆银行、新华储蓄银行、民新银行、中华懋业银行、上海煤业银行、上宝农工银行、上海棉业银行、日夜银行、上海敦叙商业储蓄银行、上海百货商业银行、信通商业银行、民通银行、中华劝工银行、大同银行、江南银行、华一银行、上海百汇商业银行、济东实业银行、浙江实业银行、上海女子商业储蓄银行、中华劳动银行、正华商业储蓄银行、正大商业银行、恒利银行、辛泰银行、中国国货银行、上海市银行、同孚银行、大来银行、中国垦业银行、宁波实业银行、中和商业储蓄银行、亚东商业储蓄银行、上海绸业银行、中国实业银行、中国企业银行、江浙商业储蓄银行、统原银行、浙江建业银行、江海银行、浙东实业银行、两浙商业银行、国泰商业银行等等。其中不少银行颇具影响,如中华银行、中国垦业银行、中国企业银行等。

中华银行是武昌起义后不久,沪军都督府为筹措军需而设立的,总董其事者为孙中山,宁波帮朱葆三、林莲荪在其中也起到重要作用。1912年临时政府成立后,中华银行奉令经理的军用钞票,信誉良好,深受欢迎,当时沪军都督府的财政收入全赖于此。孙中山就任中华民国临时大总统后,辞去了中华银行总董之职,由朱葆三改任董事长,林莲荪任第一任总经理。同时担任沪军都督府财政总长的朱葆三为募款而协筹共济,煞费苦心。该行于1915年改名为中华商业储蓄银行,完全商办,董事长仍由朱葆三之子朱子奎担任。

中国垦业银行原由宁波帮童今吾发起创建于1926年,俞佐庭任总经理,童任协理。1927年春,宁波帮秦润卿、王伯元、梁晨岚等集议接办了原设于天津的中国垦业银行,一次收足股本现银250万元,其中王伯元、王仲允兄弟占58%。1929年总行迁至上海,由上海钱业公会会长秦润卿任董事长兼总经理(至1943年年底秦辞职止),慈溪人王伯元任常务董事兼经理,天津改为分行。改组后的中国垦业银行除经营一般银行业务并发行兑换券外,另拨资本10万两,设立储蓄处,办理各种储蓄。该行在经营上抱稳健态度,往来放款比较慎重,业务持续发展,"实力颇厚"[48],成为上海乃至中国著名的银行之一。1934年,该行除上海总行和5家支行外,已拥有天津、宁波、南京、北京等5家分行,其董事会几乎是清一色的宁波帮人[49]。

中国企业银行由"企业大王"刘鸿生与宁波帮胡孟嘉、吴启鼎等联同上海金融界张嘉璈、徐新六等创办于1931年11月12日,资本总额国币200万元,实收半数,刘鸿生与其弟刘吉生投资总数达97.5万元,占股份额的97.5%。刘鸿生任董事长,刘吉生、马竹亭任常务董事,胡孟嘉、吴启鼎、张嘉璈、徐新六、张慰如等任董事。刘鸿生非常重视树立该行的良好形象,注重人才培养,正确处理银行与刘氏企业的借贷关系,使该行业务蒸蒸日上,成为新创办的商业银行中的佼佼者。

这一时期,宁波帮还别具匠心创办不少分业银行和特殊银行,如"煤炭大王"刘鸿生发起创办的上海煤业银行[50]、秦润卿等创办的上海棉业银行[51]、邬挺生(奉化)等创办的上海百货商业银行[52]、沈星德(慈溪)等创设的中国烟业银行[53]等具有明显的行业银行类型。王正廷(奉化人)等组织的中华劝工银行[54],钱雨岚(鄞县)、邬挺生创办的上宝农工银行[55]、王伯元等接办的中国垦业银行[56],项松茂(鄞县)等创设的宁波实业银行[57]等属于农工银行类型。而黄楚九(余姚)设立的日夜银行在营业时间上具有特色(自上午9时至晚11时营业)[58],严叔和(余姚)、张寿镛(鄞县)等创办、管理的上海女子商业储蓄银行[59]在组织上颇具特色,属于特殊银行类型。专业银行的相继出现,说明华资行业内部已形成初步分工,体系日趋完备,宁波帮创办众多特殊银行,使其在金融业内更加声名远扬。

以上仅是宁波帮在上海创办或参与创办经营银行的概况,已足以说明宁波帮在上海银行业的地位和作用,宁波帮在银行家、实业家兼任多家银行董事则进一步说明了宁波帮在上海银行界的影响力。在20世纪二三十年代,有一批宁波籍金融家、实业家在银行中担任董监事以上职务,以下是不完全罗列:

宋汉章:中国银行常务理事,新华储蓄银行、中和商业储蓄银行、至中商业储蓄银行董事。

盛竹书:交通银行上海分行、浙江兴业银行常务董事。

周宗良:中国银行、浙江实业银行、中国垦业银行董事,中央银行理事。

胡孟嘉：交通银行、中国实业银行常务董事，中国企业银行、中国国货银行董事，上海市银行理事，国华银行监察，中央银行国库局总经理。

叶琢堂：中央银行常务理事，中国银行、四明银行常务董事，浙江地方银行董事，上海市银行理事，中国农民银行总经理、常务理事，中国国货银行、至中商业储蓄银行、中汇银行监事，中央信托局筹备处主任、局长。

王伯元：通和商业储蓄银行、国泰银行董事长，中国垦业银行常务董事兼经理，天一保险公司董事长，上海绸业银行常务董事，宁波实业银行董事，中华劝工银行监察，中国农民银行南京分行经理。

刘鸿生：中国企业银行董事长，上海煤业银行董事，中国国货银行监察。

孙衡甫：四明银行董事长兼总经理，兼四明保险公司董事长、四明储蓄会会长，中国垦业银行董事长，明华银行总经理，中国通商银行常务董事，统原银行、国民商业储蓄银行、浙江商业储蓄银行董事。

以上仅是以银行、实业为主业的宁波帮人士在上海银行业的兼职情况，不包括钱业出身、以钱业为主业的宁波帮人士在银行的兼职。事实上，宁波帮银行资本中有相当部分来源于钱庄，宁波帮银行经理管理人员也大量出自钱庄。因此，大批宁波帮钱庄主、钱业合伙人或钱业经理人员在银行中兼职，从而沟通银钱两业。（见表16）。

表16 上海宁波籍钱业人士在银行、保险业兼职情况

| 姓名 | 籍贯 | 在钱庄中任职 | 在银行中任职 |
| --- | --- | --- | --- |
| 陈笙郊 | 余姚 | 咸康钱庄经理，北市钱业会馆董事，承裕钱庄合伙人 | 中国通商银行第一任华经理 |
| 谢纶辉 | 余姚 | 承裕钱庄经理，北市钱业会馆董事，恒祥、怡大、同余、汇康、聚康等钱庄合伙人 | 中国通商银行第二任华经理 |
| 胡稑芗 | 余姚 | 兆丰钱庄经理，北市钱业会馆董事 | 中国银行副经理 |
| 秦润卿 | 慈溪 | 福源钱庄经理，上海钱业公会会长，鸿祥钱庄合伙人，福康钱庄总经理，福源、福康、顺康、鸿祥四钱庄董事 | 中国垦业银行董事长兼总经理，中国棉业银行董事长，四明银行常务董事，交通银行董事、经理，中和、辛泰银行董事，上海市银行理事，中央银行监事，上海兴业信托社经理，天一保险公司董事长，上海银行公会理事等 |
| 俞佐庭 | 镇海 | 恒巽钱庄合伙人兼经理，上海钱业公会常务委员 | 惠中银行董事长、董事，至中银行、上海绸业银行常务董事，四明、大中、两浙商业、浙江建业、大来、江海、国泰、统原等银行董事，中国通商银行监察人、业务局理事 |
| 徐伯熊 | 慈溪 | 益昌钱庄经理 | 民孚、江海、江浙商业、国泰等银行董事，统原银行监察人 |
| 冯仲卿 | 余姚 | 南市元泰钱庄出身，上海志诚、五丰钱庄、福泰钱庄和汉口衍源钱庄合伙人 | 中和、至中商业储蓄银行及中国保险公司常务董事，永亨银行、大康银行、上海绸业银行董事 |

| 姓名 | 籍贯 | 在钱庄中任职 | 在银行中任职 |
|------|------|------------|-------------|
| 林莲荪 | 慈溪 | 余丰、立余钱庄经理,南市钱业公所董事 | 大中银行上海分行副经理,中华银行第一任经理 |
| 洪吟蓉 | 慈溪 | 恒大钱庄经理 | 江海银行董事兼经理 |
| 陈绳武 | 鄞县 | 恒巽、恒来钱庄经理 | 统原银行经理,国泰、惠中银行董事 |
| 楼恂如 | 鄞县 | 敦余泰记钱庄经理,上海钱业公会会董(委员) | 中华劝工银行经理 |
| 秦善富 | 宁波 | 恒巽、恒兴、恒隆、同庆等钱庄合伙人 | 统原银行董事 |
| 秦善福 | 宁波 | 恒巽、恒兴、恒隆、同庆等钱庄合伙人 | 统原银行董事 |
| 李詠裳 | 镇海 | 渭源、敦余、恒异等钱庄合伙人 | 恒利银行、中华劝工银行董事长,四明银行、华成保险公司董事 |
| 谢韬甫 | 余姚 | 承裕钱庄经理,上海钱业公会副董 | 中和银行董事长,华安保险公司董事 |
| 李寿山 | 慈溪 | 顺康钱庄经理,上海钱业公会会董(委员) | 交通银行董事,永亨银行董事 |
| 胡熙生 | 余姚 | 怡大钱庄经理,上海钱业公会常务委员 | 上海绸业银行董事,中央信托公司董事 |
| 冯斯仓 | 慈溪 | 寅泰钱庄经理 | 国泰银行董事 |
| 盛筱珊 | 慈溪 | 赓裕钱庄经理,上海钱业公会副会长 | 中和银行董事 |
| 胡稑芗 | 余姚 | 兆丰钱庄经理,北市钱业会馆董事 | 中国银行副经理 |
| 郑秉权 | 慈溪 | 鸿胜钱庄经理 | 国泰银行常务董事兼经理 |

| 姓名 | 籍贯 | 在钱庄中任职 | 在银行中任职 |
|------|------|------------|------------|
| 胡纯芗 | 余姚 | 信孚钱庄经理、督理 | 华安银行董事兼总经理,中央信托公司董事 |
| 秦贞甫 | 慈溪 | 志诚钱庄经理 | 江海银行监察人 |
| 胡涤生 | 余姚 | 信孚钱庄经理 | 信通银行董事 |
| 沈晋镛 | 余姚 | 大成钱庄经理 | 亚东银行董事长 |
| 谢光甫 | 余姚 | 聚康、同余钱庄合伙人 | 中国通商银行常务董事(一度任总经理)、华兴保险公司、华安保险公司董事 |
| 徐敏才 | 鄞县 | 益康钱庄经理 | 江海银行监察人 |

资料来源:《上海市钱业调查录》(1934 年);《上海钱庄史料》,第 149—151、647—651 页;《上海钱业公会会员名册》(1929 年);《宁波金融志》第 1卷;《上海市商业统计·金融业》(1932—1934);《保险年鉴》(1935 年)。

宁波帮银钱业资本发展和逐渐融合使宁波帮成为金融资本中枢和江浙财团核心。山上金男指出:宁波帮金融业者"由共存共荣之见地,以横的结合,而努力确保其独占的支配势力。"[60]

### (三)宁波帮经营的保险证券业

20 世纪初期,各种类别的金融机构,如保险公司、交易所、信托公司、储蓄会等,也逐渐在全国各地出现,机构的相对齐全也使功能相对完善。在这些机构的创设过程中,宁波帮的贡献是极为突出的。

宁波帮是中国民营保险业最早经营群体。1904 年宁波帮周金箴投资近 15 万元设立华洋人寿保险公司。1905 年,朱葆三、傅筱庵、严信厚、周金箴等筹资 7 万元创设华兴水火保险公司。次年,朱葆三、沈仲礼(鄞县)等成立华安水火保险公司,资本 7 万元。1907年又有朱葆三创办华成经保险公司,李云书(镇海)参与创办华通水火保险公司。1909年镇海人李厚祚与人创办延年人寿保险公司[61]。

进入民国后,宁波帮创办的保险公司主要有:1912年沈敦和、朱葆三参与创办的华安合群保寿公司;1915年朱葆三参与创办的上海联保水火险公司;1926年董汉槎参与创办的安平水火保险公司;刘鸿生、刘吉生等创办的大华保险公司;1931年11月,中国银行常务董事宋汉章设立中国保险公司;1933年四明银行设立四明保险公司;1934年王伯元、梁晨岚创设天一保险公司。其中著名银行家宋汉章20世纪30年代后主要从事保险业,为保险事业的发展呕心沥血。

1931年11月,时任中国银行常务董事的宋汉章创办了中国保险公司,并任总经理,资本额500万元,主要有一般保险业务、再保险业务和人寿保险业务。已届晚年的宋汉章虽然原对保险工作一无所知,但他多方请教,孜孜研求,几至废寝忘食,很快成为保险专家。他还聘请国内外保险专家担任顾问,指导业务发展。中国保险公司凭借中国银行在国内外分支机构的协助,业务进展迅速,影响遍及海内外,极大地提高了华商保险事业的信誉和地位。宋氏以管理银行的经验运用于保险事业,推广业务,厚积资力,为华商保险公司中所仅见。

就再保险业务而论,中国保险公司事先对每一笔承保业务都要进行审慎的勘察,一旦承保,对每个承保单位定下自负责任的数额,再按每一承保危险所在的地段定下总的自负责任的限额(即自留额),超过这些限额的溢额则分给其他保险公司分保,即再保险。中保又和以太阳保险公司为首的各家保险公司订有固定溢额分保契约。有了此约,不但中保可放手承保巨额业务,利于业务的开展,其他承受分保的公司有中保为后盾,有以守信著称的宋汉章主持其事,自可无所顾虑。如汉口申新四厂火灾案就是对中保的一次严峻考验。惨被大火的申新厂全部损失折合银元 200 余万元,占中保实收资本 250 万元的 80%。由于该厂的全部财产由中国保险公司汉口经理处承保,中保在特派副理陈伯源赴汉口核实后,及时理赔,使该厂很快得以重建,恢复生产。申新四厂特在《申报》《新闻报》刊登整幅鸣谢启事,中保因此声誉鹊起,业务日增,同时,华商保险同业也深受其惠。

1933 年秋,中保又增办人寿保险业务。寿险有终身人寿保险、储蓄保险、人身意外保险、劳工保险、雇主责任保险等 12 种之多。至 1934 年年底,外埠经理处计有:浙江 15 处,江苏 12 处,山东 8 处,辽宁 6 处,安徽 6 处,吉林 3 处,湖北 3 处,江西、湖南、四川、福建、广东、河北、河南各 2 处,黑龙江 1 处,另在英国设立代理处。人寿保险部于 1937 年改组为中国人寿保险公司。

本着"研究保险学理,促进保险事业"的宗旨,1935 年 8 月宋汉章与吕岳泉(华安合群保寿公司)、丁雪农(太平保险公司)、胡泳骐(宁绍保险公司)还在上海组织成立了第一个保险学术研究团体——中国保险学会,宋汉章任该会理事长,直至抗战胜利。该会成立后,为推动保险理论的研究与宣传做了许多工作,如呈请教育部,通令于小学教科书内增加保险教育的内容;与上海市保险业同业公会联名函请各大书局于出版的小学教科书内增加保险一课;出版《保险季刊》;呈请教育部,派遣国外保险留学生;筹备保险学术演讲等。学会领导人胡咏琪(鄞县人)等还经常到复旦、沪江等高校作保险学术演讲,传播保险理论与实践知识。

宁波帮也是中国证券业开创者。清代末年,上海已有股票交易。股票掮客每日午前在茶馆聚会,洽谈业务,人称"茶会"。

1907 年,宁波帮周金箴等提出仿照日本取引所办法,创办上海交易所。当时工商界人士还不甚明白交易所的"含义",对此议并不热心,以致议而未行。1916 年,孙中山为筹措革命经费,采纳日本友人的建议,与宁波帮巨商虞洽卿、盛丕华、赵家艺、赵家蕃等人商议,组设上海交易所,并租赁四明银行楼上作为办事处,在给北洋政府呈文上具名的发起人有孙文、虞和德(即虞洽卿)、张人杰、戴传贤、赵家蕃、张鉴、赵家艺、盛丕华、洪承祁等 9 人,宁波帮居多数。由于种种原因,上海第一家华人自办的交易所——上海证券物品交易所于 1920 年 7 月正式开业。虞洽卿被推为理事长,盛丕华、赵家蕃、赵家艺等被选为常务理事,定海人朱葆三等人为名誉议董。1921 年,定海人厉树雄和赵家蕃、赵家艺合伙开设的物品证券交易所,营业额也相当可观。宁波帮商人在沪经营证券业的还有裕兴、辛泰、永祥、瑞大、勤益、通利、大康成、立丰协记、贸信、厚丰、国祥、泰来、长丰盛、汇记等多家,镇海方家后代方稼荪还独资开设乾丰证券号。此外,朱葆三还担任了成立于 1921 年的中国第一家信托公司中易信托公司的董事长,同年宁波帮宋汉章、胡莼芗、胡熙生、杜家坤、严成德等绍帮钱庄经理、副经理 48 人筹资 250 万元发起创办中央信托公司(1935 年改名中一信托公司),严成德任总经理,俞佐庭等人后在中一信托公司也担任显职,慈溪人孔颂馨也于 1936 年创立东南信托公司。

　　宁波帮在金融界的活动也推动了金融市场的规范化。金融市场的规范化,是指金融业发展过程中的金融创新和与国际接轨过程。秦润卿在长期担任上海钱业公会会长期间,为维持、稳定钱庄的信用以补资金薄弱之短,曾倡议创建钱业市场、现金公库和银钱业联合准备库。此外,他还倡导成立上海钱业业务研究会,以"提倡改革与钱庄业务之扩张"为宗旨。宋汉章在执掌中国银行上海分行时期,不遗余力地规范银行业务,建立了发行准备全部公开制度,订定"发行准备检查委员会"规则九条,邀请商会、银行公会、钱业公会、领券行庄、财政部及中国银行董监事推举代表,组织检查委员会,定期检查发行准备,将内容登报公告以取得公众的监督,也表示准备金之合法与充足。准备金之成分按规定是六成现金、四成保证金。自1928年4月1日起,每月检查一次,此法规范了金融市场,增进了中行的信用,对稳定金融、取信于民有很大的作用。以后中国银行上海分行的主管人员虽有变动,但从未废弃这一制度。随之中央银行和其他银行相继效法,社会人士对国家银行钞券之信任益坚。公开检查发行准备成为一项制度,是上海分行的首创,也是发行史上的一大创举,此后中国银行钞券的发行在困难重重、金融风潮迭起之中仍能有增无减,在全国各银行发行总额中居于首位,实得力于此制。

总之,到20世纪30年代中期,华资著名银行在上海设立总行的有58家,占全国银行总数的81%,其中有28家在各地开设了629家分支机构,组成了一个以上海为中心的全国性的金融网络,[62]而宁波帮商人可谓掌握着这个网络的"网结",他们参与投资、创办、管理的几乎涉及上海所有的重要银行,在江浙地区金融业中的资金份额、人事管理等方面也都占据着举足轻重的地位。虽然宁波帮在江浙沪地区的金融活动很难以精确的数据来量化统计,但从既有的资料及研究可见,宁波帮在江浙金融界的综合实力确实不容小觑,在江浙财团形成发展的进程中,宁波帮金融家的作用无疑是巨大的。

## 三、宁波帮与江浙地区的工商业和交通运输业

### （一）宁波帮在江浙地区经营的商业

宁波物产丰盈，又有悠久的经商传统，宁波帮在明清已名扬天下。近代以来，以"无宁不成市"盛名于时代的宁波帮除继续在传统商业领域内施展才能外，他们又及时介入新兴商业领域。仅据20世纪40年代初出版的《甬光初集》统计，甬人在沪工商行号（包括甬人投资、经营、管理）计有文化用具类98家，饮食品类415家，衣着物类325家，建筑材料类114家，燃料物品类28家，交通用具类30家，五金物品类203家，日用物品类144家，美术装饰类60家，运输报关业88家，公众服务类29家，医药物品类160家，介绍买卖类5家，其他事业类21家。[63]这尚且不算在沪上摆摊设点的小贩，"在沪上者多在菜场摆设鱼鲜蔬果等摊，亦有在轮舶或沿途叫卖食品杂物者，约数千人。"[64]这些统计虽不是非常全面、准确，但宁波帮在上海经商人数之众，势力之盛，由此可见一斑。限于篇幅，本文仅就宁波帮在食品、银楼、医药、成衣、外贸等八个行业的经营活动略作叙述。

#### 1. 宁波帮与日用货品商业

鸦片战争前，我国一些日用百货多由杂货店铺经营，如经营零星进口洋货和广东手工业品的零售店称广货店，专门销售北京手工业品的零售店称京货店。以后随着进口洋货的增多，广货店亦兼营京货，京货店也带售洋货，都开始经销煤油、火柴、矿烛、肥皂、卷烟等日用洋杂百货，于是即有京广杂货店之称，或统称为华洋杂货店，是为近代百货业之始。宁波人称洋油、洋火、洋烛、洋皂、洋

烟为"五洋",其在各地经营华洋杂货店的数量极多,自成一帮,光绪年间上海重修轩辕殿助捐商户中,就有宁波府六邑的洋广帮。

鄞县人何宝林于1880年在上海开设了洋广杂货铺"何家铺子"。何氏之父原在宁波做裁缝,后迁居上海,在百老汇路(现大名路)开设何锦丰西服店。随后何宝林将何锦丰西服店改为经营呢绒洋杂货的商号。1896年以后何宝林所经管的洋杂货号除何锦丰外,在南京路尚有何兆丰、何怡丰、何衡丰、何保丰、何瑞丰等5家店号。1906年开设的列丰行经营呢绒、花色布及洋杂货,也是上海最早的华商西洋庄。至20世纪20年代,何家企业(包括联号)已积资数十万两,成为业内分店设立最多、资本积累最快的大型零售商店,后因不敌新型环球百货公司的竞争而先后于20世纪30年代收歇。

孙春阳南货铺是苏州最有名百年老店之一,是宁波人孙春阳在明朝年间创办的,他在经营管理上方法独特,按照类别在铺中开设了六房:南北货房、海货房、腌腊房、酱货房、蜜饯房、蜡烛房。集者由柜上统一给钱,然后取一票,往各房发货,而总管者掌其纲,一日一小结,一年一大结,其店规之严,选制之精,远近驰名。[65]而在浙江建德,也有一家颇有名望的孙春阳南货店,是由慈溪人孙景标开办的,经营糕饼、火腿、彩蛋等食品,素以用料讲究、做工精细、笃守信用、童叟无欺而闻名。[66]

孔凤春香粉店由宁波人孔传之、孔传洪、孔传福兄弟三人1862年创立于杭州清河坊,专营化妆品。该店重视产品质量,用料考究,制作精细,香型馥郁,深得顾客喜爱乐用。以后业务发达,移址于杭州官巷口。抗战爆发后,营业停顿,后转移至上海,主要产品有雪花膏、生发油等。上海发行所经营8年后,1947年仍归并杭州,但营业状况不佳。1956年成立孔凤化妆品厂。[67]清朝末年,又有宁波商人张氏在杭州创办了张允升百货商店,最初名为张允升线帽百货庄,以产销丝线和帽子著称,前店后场,设有制线、制帽两个工场,主要货源来自上海,是杭州最早的百货店。[68]方裕和南北货商店是 1881 年由方仰峰在杭州设立的。方原籍是镇海柏墊方家,他还在上海开设方裕兴丝厂、方惠和糖行、费文元银楼及承裕钱庄;在宁波开设益和糖行、方德心药店、益康钱庄;在松江有大全药店;在南浔有寿康药店。方裕和地址在清河坊大街,主要供应宁波土特产,以质量高、信誉好而成为杭州南北货的行业魁首。其全盛时期在从清末民初至抗战前夕,累计资金达 30 余万银元。抗日战争时期损失惨重。抗战胜利后,方裕和重整旗鼓,但因时局影响,一直惨淡经营。[69]宓大昌是一家以专营旱烟为主的著名店号,由慈溪人宓宝成于乾隆年间在杭州创办,因经营有方,规模不断扩大,逐步成为从收购到加工、销售配套的大规模专业性烟店。[70]另有万隆腌腊商店也是宁波帮在杭州开设的,以自制的盐肉出名。[71]

绍兴上大路的源兴恒百货店是宁波人王和甫发起的,开设于1931 年。第二年,营业处所迁至县西桥东首营业,王和甫自任总经理,奉化人侯渭元任经理。源兴恒的商品以价格廉、品种新而著称,赢得了人们的信任,成为绍兴城中的名店。[72]

温州裕大南北货行是当地规模最大的南北货行,是宁波帮商人高麟如、戎献深、李韩英 3 人于 1880 年合伙开设的,主要经营南北时货,又兼营粮食、木材、水果、明矾、茶叶、山货等,甚至还办理汇兑和捐官,每年营业额达 70 万—80 万银两,进出口额占全市的70%,其仅在温州一地就设有 8 个栈房。该店还在天津、镇江、上海、汉口、营口、福建等地都有派驻人员。后为拓展茶叶外销业务,又创设了裕成茶栈,专门加工精制外销绿茶。由于业务繁茂,财力雄厚,时人称"高戎李三分鼎足,端平泰五县驰名"。[73]在温州,宁波帮经营的南货业著名店号还有老扬春、新扬春、新德记等。[74]

## 2. 宁波帮与食品餐饮商业

食品餐饮商业是宁波帮经营的主要行业。在号称"中华第一商业街"的上海南京路上,宁波帮开设的著名食品店号就有邵万生南货店、三阳南货店、泰康食品商店等。邵万生南货店原名邵万兴南货店。咸丰二年(1852年)宁波人邵六百头开设于吴淞路,以精制具有宁、绍乡土风味的糟醉食品而闻名。泰康食品店如今仍是南京路上的著名食品店,其创办者和经营者是镇海人乐汝成兄弟。泰康食品商店的前身是山东济南泰康罐头食物号,制造罐头食品,出品遍销山东全省及京津两埠,并由北向南逐渐销售到上海、汉口及长江流域一带。1923年,乐氏兄弟在上海南市制造局路创建泰康食品厂。泰康出品的罐头食品有一百九十余种,中点一百余种,西点一百余种,糖果百余种,饼干四十余种,面包十余种,果子露十余种等。除传统的罐头食品外,还引进英国机器生产机制饼干,采用"福"字牌、"三角牌"商标。泰康生产的红焖牛肉、红烧扣肉、云南火腿、五香凤尾鱼、熏鱼以及水果蔬菜罐头,深受国内外顾客欢迎,其中的马蹄罐头远销英美及澳洲。泰康的五磅福字红听饼干,1934年曾先后获得国际南洋群岛新加坡国货奖金会优等奖、美国费城百年纪念博览会荣誉奖及国内历次国货商品促进会嘉禾奖和特等奖。三阳南货店由宁波人唐某开设于1870年,也是以经营南北货和自产自销宁式糕点著称,名牌产品有麻枣、马蹄蛋糕、羊牌奶糕、松子牛皮糖等。除此之外,沪上许多南北货名店亦由宁波帮开办,这主要是因为宁波商业、渔业发达,宁波人率先在上海经营海味及南北货。如塘沽路的叶大昌食品店也是与邵万生南货店齐名的"中华老字号"。叶大昌食品店由慈溪人叶启宇创设于1925年,虽地处冷僻的塘沽路上,但它以一批别具风味的产品跻身名店之列,其部分产品如香糕、火炙糕、奶糕等在东南亚和港澳地区享有盛誉,特色产品有绿豆糕、苔生片、三北豆酥糖及全市独一无二的三北藕丝糖等。还有顺昌路的大同南货商店也是以经销宁波式茶食著称的特色商店之一。

叶受和茶食糖果号是宁波帮商人在苏州开设的一家名店,它设立于清道光十二年(1832 年),由慈溪人叶鸿年创立于苏州观前街 35 号,以"和气待客"为店训,品种齐全,质量上乘。1929 年店面翻建成三层楼西式建筑,并新建景德路 53 号店面,先后在苏州设立三家分店,营业久盛不衰。"文化大革命"中招牌曾一度撤销,1986 年恢复旧名。[75]黄天源糕团店是道光六年(1821 年)慈溪人黄启庭在苏州东中市都亭桥堍设立的一家粽子摊,经过几年经营,扩大为黄天源糕团铺。但黄启庭父子去世后,糕团店生意每况愈下,于 1874 年盘于顾姓商人。顾氏接业后,经营日隆,成为苏州的食品名店。[76]

在温州,宁波帮商人为数甚多,大多聚居于大南门外花柳塘、虞师里一带。清光绪年间慈溪人杨正裕在温州创设了五味和食品店,杨先与同乡筹资开设了五味和蜜饯店,以经营瓯柑出名,其销售网远至京津一带。杨去世后,其子杨直钦继承店业,还被选为瓯柑业公会会长。1906 年在五马街口开设分店,称为新号。1940 年老店收歇,新号又增设糕点、茶食、蜡烛、酱油等车间,产品销路遍及温州和上海、宁波等地。[77]宁波商人还在清朝末年合资开设了稻香村食品店,地址在温州前司前王木亭西首,股本 400 银元。该店糕点制作考究,颇有声誉。[78]同治年间宁波籍富商包广明、包绍舫等创办的广和酱园,是当地最早的酱园,地址在虞师里,所产的"老酒汗",居温州第一。[79]

震泽"黑豆腐干"是江南有名的茶点小吃,也名"茶干"。据

《震泽志》载,清乾隆年间,宁波籍俞姓商人来此开设"聚顺号"豆腐干作坊,总店设在上塘东大街(今宝塔街)下岸,当地人习称"东聚顺"。据说乾隆下江南路过震泽品尝此品后称赞不已,故当时店铺内挂有"进贡茶干"的招牌。清末民初增设了分号,在砥定街设"西聚顺",在新桥河设"南聚顺",还分别在苏州胥门和浙江南浔开设分店,成为一直流传至今的江南名产。

宁帮菜系以"鲜咸合一",蒸、烤、炖制海鲜见长,讲究鲜、嫩、软、滑,注意保持原味,特点咸、鲜、香,著名宁式名菜有锅烧河鳗、网油鹅肝、腐皮包黄鱼、苔菜小方烤肉及黄鱼系列菜肴、目鱼大烤、宁式鳝丝、火掌全鸡等,烹调都很有特色。宁波商人广布天下,宁波菜馆也遍布各地。移民城市上海的饮食文化表现出汇纳百家、瑰丽多姿的特征,胡祥翰在《上海小志》中说:"沪上酒肆,初仅苏馆、宁馆、徽馆三种,继则京馆、粤馆、南京馆、扬州馆、西餐馆纷起焉。"宁波菜系在上海荟萃杂陈的各式菜点中始终占有一席之地,状元楼、鸿运楼即是上海宁帮菜系中最著声名的甬菜馆,以烹制宁波风味的海鲜菜肴而闻名海内外。

1870年宁波人王尚荣在杭州盐桥边开设了状元楼面店,以烧制各式汤面为主,兼营酒菜。当时下城西桥"贡院"是科举考场,在进场前后,考生都要在附近面菜馆相聚,为迎合考生求吉图名的心理,王尚荣在店内专设楼座,取名"状元楼",深受考生欢迎。面店的菜面精选配料,质味优良,待客热情,誉满杭城,历经王尚荣、王凤春、王金奎三代,成为杭城面菜行业的百年老店。

温州规模最大、声誉最著名的四家菜馆中,郑生记菜馆属宁波帮,店主郑洪熹,地址在现大同巷粮店处。其拿手菜首推宁炒鳝,其次为冰糖甲鱼、冰糖白蹄和跳虾(即醉虾)、东坡肉等。[80]

张一品羊肉店是1872年宁波人张和松在德清新市镇开设,以擅长烹调羊肉而出名。张和松过世后,该店由其子张永源经营,业务蒸蒸日上,其精选吴兴出产的肉用湖羊,以原料高档、烹饪讲究、味道醇美,而备受顾客赞誉。同时又创造了自己的名品——酱羊饺。1930 年前后先后在上海、临平、塘栖、武康等地开设分店,进而又生产酱羊肉听装罐头,远销京津、两广直至港澳、新加坡等地。[81]

### 3. 宁波帮与银楼钟表商业

银楼业是宁波人在各地的"传统生意",银楼一般都是前店后场,是制作和经销金银饰品、镶嵌珠玉宝器的"富贵生意"。据记载:甬人营银楼业者,以慈(溪)、镇(海)两帮为多,全国各埠随处均有。[82]他们善于揣度社会风尚和人们审美观念的变化,制作和销售时尚饰品。这些饰品成色足赤,款式新颖,精工细作,颇著声名。

宁波帮商人经营的银楼业,以上海最盛。据《甬光初集》记载,他们在上海开设的银楼有 35 家之多。这些银楼都有一批经验丰富、技艺精湛的把作师傅,对顾客定制的特殊饰物更是一丝不苟。其中老凤祥、新凤祥、杨庆和、裘天宝、方九霞等银楼,饰品以成色足、款式新、精镶细嵌而妇孺皆知,是当时沪上远近驰名的大同行银楼。

宁波帮商人在上海经管钟表业有美华利、亨达利、亨得利等36 家。清光绪二年(1876 年),鄞县人孙廷源在上海河南路、三马路(今河南中路、汉口路)开设美华利钟表行,经营钟表和其他洋杂货,这是上海最早的几家钟表行之一[83]。光绪二十八年(1902年),其子孙梅堂自上海圣约翰大学毕业后继承父业,掌管美华利。孙梅堂接任美华利后,装修了门面,改变钟表行兼营其他洋货的经营方式,专营并着意扩大钟表业,提出了"货真价实、精工保修、重视信誉"的经营方针,使美华利步入了发展的快车道。1905年,孙梅堂在宁波创办制钟工场,罗致能工巧匠,首创国产时钟,开始向钟表工业发展。1912年,孙将制钟工场迁上海杨树浦,为奉天咨议局、中国公学、奉天工艺局、上海集成图书公司制造了4只40英寸—60英寸大钟,由此一举成名。1915年制钟工场再迁闸北天通庵镇,建筑了新厂房,更新机器设备,完成了从手工工场向近代工厂的过渡,产品日益精良,成为全国著名的钟表制造企业。自1915—1922年,美华利钟厂的产品先后获巴拿马国际博览会、小吕宋嘉年华会、江苏省地方物品展览会、农商部国货展览会等颁发的奖凭和奖章达11项之多。

1917年,孙氏盘进了设于南京路河南路口的亨达利钟表行。亨达利始业于1860年,原是法国人经营的洋广杂货铺,在美华利创设之前,其名声已著于上海。1876年,葛元熙在他的《上海繁昌记》中说:"西人所开洋货行,以亨达利为最著。专售时辰寒暑风雨各式钟表,萧鼓丝弦、八音琴、鸟音匣、显微镜、救命肚带及一切要货,名目甚繁……"[84]。光绪初年,该行为德商礼和洋行收买。第一次世界大战爆发后,德商回国,礼和洋行委托买办虞芗山(慈溪)承管。1917年孙氏接盘亨达利后,将美华利经营方针引入亨达利,革除了洋酒等杂项业务,改以经营钟表为主,并将美华利总管理处迁至亨达利二楼。从1905—1925年,美华利在孙梅堂经营下蓬勃发展,达于鼎盛,先后在上海、宁波、南京、北京、天津、济南、汉口、武昌、杭州等11个城市,分别使用美华利、亨达利、惠林登、太平洋、华盛顿、时钟等6块招牌开设25家分店,在上海就有8家,其中在繁华的南京路就集中了6家,此外还于1920年在通天庵创办首饰厂,在北京路创办眼镜厂,还广泛投资交通、保险、造纸、地产等行业,如宁绍轮船公司、宁波保险公司、嘉兴民丰造纸厂、杭州华丰造纸厂、明星电影制片公司、大陆饭店、恒裕丰地产公司等,形成以美华利总行为主体、以钟表工商业为核心兼其他业的大型企业集团,鼎盛时期拥有群体企业数十家,稳执国内钟表业牛耳,孙氏因此被称为"钟表大王"。

亨得利钟表店是与亨达利齐名的、宁波人创办的又一家百年钟表老店。前身为宁波二妙春钟表行。1874 年由当地庄村人应启霖、王纪生、庄九泉集资开设于宁波东门街(今解放路)。光绪年间,应启霖等人在杭州清河坊高银巷口开设了亨得利的第一家分店,由应启棠为"把作"(修理部主任),由于保证质量,备货齐全,认真负责,深受顾客信任。1915 年在上海广东路河南中路西首正式开设亨得利钟表行,并增添眼镜业务。从 1923—1948 年的二十多年来间,先后在天津、重庆、北京、南京、广州、杭州等几十个大中城市开设了六十多家分店,由王光祖任总经理,各地分店统一由上海总店进货。其款式新颖,质优价廉,在竞争中始终处于优势,当时曾流传这样的顺口溜:"亨得利遍及全国,钟表眼镜货色多;专修复杂难走表,信誉至上迎客人"。[85]

### 4. 宁波帮与医药商业

药材业是宁波帮商人一贯经营的传统行业,以慈溪商人为主体的甬籍药材商往来南北,贩运药材,《慈溪县志》载:"县人以贩药为大宗,川湖等省亦无不至者。"[86]1927 年宁波有 64 家药行,其中 37 家分别在川、鄂、陕、港、粤、京、津、赣、皖、滇、黔等药材产地设庄办货。药材商的足迹踏遍僻远山城,药业中人说,"当时要做十八省生意",不少药行还与台北、汉城、大阪等地都有业务往来。

上海胡庆余、童涵春、蔡同德、冯存仁四大国药名店的经营者也都是清一色的宁波人。蔡同德堂国药号创建于光绪八年(1882

年)。商店最早由汉口迁来上海,开设在英租界抛球场后(今河南中路南京路北首)。产销精制饮片和各类药酒,制作丸散膏丹,渐而名扬海内外。童涵春堂国药号创设于乾隆48年(1783年),其前身是竺涵春,后因经营不善,出盘给宁波商人童善长,并将店名改为童涵春堂,由童亲自主持店务并出任经理。童涵春堂素以用药讲究、遵古炮制、品质优良而闻名中外,所产人参再造丸、百益长春酒、周公百岁酒、参茸回春酒等都颇具盛名。冯存仁中药店由慈溪人冯映斋创办。冯家世代以采药、贩药为业,药材行销于上海、宁波等地。略有积蓄后,清康熙初年(1662年)便在宁波又新街开设了冯存仁药店。同治元年(1862年),冯氏后裔冯吾楼以6万元资本在上海汉口路昼锦里开设冯存仁分店。此店出品各种丸散膏丹;尤其是其精工配制的驴皮胶、太乙紫金锭、消痞狗皮膏药、万应宝珍膏药、人参再造丸、人参大活络丹等药品,驰誉并畅销海内外。

在江浙、皖南一带从事药材经营的,素有"三溪药帮"之称,即宁波地区的慈溪、金华地区的兰溪、皖南地区的绩溪。许多慈溪商人在各地开设药店经营药业,除前述在北京地区早有设立外,慈城缪氏兄弟于乾隆年间又在北京开办药铺,致富后在慈城竺巷东路十字桥建造豪宅,后代将部分房产卖给杨家,现存精美的砖雕台门称杨家台门。[87]

在温州,19世纪50年代,宁波帮商人在当地药商中已具有一定规模,至民国时期,与兰(溪)帮和本地帮形成"三帮"鼎立。早在康熙四年,慈溪人叶心培在西门外大殿前开设叶同仁堂,是宁帮药业大户。此外,尚有叶三宝、三馀、大生、春成等。零售大户有乾宁斋、老香山、乾济、沈义成、公裕(前局)、汤天一等。当时有首歌谣曰:"同仁胶,三宝钟,三馀曲,集丰粥。"称赞同仁的驴皮胶、三宝的时钟、三馀堂的神曲出名。抗战期间崛起的宁帮药业批发店有震中(后局),为业中佼佼者,另有阜丰、元昌、鼎康等,也是宁波帮商人开设的参号。[88]

由慈溪人在各地创办的国药名店还有:慈城东乡张梅于嘉庆十年在杭州中山北路创办的张同泰国药号;慈溪县人叶谱山于嘉庆十三年(1808年)在杭州望仙桥直街创办的叶种德堂;慈溪杜家桥人杜景润于乾隆初年在绍兴旧迎恩坊水澄桥北首开设的震元堂;慈溪石步叶家在湖州开设的叶慕韩斋,光绪四年(1878年)由慈溪密家埭韩氏梅轩接办;慈城沐氏于乾隆二十四年(1759年)在苏州阊门外渡僧桥堍受盘经营的沐泰山药铺。[89]仅慈溪鸣鹤一地的药材商人在各处开设的著名药铺就有绍兴光裕堂,台州岑震元,萧山姚大成,杭州塘栖翁长春堂,南浔延年堂,上海宓天一,临海方一仁中药号等,以至于此地国药业的杰出人物不断涌现,遍布全国,在杭州号称六大国药铺的经理一无例外的都是鸣鹤人:俞绣章为胡庆余堂经理,叶本生为叶种德堂经理,刘沛元为方回春经理,支文良为万承之经理,俞熙堂为张同泰经理,董福生为泰山堂经理;在上海,周乾生为蔡同德经理,袁荣生为苏存德经理,俞兰芳为王大吉经理,施琴堂为郁良心经理,姚鹤轩为董天颐经理。[90]

此外,宁波帮在全国各地开办的著名国药店还有:光绪三年(1877年)慈城童姓在青浦独资开设童天和国药号,慈城孙氏在杭州开办九德堂,光绪十五年(1889年)慈城翁氏在汉口开设同丰泰参号,商标飞马;慈城人叶万年在诸暨开设培生堂药店。石门县天生堂药店是慈城人在清末开设,温州震中药局由慈城人陈端堂开设,上海"浙东良医徐重道国药号"由慈溪人徐之营于1920年在派克路(今黄河路)创设。再有慈城西乡叶氏于道光前后在湖州开办慕韩斋药铺,由于其仰慕汉韩康采药卖药口不二价的作法,故将店名命为"慕韩斋"。江苏常熟童葆山药铺,是道光前后慈城东乡童氏开设的药铺，童氏在常熟还广开各业店铺，有"童半天"之称。道光年间童氏在苏州道前街东首设立童葆春药店。慈城北乡张逸舟于道光末年在绍兴开设升大药材行。民国时期，又有慈城冯氏在上海创办嘉广生药材行，是当时上海最大的中药批发商之一。1927 年慈城人陈升海在上海茂海路开设天华药房。[91]

宁波帮在西药业也具有极重要影响。自 1850 年英国药剂师洛克在上海开设了第一家外商药房 ShanghaiDispensary 及至三十多年后才出现了第一家华人西药店——1888 年顾松泉在上海设立的中西药房，以后又有华英、中英、中法、华美、济华堂、五洲、万国等华商西药店陆续创设，逐步形成了西药商业行业。由于这些西药店铺都附设有制药工场，所以这批早期的西药房又成为孕育民族制药工业的胚胎。

除 1889 年严信厚、朱葆三参与创办上海第二家华人西药房华英药房，1894 年严信厚参与创办中英药房，1923 年黄楚九接盘中西药房外，宁波帮在上海独立开设的较为著名的西药商业企业还有：光绪十六年（1890 年）由黄楚九开设的中法药房，1907 年黄楚九等人创设、鄞县人项松茂经营的五洲药房，1933 年鄞县人史致富创办的万国药房。

中法药房是由以"长袖善舞、多财善贾"[92]闻名旧上海的黄楚九创设的。余姚人黄楚九 15 岁至上海，不久在上海南市开设"异授堂"药铺。1890 年借资 3000 元在法租界法大马路（今金陵东路）开设中法大药房，经营西药业，同时制销本牌成药。他"遇事喜自出心裁，耻袭人后"[93]，1906 年制成"艾罗补脑汁"（英文名为YaleStimulantRemedy）本牌成药，成为中法药房的发家产品；同时还制销艾罗疗肺药、精神丸、日光丸、月光丸、九造真正血等品，行销国内各大城镇及香港、南洋群岛，获利优厚。1908 年投资 6 万元,将店屋翻造成同业中绝无仅有的三层楼钢骨水泥洋房。1911年中法由独资改为合伙公司,黄楚九任总经理,资本6.8万元,为当时同业之冠。同年筹资设立龙虎公司,制销龙虎人丹,这是中国民族制药厂的雏形,黄氏因此被称为民族医药工业的创始人[94]。1915年盘进中华制药公司,作为药房附属企业。次年又盘进罗威药房(改名罗威公司),生产成药。1923年又盘进中西药房,同年黄氏又独资设立九福制药公司,后经扩建厂房、增添设备,成为一家综合性制药厂。1925年中法又在大西路(今延安西路)创设中法制药厂,并将药房制药部并入药厂。至1931年,中法药房资本额增至50万元,除总公司外,设有本、外埠分店共12处,并拥有中西药房、罗威公司、中华制药公司、九福制药公司、中法药厂、黄九芝堂国药号等21家医药企业[95]。黄楚九以中法药房为基础,逐步涉及金融、房地产、制烟、娱乐、服务、医院等多种行业的经营,成为西药界领袖和江浙财团重要人物。

五洲药房是1907年由中法药房总经理黄楚九、夏粹芳合伙开设,初始资金不到万元,店址设于上海福州路广西路口,以出售西药、化工原料、化妆品、器械为主,自制成药只有人造自来血等为数不多的几种。1911年夏,黄邀汉口中英分店经理项松茂(鄞县)来沪出任五洲药房经理。1915年改组为股份有限公司,额定资本8万元。1919年盘进太和药房,作为本地连号。20世纪20年,五洲的实际资产已达80万元以上[96]。20世纪20年代初,五洲在上海医药商业中率先把发展重点转向制药工业,并于1921年以12.5万两收购德商固本肥皂厂,改组成立五洲固本皂药厂,分设制药、制皂两部,次年又盘进德商亚林制药厂,这两厂构成了五洲生产企业集团的柱石。1925年后,五洲又先后收买南洋木塞厂、中华兴记香皂厂、宁波公济药棉绷带厂(改名东吴药棉绷带厂),扩大五洲药、皂生产规模[97]。1936 年,五洲资本总额增至 280 万元,是该年上海 97 家药房资本总额的 51.37%[98],相当于该年上海民族制药工业的资本总额[99];生产机构有药、皂等制造厂 5 处;营业机构除总公司门市部外,有本埠支店及联号 7 处,外埠支店 14 处,各地领牌或联号 55 处[100]。五洲已成为执中国医药业牛耳的大型工商联合企业集团。

万国药房 1933 年由史致富开设,店址初设于上海福州路世界里 8 号,专营内地批发,尤以边远的四川、云南、贵州等省销售为最多。货物来源多向各大药房和信谊、新亚等药厂批购转售,同时经营医用器械。后在福煦路同孚路口(今延安中路石门一路口)添设分店,又在昆明、重庆、南京、天津等地开设支店,并开始自制"白松糖浆"和"精鱼肝油"等本牌成药。史致富自此崭露头角,后担任上海新药业同业公会理事长等要职,成为西药业后起的重要人物。

### 5. 宁波帮与五金商业

五金商业包括经营黑色金属——钢铁、有色金属——铜锡金属材料以及五金工具与零件等店号。19 世纪 60 年代以来,中国各开放口岸进出频繁的外商轮船和先后设立的外资工厂都需要添配一些五金材料,清政府兴办的军用工业和商办工业企业的产生,也增加了对五金器材的需要,五金商业开始产生,以后渐趋专业经营,陆续分化为五金、钢铁、五金零件、铜锡、玻璃各种专业商店,至 20 世纪初五金商业行业已颇具规模。

上海五金店号以叶澄衷 1862 年于上海百老汇路(今大名路)开设的顺记五金洋什货号最为著名。镇海人叶澄衷原在百老汇路设摊售卖酒肉食物,以后又开始兼售五金器料。1862 年开设的顺记五金洋杂货号,主要经营船上五金及洋油、洋烛、洋线团等日用洋货。1870 年他扩充分设南顺记,专营美孚火油,兼及五金、洋烛、洋线。同年他又与龚少蓉盘进专营煤铁的德商"可炽"煤铁号(1873 年龚退出后,镇海人陈瑞海任经理),成为上海第一家专营进口钢铁的华商字号。1876 年他又设新顺记,1890 年前后又设义昌成号,聘同乡樊时勖为经理,专营五金、机械、军需器械及陆海军军服。至此,叶氏一人开设了老顺记、南顺记、可炽、新顺记、义昌顺 5 家五金商号,其分支机构"连天津、营口、烟台、宁波、镇江、芜湖、九江、汉口,沿迤江海五六千里之地"[101],计达 38 家之多,"拥资累巨万,名显海内"[102]。1868 年慈溪人洪仰岗等人在上海南市开设万桩号,经营五金洋杂货及船上用品,是为上海"南市近代五金商业之始"[103]。1878 年定海人朱葆三在上海独资创办了慎裕五金号,专营大五金业务,不久结识同乡巨商叶澄衷,在叶氏的帮助、提携下,经营日见发达,地位和声誉扶摇直上,至 19 世纪末已跃居上海五金业的领袖地位。1888 年又有慈溪人洪益三与人合伙开设慎记五金洋杂货号,至 1900 年企业已积累资金 10 万两。镇海人戴嗣源也在 19 世纪 60 年代中期"自出资设铜铁号于虹口",经营进口五金业务,后"各商埠多设分肆,业日起"[104]。1900 年镇海人戴显运(字运来)在上海"创设利昌铁肆,持筹握算,冠绝侪辈,由此业日盛而名也远著"[105]。

进口玻璃业原从属于五金业,20 世纪初才成为独立的行业。宁波帮是该业的最早经营者。1879 年宁波人蔡震茂在上海开设蔡仁茂玻璃洋铁铺,自产自销白铁座玻璃灯。1884 年由其子蔡同伦执业,1900 年开始摆脱洋铁皮加工业务,专营贩卖与装配进口玻璃,兼营五金业务,以后发展成为上海玻璃钢铁行业的著名大户。

上海早期五金商业基本上由宁波帮所经营,英国驻宁波领事贸易报告曾说,"上海铁商差不多全是宁波籍人",并由宁波商人转运内地,以至"15 年来这项贸易几乎完全是宁波人和上海宁波籍铁商之间的交易"[106]。以后,宁波帮在该业的地位也始终巩固,至抗战前,仅由老顺记及其所属店号直接投资或由股东拆伙、店员分设的五金店号就有 37 家之多。

### 6. 宁波帮与洋布商业及西服呢绒商业

棉布商业是随着推销进口洋布而出现的。19 世纪六七十年代,洋布大量涌进中国市场,宁波帮商人又率先经营洋布业。上海振华堂洋市公所成立时,宁波帮成员店占半数左右。据资料记载,1858 年前后较为有名的 15 家洋布店中,宁波帮开设的就达 5 家,占 1/3。宁波药商蔡同德开设恒兴洋布号,慈溪人孙增来开设增泰洋货店,镇海人王藕塘开设萃昌洋布店,这些都是最早经营洋布的商店。其中同治六年(1867 年)开设的大丰洋布店为业中著名的一家专营英、美进口洋布的原件批发字号,其原为门市零售店,是宁波石塘世家翁家独资开办,英商泰和洋行进口的洋布基本上为其经销。后因业务繁忙,遂将门市收歇,改为原件批发字号。1880 年左右大丰翁姓老板将牌号让与许春荣,改称许大丰。1905年许因年老告休,又将大丰牌号让与邵琴涛,改称邵大丰。1917年邵故世,其妻弟继任经理,改称大丰。后因洋布进口减少,乃于1930 年收歇。总计大丰洋布店经营进口洋布达七十余年,中间四易其主,实为历史悠久的老字号。

另外,上海号称"三大祥"的三家大型绸布专业商店都与宁波帮有关。协大祥绸布店由柴宝怀(宁波人)、丁丕山(宁波人)等人于 1912 年创建而成,是上海绸布业中开设最早的一家大型商店,后几经曲折,终于发展成为实力雄厚、规模甚大的经营棉布、呢绒、绸缎的纺织品全能名店。宝大祥绸布店由原协大祥股东柴宝怀、丁丕山开设于1924年,当年上海曾流传一句俗语:"嫁囡要到宝大祥,备嫁妆,送新娘,床上身上都象样",足见宝大祥的花色齐备,品种繁多。信大祥绸布店则由原协大祥学徒丁大富(宁波人)于1929年开设,经营商品包括呢绒、绸缎、棉布、化纤各类纺织品,有自营购销、经销联销、代购代销等多种经营方式。

经商需要一定程度的知识水平,商业经营的规模愈大,则知识水平的要求也愈高。较高的文化素质使宁波帮敏于时代脉动。鸦片战争后,宁波帮商人率先制作西服,涌现出一批手艺精良的裁缝,人称"红帮裁缝"。"红帮裁缝"是人们对专为外国人缝制西服的手工业者的称呼,其中鄞县、奉化人在上海经营此业者人数众多,技艺高超,是"红帮裁缝"的中坚力量。闻名中外的宁波籍"红帮裁缝"敢为天下先,他们意识到西服是适应时代、时尚需求的服制,所以他们积极学做西服。19世纪初期在日本横滨靠修补衣被谋生的鄞县人张尚义,看到一些外国人穿的西服简练、方便,就趁修补西服的机会,将各部位式样画在纸上,剪下后成为西装的样板。他凭着这些样板,反复琢磨,潜心研究,终于做成了第一套西服,由此开始了他创业之途。在创制新式服饰的过程中,红帮裁缝没有生搬硬套,而是借鉴西服的优长及先进的裁剪技法,在中国西服领域独领风骚,如上海西服呢绒业的鼻祖——荣昌祥的创办者王才运,定期从英国订购最新的西服样本,不断推陈出新,并以高超的技艺、周全的服务,使荣昌祥声誉卓著。红帮裁缝的另一大功绩是他们在借鉴日本新制服的基础上,完成了中山装的创制、推广的历史使命,从而使中山成为中国的"国服",外国人也确认其为中国人创造的典型的中国现代服装;而且中山装设计完成后的不断改革,同样体现了"红帮裁缝"的进取精神,中山装不是一成不变的,从总体款式到纽扣配制,都在不断变化中,使之更富有中华民族的文化内涵。[107]

上海是"红帮裁缝"的发展基地。1896 年,奉化人江良通在南京路开办上海第一家西服店——和昌号,以后荣昌祥、王兴昌、裕昌祥、王顺泰、王荣康、汇利等号称"南京路上六大家"的呢绒西服店也都被奉化人所垄断,二三十年代陆续在南京路和沪上其他各处开设的西服店及雇用的裁缝,也大都来自奉化,且多是荣昌祥呢绒西服店创办者王才运的亲族和门生。据《甬光初集》记载,抗日战争前宁波商人在上海开设成衣铺就有张发记等 90 家,经营服装礼服业的有凤翔等 28 家。还有培罗蒙等也是业中名店。培罗蒙西服公司的前身是许达昌于 1928 年在四川路开设的"许达昌西服店",1932 年迁至南京路。1935 年改店名为"培罗蒙"。该店以精巧的手艺、上乘的质量、热诚的服务,成为同业中第一流的名牌特色商店。

宁波帮在各地经营的服装名店还有很多,如清光绪年间闻名苏州的服装老店李顺昌,是奉化人李来义在天赐庄附近开设的。以后,李来义的长子李宗标于 1917 年前后去南京开办了李顺昌西服号。[108]抗战期间,"李顺昌"西迁重庆,还在昆明和成都相继设立了 5 家分店;次子李增坤与兄长去扬州开办了李顺昌西服号;三子李增咏接手天赐庄老店,不久改店为李增记西服店;四子李春荣随叔父在苏州城外开办了生昌西服店,以后该店与其创办的李春记西服店合而为一,以"李春记"为店名。由此,李氏西服在大江南北声名卓著,李增咏也被推选为吴县西服同业公会主任委员,1945年又改任同业公会理事长。

鞋帽是西服外衣的重要配饰,宁波帮既独擅经营西服呢绒业,也有以创设皮鞋店著称者。中华皮鞋店是上海 20 世纪 30 年代最有名的华人自办的皮鞋店,1917 年奉化人余华龙在南京东路创办了上海第一家华人自设的皮鞋店——中华皮鞋股份有限公司,自任总经理。中华皮鞋店地处南京路抛球场附近,以定制皮鞋为主,是中国最早经营男女皮鞋的特色商店。当时抛球场一带都是外国人开办的商店,有美国人开办的惠罗公司,俄国人开办的美高皮鞋商店等,因此余华龙将自己开办的皮鞋店特意取名为"中华",当时同行都称为"中华公司"。中华公司以考究的选料、新颖的款式、精良的质量、优质的服务吸引着中外顾客,当时上海滩的社会名流、知名人士都来公司定制皮鞋,因而当时"中华"皮鞋有"汽车阶层皮鞋"之称。1912 年镇海人李厚谟在汉口法租界恒生里街面(今中山大道车站路口)自开了一家皮件作坊"茂记皮革制品商店",1921 年,茂记开始兼营皮鞋、皮靴,尤其是长筒马靴,以做工精细、式样新颖、经久耐穿而最为闻名。

### 7. 宁波帮与房地产业

房地产业的发展水平往往是一个城市现代化和都市化的重要标志。上海等地开埠后,工商业、金融业、交通运输业迅猛发展,人口迅速增长,促进房地产业快速发展。许多宁波帮商人经商致富后,即把房地产作为重要的投资渠道。

早在清末,即有大批宁波帮商人在上海大量投资房地产业。镇海方家在公共租界宁波路兴仁里、华界南市豆市街拥有许多房地产[109]。镇海李家原有久大码头,后又陆续在南市沿浦滩一带置有不少地产,继而组织了天丰、地丰、元丰、黄丰四家公司,大量购置房地产。其中地丰公司购入西区越界筑路前原为徐雨之的地基 200 余亩。后由李家自辟马路,名为地丰路(即今乌鲁木齐北路),

黄丰公司购入戈登路(今江宁路)、小沙渡路(今西康路)、西摩路(今陕西北路)、新闸路、武定路一带约 60 亩地产,后由李家自辟马路,名为"李涌清堂路"(李氏坤房堂名,今陕西北路一部分)[110]。"五金大王"叶澄衷所办老顺记五金号,1897 年利润 30 万两,其中房地产收益即占约 1/3;1899 年叶的树德房地产公司有土地房屋 400 余亩,价值三四百万两;1905 年叶家房租收入每月 6000 两—8000 两。[111]

进入民国后,宁波帮在上海经营房地产业更为普遍。宁波秦家在上海公共租界的房地产有山东路《申报》馆至恒丰昌一带、杨树浦、南京路长鑫里一带、武昌路、汉口路东西画锦里及宁波路选青里、同和里、吉祥里等,在宁波也有很多房地产[112]。刘鸿生经营开滦煤矿获利丰厚,于 1918—1919 年、1921 年购进董家渡沿浦地产,设立两处煤栈。1926 年又购进周家渡地产,兴建码头。黄楚九也投资房地产业,设有三星地产公司,有洋房和中式市房多处,共约 180 幢,另在浙江路宁波路一带大兴土木,建房出售。镇海人包达三开办地产公司,筹建引翔港跑马厅,建造远东新村等住宅区。定海人厉树雄年轻时即在沪上房地产业初露头角,他不仅在霞飞路建造了上海第一所公寓大楼——厉氏公寓(leeApartment),以后又在此业中大展身手,成为沪上地产业的佼佼者。虞洽卿的房产数量也很可观,除一般的里弄住宅外,还有南京西路的重华新村、浙江中路的神州大楼、广东路的中贸大楼以及华山路和皋兰路等多处花园洋房[113],成为上海华籍房地产大业主。另外,黄延芳是上海市房地产业公会主任委员,又是浙江兴业银行地产部经理,他曾买进静安寺路、西摩路一带地皮,建造沿街店面、住房和菜场脱售,获利百余万元;镇海人金润庠开设大同企业公司,经营房地产;徐承勋除开设裕康、裕春棉布号外,"置有房地产甚多,如上海公共租界北京路种德里、爱文义路泰德里、北河南路悦来坊、杨树浦路等处"[114];盛丕华在上海开设上元地产公司,又与张澹如在武昌开设五埠地产公司。

近代上海等地的房地产业日渐兴起后,城市早期的建筑业与房地产业相结合,"建筑房地产"成为当年的热门行业。中国传统的建筑施工组织水木作已很难承担建造各类新式建筑的重任,于是中国人自己创办的近代工程施工组织——营造厂纷纷建立。营造厂按照西方建筑公司的组织管理办法,采取包工不包料或包工包料的形式,接受业主工程承发包,内部只设管理人员,劳动力临时在社会上招募。当时有不少宁波帮商人在上海经营营造业。早在咸丰三年(1853年),外商船厂中的宁波籍木工就组建了浙宁红帮木业公所,清光绪三十四年(1908年)何绍庭等12位著名营造厂商又一起发起成立浙宁水木业公所,以后,宁波籍营造业主成为创立于1930年的上海特别市营造厂同业公会的一支重要力量。

### 8. 宁波帮与近代对外贸易

宁波悠久的经商传统,使宁波帮在近代对外贸易中驾轻就熟,在上海尤是如此。上海开埠以后,由于各种有利条件的交合,很快替代广州成为对外贸易的中心,一方面上海将从内地收购的土产转运国外,另一方面分销进口的洋货及沪产的国货机制产品。宁波帮凭借既有的贸迁经验,主要从事洋布、五金、颜料、煤油等的进口及草帽出口等贸易,特别在传统丝茶出口贸易中独占鳌头。浙江是生丝的重要产地,宁波帮在生丝贸易中拥有丰富经验,并控制着长江下游地区市场系统,因而他们在整个生丝的收购和销售过程中,对各方面的情况非常了解和熟悉。如杨坊就曾在19世纪50年代向怡和洋行提供一种称为"苏州制度"的生丝采购模式。

又如镇海方家开设的"方振记",自己派人到湖州收买土丝,到绍兴嵊县收买绿茶,将丝茶卖与李百里洋行,交换进口花色洋布,再用夹板船运到汉口出售。[115]在上海另一出口数量较大的食糖贸易中,宁波人也居极其重要地位。镇海方家是上海经营砂糖的甬籍商家中少数可与最具规模的厦门帮相抗衡者,其在上海开设的方义和、方萃和、方惠和糖行一直是上海糖业中翘楚。至20世纪二三十年代,方家经营的元益、元裕、方惠和、方萃和、元泰恒、裕大恒等十余家大糖号,操纵着日本糖交易[116]。另据上海社会局调查,20世纪30年代"上海糖业公会糖行以甬帮为最大"[117]。

叶澄衷的顺记号还经营以火油为主的各色洋货。1883—1893年,顺记获得美国美孚火油的在华经销权,专门包销美孚公司从印尼运来的石油、矿烛。[118]1894年美孚公司在中国设立分公司,终止了顺记号的经销权,但顺记号仍经销英国和俄国产火油。此外,世界另一大火油公司亚细亚公司的壳牌火油也是通过宁波帮经销的。壳牌火油于1890年进入中国市场,后在上海设总公司,总公司的买办是宁波人陶秉钧。陶的两个儿子也在此供职,还有不少办事员都是他的亲戚。陶氏家族为推销亚细亚壳牌火油出力颇多,他们在各大城市设立分公司或办事处,销售网点遍布城乡各地。正如《定海县志》所称:"经理煤油亦邑人特擅之业也,美孚、亚细亚二大公司其各埠分销处几十之六七由邑人承办。"[119]

宁波帮商人还涉足棉花出口业,其经营的同春、同德、永大裕、同孚等贸易行,总行设在上海,分号设在天津和日本横滨,依靠上海宁波帮钱庄的支持,专门经营对日本出口河北出产的粗绒棉花(亦称西河棉花)。自1930年起,还兼营细绒棉花,运往上海,售与各纱厂使用。他们在华北产棉地区,如石家庄、正定等处,设庄自行采购。至1938年日寇实行棉花统制,此业始告结束。同孚贸易行由陈和曾、沈光镐等人组织,抗战胜利后,仍做进出口生意,业务极为发达。

20 世纪初期,中国出口商品的结构发生变化,新的出口货源被大量拓展,如蛋制品、花边、草帽的出口量日渐扩大。以蛋制品出口而言,业中规模最大、最为有名的当属奉化人郑源兴经营的上海茂昌蛋厂。茂昌是以蛋制品出口为专业的华商西洋庄,其前身是郑源兴创办的承余蛋公司。1928 年成立茂昌公司,将承余顺记公司完全划并。1929 年又在青岛设立分公司,建造最新式冰蛋厂。1930 年上海总公司第三次改组,改为"茂昌蛋业冷藏股份有限公司",郑源兴为总经理,沪青两厂每年可制冰蛋 2 万吨,出口约 1 万吨。[120]其每年营业额约占全国出口总额的 1/5,[121]可谓执业中之牛耳。

草帽是 20 世纪初新兴的一项出口商品。由于宁波是草帽的主要产地之一,因而在此领域中,宁波帮的优势也是不言而喻的。中国草帽出口始于 19 世纪 60 年代,以后发展极快,当时出口的主要品种是宁波所产席草编织的席草帽。在上海最早经营席草帽的是宁波西门外的何天生(上海英商泰隆洋行买办),"列丰行"主何积藩的父亲何宝林即是通过何天生的关系在上海开设永丰帽行,从产地收购草帽,再售与上海的洋庄行栈。傅其霖开设的坤和出口行是上海第一家以草帽出口为专业的华商西洋庄。此庄设于 1914 年,最初业务并不景气,1917 年,傅开始与英国 F. G. Elliott & Co. 建立关系,直接对英出口。1920 年行庄由傅其霖独资经营,1925 年在宁波、海门、余姚设有帽行,并相继与上海法商中西公司、美商泡力克(HenryPollak)建立业务往来,使行庄业务发展迅速。[122]

上海开埠后,逐渐设立一些专门经销洋货的行号,其中专营日货进口的称为东洋庄,经营西洋贸易的称为西洋庄。沪上以经营西洋商品为主的华商西洋庄也出现于 20 世纪初期,上海最早的一家正规西洋庄当属鄞县人何宝林父子于 1906 年创办的"列丰行"。前此是何宝林于 1880 年开设的洋广杂货铺"何家铺子"。初创时资本仅数百两银子,1896 年以后陆续开设何瑞丰(南京路341 号)、何保丰(南京路 313 号)、何兆丰(南京路 143 号)、何怡丰(南京路 519 号)、何衡丰等店铺。[123] 1906 年创设"列丰行",由何宝林之子何积藩掌管具体业务。随之又在 1910 年开设"何祥丰"专营批发业务。1919 年何积藩又派人在伦敦开设一家分行,1922年,加设五金部,此时为其发展的鼎盛时期。[124]

买办在近代中国经济领域中是一个特殊的群体,是"东西间的桥梁",有相当数量的宁波人在外国商行或银行中充当买办。上海开埠初期,诸如怡和、旗昌、琼记等洋行的早期买办,大都来自广州或香港。然而 19 世纪 50 年代后,广东人对此职业的垄断地位逐渐受到宁波人的挑战。虽然宁波人在对外贸易方面存在着语言上的障碍,但他们仍具有相当的有利条件。首先,宁波人在长江流域建立的商业网络,对于外商颇具吸引力;其次,宁波商人在生丝贸易特别是采购过程中拥有长期、丰富的经验;又因为宁波毗邻上海,信息传递迅速、交通往来便捷;再次,宁波商人是钱庄的主要投资人并能熟练地使用汇划制度,享有信用可靠、财力坚实的盛誉;除此之外,宁波很早就是外贸商埠,是全国领风气之先的地区之一,因而宁波人有较强的市场观念和外向意识,较少盲目排外情绪,敢于涉足当时为传统势力所鄙视的买办职业。到了 19 世纪末20 世纪初,上海的浙江籍买办(主要是宁波人)已大大超过了广东籍买办。正如《定海县志》说:"充任各洋行之买办所谓康白度者,当以邑人为首屈一指。其余各洋行及西人机关中之充任大写、小写、翻译(昔曰通事)、跑街(曰煞老夫),亦实繁有徒。"[125]

近代第一个宁波籍买办是穆炳元。据《上海闲话》记载,穆炳元在鸦片战争的定海战役中被英军所俘,后随英军进入上海。上海开埠后,由于穆会讲英语,颇得外人信任,"无论何人接有大宗交易,必央穆为之居间。"由于业务太多,穆开始招收学徒,传授语言和经纪贸易知识,其所招收者大多是沪上甬籍子弟,为宁波人从业买办创造了条件。

宁波帮商人中较早受雇于外商的是杨坊。杨是著名丝商,由于为怡和洋行设计了一套用来收购生丝的"苏州制度"而受到器重。英国汇丰银行的首任买办也是余姚人王槐山,当时华商办理进出口事宜,大多要洋行从中周旋,汇丰银行又以洋行为媒介,操纵着华商的对外贸易。华商运送货物,先要通过洋行将单据凭证向汇丰做押汇,出口贸易也需洋行出具汇票存于汇丰。他们成为宁波商帮从事进出口贸易的桥梁,给宁波商帮业务发展带来很大的好处。此后,宁波人充任买办者日益增多,特别是19世纪80年代以后,杨芳、周金箴、王铭槐、朱葆三、严子均、徐庆云、虞洽卿、邬挺生、周宗良、刘鸿生、傅筱庵、厉树雄等大批著名的宁波籍买办相继活跃于上海等地,增强了宁波帮的经济实力。

## (二)宁波帮在江浙地区兴办的工业

### 1. 近代民族工业的开拓者

学术界一般把从鸦片战争后到甲午战争以前称为中国近代民族工业的产生阶段。宁波帮商人是民族工业的开拓者。

上海是近代工业的发祥地之一,其在19世纪七八十年代出现的近代工业企业,大多是以船舶零配件修理为主要业务的小型船舶与机器工厂。这批工厂虽然规模较小,投资甚微,设备简陋,但却在全国早期工业发展中占重要地位,是甲午战前唯一算得上重工业部门的企业。它们不仅承担一部分船舶修造业和内河小火轮制造业务,还为新兴的工业企业如缫丝工业制造少量结构简单的机器和蒸汽动力设备,对其他工业行业的产生发展起了推动作用。濒海的宁波由于造船业一直较为发达,因而船舶与机器修造业是宁波人在上海近代工业方面的最初尝试,在1894年前上海创办的16家机器工厂中,已确知宁波人开设的就有6家,占三分之一以上。即1882年董秋根在虹口外虹桥开办的永昌机器厂;1884年陈安美创办的陈仁泰机器厂;1885年何德顺在南市陆家滨开办的广德昌机器厂;1885年郑良裕在新闸桥开办的公茂机器船厂;1888年周梦相在新闸桥开办的大昌机器厂;1894年傅采芹合伙创办的东信机器厂[126]。

我国近代民族工业通过由手工工场过渡和直接移植西方技术设备两种途径产生,其资金来源各异,但主要是由商业资本转化而来。与其相似,宁波帮兴办近代工业的资金也主要来源于买办资本和商业资本。宁波帮不仅有拥资巨万的豪富,且有一大批中下层商人,在近代工业发轫之时,他们积极投资于新兴工业。

宁波帮创办近代工业一个重要的资金来源是买办投资。由于宁波经商历史悠久,与西人接触较早,受西方影响亦大,因而较少有盲目排外情绪,加之有雄厚的资力、良好的商业信誉和经商意识,颇受外商青睐。他们在19世纪末逐渐取代了广东人在买办行业的优势。由于买办有多种牟利的途径,因此他们比其他人更容易聚敛财富。他们将积累的巨资投资于近代工业,"集资本的消极拥有者角色和积极经营者角色于一身",[127]为近代企业提供了所需要的资本,这一点对于缺乏资本原始积累的中国早期工业化尤为重要。如买办商人对近代航运业一直表现出历久不衰的兴趣,成为此业的主要投资者。其中先后任德商鲁麟洋行、华俄道胜银行和荷兰银行买办的虞洽卿在 20 世纪初投资于近代航运业的资金至少达 100 万两[128];平和洋行买办朱葆三在 1895—1913 年中,投资于民族工业及航运业也达 42 万元。[129]

宁波人在上海创办近代工业的另一资金来源是商业资本的转化。宁波自古商贸繁盛,金融业发达,商业资金积淀雄厚,有此故乡背景作为依恃,在外营商的宁波人较少有资金匮乏之虞,"商人资本的存在和发展到一定的水平,本身就是资本主义生产方式发展的历史前提。"[130]商业资本起到产业资本的历史前驱作用。早期近代商业的资本积聚甚为迅速,从产生较早的棉布业看,专营原件批发的大丰号每年营业额在两三百万两间,年终赢利达三四万两。[131]又如开设五金店的叶澄衷,1860 年还是一个在黄浦江畔摇舢板的小贩,1862 年开设老顺记洋杂货号,不到十年就成为拥资巨万的大商人,1899 年去世时资产已达 800 万两。他们积累的这些财富,不少投资于我国近代工业。如 1890 年,叶澄衷与同乡商人宋炜臣筹资 7 万元创办上海燮昌火柴厂,这是上海第一家、也是当时全国最大的火柴厂。1892 年,他又投资 40 万两创办纶华缫丝厂。1892 年,定海著名煤炭商人、煤炭公所创办人、总董韩之鹏等以 8.75 万两盘买机器造纸局,再投入 30 万两,改名伦章造纸局,这是当时全国唯一的近代造纸企业。1893 年,鄞县药材和棉布商人苏葆笙参与创办信昌缫丝厂。蔡仁茂玻璃洋铁铺主人蔡仁初也先后投资大中华纱厂、实业橡胶厂、中原印刷厂、沪江机器厂、久大机器厂、公勤铁厂等企业。在中国民族工业兴起之初,宁波帮商人起了开拓性作用。

## 2.发展民族工业口遍涉各个领域

19世纪末20世纪初,民族工业经历了清末新政、抵制外货运动、民初振兴实业以及第一次世界大战期间等几个阶段,进入了迅速发展时期。宁波帮施展出其善于经营、勇于开拓的特才,积极参与民族工业的创办、经营,其涉足的企业几乎包括所有近代江浙地区的工业行业。如在上海最为发达的纺织业中,宁波帮不仅参与了上海最早一批近代纺织企业的创办,而且在纺织业所包括的棉织、印染、丝织、缫丝、毛纺等各个行业中大展身手,创办了大丰纺织公司、振泰纺织公司、崇信纺织公司、华阳纺织染厂、振丰棉织厂、三友实业社、萃众织造厂、华成机织帆布厂、章华毛绒纺织公司、光华染织厂、勤丰染织厂等等一大批著名企业。

中国近代民族工业以轻工业占优势,轻工业除上述纺织工业外还包括食品类的面粉、制糖、罐头食品、饮料、卷烟等部门,日用品类的火柴、造纸、橡胶、制革、烛皂、日用化工等门类。毫不夸张地说,宁波帮在各个领域都成绩斐然。在近代工业中心上海,鲍咸昌兄弟创建的商务印书馆(1897年)、项松茂经营的五洲固本皂药厂(1907年)、方液仙首创的中国化学工业社(1912年)、王启宇创办的达丰染织公司(1913年)、乐汝成创办的泰康罐头食品厂(1913年)、陈万运等创办的三友实业社(1916年)、叶友才创办的华生电机厂(1916年)、乐振葆与赵晋卿创办的振华油漆厂(1917年)、姚德甫创办的华通电业机器厂(1918年)、余葆三等创办的振泰纱厂(1919年)、刘鸿生与朱葆三等创办的上海华商水泥公司(1920年)、戴耕莘等创办的华成烟草公司(1924年)、丁佐成创办的大华科学仪器馆(1924年)、胡西园接盘的中国亚浦耳灯泡厂(1927年)、余芝卿设立的大中华橡胶厂(1928年)、刘鸿升创办的大中华火柴公司及章华毛纺厂等都是业中著名企业。慈溪人胡岳青在定海南门外东港浦创建的定海民生精盐股份有限公司则是浙江第一家精盐制造公司，所用技术设备均从国外引进，执民国时期浙江精盐类制造业之牛耳。[132]

中国近代民族企业在创业之始大多资金困拙、设备简陋。尽管如此，包括甬籍企业家在内的工商业者"观漏卮之日钜，惧经济之濒危"，出于发展实业，挽回利权的爱国情怀，负"抵塞漏卮，富国裕民"之使命，积极创新，开发民用。他们除了建立严密的组织管理系统，加强企业管理外，还千方百计引进先进设备，延揽科技人才，提高产品质量，不断调整和更新产品结构，在努力占领国内市场的同时，积极开拓国外市场。

随着时代的进步和同业竞争的加剧，包括宁波帮在内的近代工商业者对科学技术在生产过程中所显现出的功效渐有悟察。宁波帮商人创办企业的发展历程，真实地记载着近代中国科技力量与企业结缘以后的重要业绩。鲍国昌接办的信谊药厂是新药业运用科技发展生产的典型。鲍国昌毕业于震旦大学医科，其办厂后十分注意罗致专业技术人才，相继聘用留学法、德的药学教授潘正涛、毕业于法国巴黎大学的化学博士林世瑾和医学博士毛守白、留美药学博士蓝春霖等人，分别由他们主持该厂下属的化工厂、血清疫苗部、脏器制剂部的工作。所以到20世纪三十年代末，该厂利用专业科技力量优势，已形成拥有针剂、片剂、液剂浸膏三个主要制造部门，一个化学研究所和两个化工厂以及橡皮膏、玻璃、血清、纸盒、印刷等附属工厂的近代综合性制药联合企业。[133]

近代企业的建立，并不意味着企业运行机制已经完全进入近代化的轨道，还必须不断优化和改进企业运行机制和管理方法，以顺应时代发展的需求。只有当近代科技力量影响和支配企业行为以后,才有可能实现划时代意义的转变。许多宁波籍企业家都认识到建立严密的组织管理系统是实施科学管理的前提保证。因而他们在企业内部逐步建立起一套以科技企业家为领导核心,技术、管理人才为基干,辅之以层级清晰、分工明确的管理体系。刘鸿生把成本会计看作是实施科学管理的重要环节。他根据自己兴办企业的体验,认为中国实业界要实行科学管理,"应该先从成本会计做起"。因为处于竞争日益激烈的时代,"各国工商界,尤其是英美国的工商界,极力研究怎样可以减轻成本,怎样能够增高产额,怎样才好削减售价,又运用了种种经济侵略的方法,来推销他们的货物,若是我们不再研究,不再改良,仍旧照以前糊里糊涂的做去,那是非失败不可的。"因此他认为在一个现代化的新式大企业中,企业领导者可以依靠成本会计提供的精确数据来作为"管理上必需的工具"。由此生产状况、市场动态便可一目了然。[134]正因为注重科学管理,刘鸿生得以在工商界运筹帷幄,成绩斐然,被人们称誉为"天才实业家"。

创制名牌产品,提高产品质量,不仅是民族企业得以生存发展的根本,也是民族企业家抵制外侮,在市场中为民族工业的发展赢得一席之地的爱国主义精神的体现。于是,树立品牌意识,推行"品牌战略",便成为宁波籍企业家谋求企业发展的根本之道。仅以五洲固本皂药厂一家来说,其生产的"固本牌"肥皂和人造自来血等产品,以品质优越而名扬海内外。五洲大药房最初只有人造自来血等寥寥几种产品,自1921年盘进固皂厂后,才增制肥皂,嗣后陆续添制新品。到20世纪20年代,该厂的皂类产品计达30余种,分家用块皂、家用条皂、各种香皂、各种药皂等,以"五洲固本"、"荷叶荷花"等为商标;药类有补益及内外科各种药剂,其中家庭成药220种,药典制剂527种,化妆品23种,原料药品10种,共计 780 种,以"地球牌"为主要商标。皂类专销国内,药类广销暹罗、吉隆坡、三宝陇、纽约、小吕宋、台湾等地区。自 1904—1935年,五洲药房及附属厂所产药品、皂品共获美国旧金山巴拿马运河纪念会、农商部、美国费城展览会、首都流动展览会、浙江省政府、上海国货团体展览会等国内外各种机构颁发的优等、最优等奖项48 次。[135]此外,三角牌针织品、三星牌化妆品、双钱牌橡胶制品、美丽牌火柴、亚字牌灯泡、佛手牌味精等,都是宁波帮工商业者创制的国货名牌产品,其在与洋货的竞争中发展壮大,久销不衰。

宁波帮工商业者在推销国货产品于海外市场方面也是异常活跃。中国日用百货等轻工业品出口,是以外销香港和南洋地区开始的。第一次世界大战期间,一些厂商趁此空隙进行开拓海外市场的尝试。五四运动后,提倡国货、抵制洋货的运动更是风起云涌,1920 年三友实业社首先在香港和新加坡设立分销处,扩大了国产毛巾的销路。此后,工商界不断派员到南洋各地考察,并借各家厂商与南洋办庄的大力推销以及广大爱国侨胞对国货运动的积极响应与密切配合,使许多国产名牌商品,如三友实业社的毛巾、中国化学工业社的蚊香、观音粉(调味粉)以及永新雨衣厂(由慈溪人陈汉泉创办经营)的"555"牌衬衫等,逐渐进入南洋市场,开国货外销风气之先,打破了以往日本轻工产品垄断南洋市场的局面。这个阶段中国对香港和南洋地区的日用百货出口,虽然多是一些针棉织品如毛巾、汗衫、袜子等小商品,其出口额在全国对南洋贸易中所占比重不大,但它们成为日后国产轻工业品出口的先导。如三友实业社出口的毛巾品种规格每打有 19.5 两、20 两和31 两;花式有白毛巾、织档巾等。[136]自 20 世纪 20 年代后,除三友实业社直接出口外,经营日用百货的南洋办庄也代销出口,毛巾逐渐成为华商对南洋出口的大宗商品。

　　综观此时宁波帮创办的工厂企业,是与民族工业发展的趋势相符的。这一阶段中国民族资本工业无论是新设工厂数还是生产数量,都是在起伏中呈现不断增长的趋势。新兴行业不断涌现,但工业结构总体水平仍处于落后状态,多集中于资本有机构成低、资金周转快的轻纺食品工业,而反映工业化发展水平标志之一的机器制造、电力等行业仍处于薄弱地位,轻重工业结构并未发生明显变化。宁波帮所办的企业也大多集中在轻纺工业,除19世纪末在机器轮船修造业中占据一定优势外,对重工业及基础工业较少问津,创办的重工业企业除路矿企业外,主要有鄞县人乐振葆参与创办的上海和兴化铁厂(新中国成立后扩建为上海第三钢铁厂),该厂由陆伯鸿于1917年开办,是我国第一家规模较大的新式钢铁厂,投资人中宁波籍者还有朱葆三等。虞洽卿所办的三北机器厂,系1922年盘进肇成机器厂改组而成,初名为“三北轮埠公司机器厂”,后经发展,改为“三北机器造船厂”,专门修理三北、宁兴、鸿安三公司的船只,并制造一些小型轮船和拖轮铁驳及长江各埠的浮码头趸船。1933年镇海人余名钰与方文年等人合资,在江浦路创办大鑫钢铁厂,自任经理兼总工程师。次年9月工厂建成投产,主要生产小钢锭和铸钢、铸铁件。此外,他引进国外先进的电炉炼钢技术,制造出了中国第一台电弧炉。王正廷、李晋等在汉口谌家矶设立的六河沟制铁公司,专炼生铁,1938年因战事内迁至重庆,又在桂林设立机器厂,分翻砂及机器两部,主要从事机器制造,曾制成印刷机、绞煤机、打风机等。[137] 1941年张逸云等创办的上海天原电化厂属重化工业,主要生产盐酸、液体烧碱等。

　　抗日战争爆发后,民族工业均遭不同程度的破坏,大批工矿企业历经千辛万苦,将机器设备辗转运至西南内地坚持生产。宁波帮商人开办的许多工厂也参加了史称“中国实业史上的敦刻尔克"的内迁活动。大鑫钢铁厂、中国炼气公司、亚浦耳电器厂、华生电器厂、商务印书馆、大中华火柴厂、大中华橡胶厂、中国化学工业社、天原化工厂等宁波帮企业家创办的企业,多是全国同业中数一数二的民营工厂,这些企业在规模与技术上都远远超过当地的工厂,因此这些工厂企业的内迁,对于开发西南、支援战时经济、恢复战后生产都起了重大作用。

## (三)宁波帮在江浙经营的轮船航运业

### 1. 宁波商帮与沙船运输业

航运业是宁波人主要的也是最擅长的经营行业之一,《镇海县志》就曾记载:"航业为岛民特长,南北运客载货之海船,邑人多营之。"[138]

在上海沙船业中,宁波帮与南通、本埠三帮势力最盛。早在嘉庆二十四年(1819年)宁波号商船主董萃记联络关外、山东等地经商的宁波沙船业主在上海小南门外荷花池弄集资兴建天后行宫,但1853年毁于战火。1855年各商号遂集资重建议事厅正谊堂,1859年竣工,正式命名为浙宁会馆。这些沙船从上海启航,由上海装载的货物有土布、瓷器、竹头、大米,后来还转运外洋舶来品。由北方运回的货物,以牛庄的豆油、豆饼、大豆为主,山东的红枣、胡桃、腌腊、线粉丝、水果也属大宗。从宁波运出的货物主要是咸鱼、火腿、干果、笋干和其他土产。镇海小港李氏家族就是以经营沙船业起家,李也亭1822年来到上海,先在一家糟坊当学徒,后从事沙船业,积资渐多,于是独资开办久大沙船号,拥有十余只沙船,往来南北洋;以后又开设久大码头,成为上海滩有名的沙船主;其孙李云书创办了天余沙船号,自备大小沙船号数十艘,后又投资大

达轮船公司。叶澄衷也自备沙船百多只,经营长江及沿海航运
业务。

宁波商帮经营沙船航运业最繁盛的时期是咸丰、同治年间,特
别是太平天国战争期间,各省陆路交通受阻,北方河北、山东,南方
福建、广东,以至四川、湖北、安徽、江西各省的货物都在宁波集散,
那时宁波南北号商人几乎独占沿海南北货物贸易,他们还集资购
置配备武装的宝顺轮船护航,极一时之盛。

沙船货运业的发展,为宁波商帮的崛起积聚了巨额资本。宁
波商帮中不少人就是以经营沙船业发家致富后,再经营其他行业
的。慈溪商人董耿轩、董友梅在上海开设了大生沙船号,往来南北
洋,积聚了巨额家财,拥有沙船近百号,他们的子孙在上海、宁波、
杭州、汉口等地开设多家钱庄。沙船货运业不仅增强了宁波帮商
人在上海、天津、汉口等地经济领域的实力,还带动关联行业,如粮
食行、糖行、北货行、药材行等行业的发展。船队从北方南运的豆
类、杂粮、食糖、药材等货物,成为宁波帮商人在上海经营粮食行、
药材行和北货行的重要货源。外埠宁波帮糖行,不少也是从本乡
批发转销的,如开设在上海咸瓜街的方萃和、方惠和、元裕、元泰
恒、裕大恒、元生等糖行,由于资本充裕,货源充足,都是上海著名
的糖行,特别是方萃和,每年营业额达二三百万两,为同业中之
翘楚。

## 2.捷足先登发展航运业

早在清同治元年(1862年)宁波王姓商人购买小轮船,航行于
沪甬间。杨坊购置"元宝号"轮船装运各种货物往来于镇江、安
庆、九江及汉口等处。1877年,原在美商旗昌轮船公司任职的一
批中国买办就合资创建了上海宁波轮船公司,其中大多数人是宁

波籍。由于当时轮船招商局收购美商旗昌公司,提出继续雇用旗昌公司的中国买办,但每人需在招商局入股1万两白银。这些买办拒绝这一提议,自建一家公司即宁波轮船公司。经营的船只是包租挂美国国旗的船只,主要有"平江"、"苏州"、"宝江"和"大裕丰"等轮,从事运营沪汉线、沪甬线及北洋线等。公司运营一年多后关闭。[139]

1882年,叶澄衷"禀请置造轮船,另立广运局",但被李鸿章以"不准另树一帜"为由予以驳回,以致1889年叶澄衷参与创办的鸿安轮船公司只得附托于外商名下。鸿安轮船公司是甲午战前航行于江海的仅有的近代民营华资轮船公司。[140]

我国最早以华商名义兴办的轮船航运企业,是宁波绅商于光绪二十一年(1895年)创办的外海商轮局和永安商轮局。外海商轮局的资本为3.4万元,有一艘600多吨位的海门轮船,航行于宁波、定海、台州各埠。永安商轮局的资本为4.8万元,有两艘轮船在宁波、余姚之间行驶。[141]光绪三十三年(1907年),陈志寅等以7万两资本购置"德裕"轮,航行于宁波、温州、兴化、泉州、厦门间,定期10天一趟[142],每趟都满载货物,获利甚丰。宣统元年(1909年)增资为50万两,并将总公司迁到上海,另设宁波、烟台、海参崴等分公司,"德裕"轮航线延长到广州,又新增"龙裕"、"信裕"、"立裕"三艘轮船,行驶烟台、营口、龙口、安东、海参崴等处[143]。

此际宁波人涉足近代航运的尚有1897年朱葆三同李云书等发起创设东方轮船公司,但因与法商立兴洋行合办,华股不足,故而操纵权均在法人之手。

甲午战争以后,随着民族资本主义的初步发展,特别是20世纪初年全国收回利权运动的普遍高涨,清政府对华商自办航运业逐渐解禁,近代航运业进入了自由兴办经营阶段。此间略具规模的华商近代航运企业大达轮船公司的创建过程中，即有朱葆三、李厚祐等宁波人参与其中。大达轮船公司的兴办，最初始于"大生纱厂陆续购运物料之不便，而议租朱葆三之'济安'小轮，因须有特别之标识而改名'大生'"，1900年年初组设广生轮船公司，由朱葆三主持，1902年改名大生轮船公司，1904年李厚祐与张謇、汤寿潜等人正式创办大达轮步公司，到1910年，共有四艘轮船。[144]

　　1906年年末，又有朱葆三、陶祝华等人在上海设立越东轮船公司，以5.5万元购置一只"永利"轮（555吨），航行上海和定海、石浦、海门等处，规模不大。

　　1908年宁绍轮船公司的创办，是宁波人在近代航运业头角显露，也是华商打破中外航运垄断势力的结果。当时沪甬间来往旅客、货物甚多，沪甬航线历来由太古、招商两家轮船公司垄断，航程不长，但船资昂贵，统舱票价单程即需一元。1906年法国东方轮船公司也派船航行此线，三公司为了竞争，一度皆将统舱票价减为五角。来往于沪甬间的人们希望长久维持此价，虞洽卿等作为代表向三公司商谈。三公司予以拒绝，并重新将票价涨为一元，再涨至一元五角。于是虞洽卿等人邀集陈薰、严义彬、方舜年等甬籍同乡，自创宁绍商轮公司。宁绍商轮股份有限公司设总公司于上海，在宁波设立分部，推举虞洽卿、严义彬、方舜年为总、协理，陈薰为总董，其余董监事也多为宁波、绍兴著名商人。

　　1911年以后，民族轮运业趁辛亥革命后，特别是第一次世界大战期间近代工业发展的有利时机，开始呈现新的发展势头，在此后的十年间，是近代轮船航运业发展较快的时段，远洋航运业同江海、内港轮船航运业一起，形成一个初具雏形的民族航运体系。在国内江海航线方面，经过新设和扩充，建立起一批拥有轮船多只，吨位数千以至万吨以上的大、中型轮船企业和集团，从而打破了此前江海主要航线完全被外商和官办轮船公司垄断,民族资本无力也不敢涉足的局面。在这些航运企业集团中,发展最快,规模最大,航线最多,能同外资和官僚资本抗衡的,首推虞洽卿创办的三北航业集团。

三北航业集团包括三北轮埠公司、鸿安商轮公司、宁兴轮船公司和鸿升码头堆栈公司等企业。三北轮埠公司创立于1915年,它最初是虞洽卿为了发展家乡龙山地方经济,同宁绍公司航线联络设立的。1917年虞洽卿又创办宁兴轮船公司,置有一只3439吨的“宁兴”轮,在南北沿海航行。1918年12月,虞将原华资开办托名英商注册的鸿安商轮公司中的英人股份购回,盘进其所有的船只、仓库、码头等,将其改组为华商企业,又添置“武林”、“之江”、“华盛”等轮,到1921年已有5艘江轮,共计5604吨,继续营运长江、沿海及远洋航线。此外,虞洽卿于1916年筹资组建鸿升码头堆栈公司,并在烂泥渡路兴建码头栈房。1922年还接盘了肇成机器厂,改名为三北轮船公司机器厂,修理各公司的船只,也兼制造小型轮驳、趸船及其附属设备。经过多年的艰苦经营,至1936年,虞洽卿的三北、鸿安、宁兴轮船公司资本达450万元,拥有大小轮船82艘,总吨位达9.17万吨,占全国民族航运业总吨位(67.5万吨)1/7的中国最大的商办航业集团,堪称我国民族航运业中的巨擘和江浙财团领袖。

此外,宁波人在各地经营的较大的航业集团还有:郑良裕(宁波人)创办并经营的通裕航业集团,其前身是公茂造船厂,1911年改名为通裕商号,继续扩充小轮航运业,并陆续添置新船,开设上海至长沙的长江航线以及北至天津、南至广州、南洋群岛的航线;以朱葆三为中心的航运企业,1915—1922年,朱联合谢蘅牕(鄞县人)、傅筱庵(镇海人)等人先后设立了顺昌、镇昌、同益及舟山四个轮船公司,总资本也达 89 万元,分别航行于长江和南北沿海;慈溪人裘锡九在杭州开设的闸口造船厂,后自设甬利轮船局。

20 世纪二三十年代可谓民族航运业飞速发展的"黄金时代",但外国航运垄断势力依然存在,在这一阶段的后期又有猛烈加强之势,遂使民族航运业的发展转入停滞时期。至抗战爆发,更遭逢空前劫难,进入坎坷颠沛境地。此时宁波人创办的较大的轮运企业有定海人许廷佐于 1926 年创办的益利轮船公司,1929 年又发起组建三门湾轮埠公司;北仑大碶人顾宗瑞于 1946 年创办泰昌祥轮船公司,1949 年该公司迁往香港。

后来被称为"世界船王"的定海人董浩云,1928 年从航运业训练班毕业后,被派往天津航业公司任职。1933 年董浩云在上海成立了中国航运信托公司,同时又担任上海通城公司运输部经理、金城银行船务部经理等职。抗战期间,公司轮船损失殆尽。抗战胜利后,他又在上海创办中国航运公司,购置了"凌云"、"慈云"、"唐山"、"昌黎"等轮船,组成大型船队,其中"天龙"号和"通平"号货船,全部雇用中国船员,首次横渡大西洋、印度洋、环航太平洋,来往于欧美各国,成为中国远洋航业的创举。此时他的活动基地也逐步转移至香港,在香港组建金山轮船公司,实力渐增,经营远东至北美、西欧、大洋洲、非洲等地的定期航线,形成董氏航运集团。他还与法国、比利时、日本等国的一些轮船公司组成航运集团,联合经营。董浩云的事业以此为起点,逐步地发展壮大。

宁波帮在工商、航运界的业绩被视为其在金融界占据重要地位的基础。20 世纪初期至二三十年代是中国民族工商业的迅速发展时期,这种趋势与近代金融业的发展同步进行,协调发展。如前所述,一些甬籍金融家投资工矿企业,工商业者投资金融业的也不在少数,双方在人事上也有融合。这一时期,金融资本与产业资本在初步集中的基础上,出现了相互结合、相互渗透的趋势,从而使中国出现了近代意义的"财团"。信用制度的发展"一方面,它本身是资本主义生产方式固有的形式,另一方面,它又是促进资本主义生产方式发展到它所能达到的最高和最后形式的动力。"[145]在这一发展进程中,甬籍金融家和工商业者相辅相成,彼此挹注,共同发展,对于江浙财团的形成所起到的推助作用是显而易见的。

## 四、宁波帮与上海的工商同业团体

### (一)宁波帮与上海总商会

上海总商会是民国时期上海工商业资本家团体,被人们称为中国"第一商会",这不仅指其成立的时间最早,属国内首创,也就其影响而言,它自 20 世纪初期多方参与上海乃至全国的内政、外交事务,颇有执全国商界牛耳之势,也对后来在全国范围内扩展普及商会,起到了先行示范和扩大影响的作用。以严信厚、周金箴、李云书、朱葆三、虞洽卿等为首的宁波帮首要人物长期执掌上海总商会的最高领导权力。

上海总商会是在 19 世纪末 20 世纪初中国亡国灭种的危机迫在眉睫,民族主义、爱国思想空前高涨的环境下成立的。它的成立,反映了当时上海商界中人发展"商务"即民族经济,消除官商隔阂的强烈愿望和要求,也反映了传统的行会开始让位于初具近代意义的早期商会组织。近代以来中国经历了千古未有的变局,也使商人将眼光从自己的身家财产转注于整个国家和民族;其次是时代使命感萌发增长。时代的变迁和社会地位的提高,使商人的自卑心理逐渐消除,随之萌生了强烈的时代、历史使命感。再次是联结团体、自治自立的思想日趋强烈。自主发展意识和时代使命感促使商人对中国经济落后和自身涣散不群的态势深为忧虑，迫切希望改变现状。于是上海第一个商会组织应运而生。1902年2月，经宁波帮巨商严信厚等的筹备，上海总商会的前身上海商业会议公所在上海大马路（南京路）五昌里宣告成立。宁波帮严信厚、周金箴分任正副总理。1904年5月，根据清廷颁行的《商会简明章程》规定，成立2年多的上海商业会议公所改称上海商务总会，仍由严信厚任总理，周金箴任坐办。上海商务总会几乎集中了上海的绅商巨贾，其组织结构、职能任务，都比前者充实完备，大大提高了上海工商界的组织程度。新组成的上海商务总会取消了总董制，而采取议董（或称会董）集体领导、总协理全权负责的单一领导体制，任期为一年一任。无论是总理、协理、议董，均规定有一定的资格要求，其中，品行方正、在沪有实业、谙习公牍明白事理为入选议董和总协理的必备条件，以使上海商务总会成为名副其实的工商团体，代表上海工商界的利益。在1905—1909年每年一次的届期改选中，每届均有宁波人在其中担任重要职务，朱葆三于1905年担任协理，李云书于1906年当选总理，周金箴则于1907年、1909年、1910年连任3届总理，李云书、严子均分别于1907年、1909年任协理。1905年福建人曾铸因在抵制美货运动中表现突出而当选上海商务总会总理，这是上海商务总会第一次由一位非宁波帮商人出任总理，即使如此，其领导层内宁波帮议董也达11名，占总数的52.4%。[146]。

1912年2月，上海总商会正式成立，周金箴当选总理，在新当选的31名总商会议董事中，宁波帮共12人，占38.7%[147]。上海总商会以上海商务公所为基础，从"振刷精神，力图进步"着眼，期望早日结束南北纷争，建立统一的国家政权，出现安定的社会环境；

另一方面,尽力发挥本身的组织力量,开展有利于工商团体在更大的空间范围内协调配合、推进经济近代化建设、维护各业资本家利益的一系列具有一定革新内容的经济活动。1912 年 10 月,周金箴、朱葆三等作为特邀代表出席了在北京召开的全国临时工商会议,就工商业如何兴利除弊、改良制造、推广贸易等各项问题共商大计。在此次会议上,上海、汉口等地总商会代表倡议发起组织中华全国商会联合会,周金箴在随后成立的全国商会联合会担任第一任会长。

1914 年 6 月,总商会届期改选,周金箴继续连选总理,朱葆三任协理。1915 年,周金箴奉令调任沪海道尹,经总商会议董会议推补,10 月由朱葆三继任上海总商会总理。根据商会法规,1916年上海总商会总协理改称会长。在同年 5 月的届期改选中,宁波帮宋汉章当选会长,但宋具函坚辞,遂以次多票的宁波帮商人沈仲礼继任,但沈也提出辞函[148]。总商会遂于 10 月 30 日举行特别选举会,选举朱葆三为会长。朱葆三自 1916 年就任上海总商会第三任会长后,又于 1918 年连任第四任会长,直至 1919 年辞职止。

五四运动后上海工商界掀起了一股气势磅礴的革新潮流,不仅促使工商界的政治民主意识大大增加,也推动了上海总商会组织体制的变革。1920 年 8 月总商会进行改组,秦润卿(慈溪人)当选为副会长。此次改组,吸纳了一批新兴的近代企业家和商业资本家,是上海总商会发展历程中的重要的转折点,意味着在这个上海工商界的重要社会活动舞台上绅商时代的结束和企业家时代的开始,特别是为推进经济近代化而新设的商品陈列所委员会,由孙梅堂(鄞县人)担任办事临时主任。商品陈列所自 1921 年起每年举办一次商品展览会,加深了各界人士的国货观念,增强了工商人士的忧患意识和奋发自强的心志。

1922 年,宋汉章当选会长,方椒伯(镇海人)为副会长。20 世纪 20 年代初期,中国时局动荡,军阀纷争。从这几年上海总商会领袖人物的更迭中也可以看到这种"适应政局的变化"的迹象。如 1924 年皖系军阀段祺瑞上台执政,与段关系密切的虞洽卿即被推举为上海总商会会长,另有方椒伯任副会长。2 年后,政局发生了变化,直系军阀孙传芳得势,在 1926 年总商会换届改选时,与孙传芳势力有着密切联系的宁波帮人傅筱庵便出任上海总商会的新会长,袁履登(鄞县人)为副会长。

1927 年以后,上海总商会内部矛盾加剧,出现了派别纷争和组织分裂,但在抗御外来侵略和维护国家主权的重大问题上,仍表现出强烈的民族感情。最后政府当局在"整理商人团体"的名义下取消原有的总商会,统一成立由官方直接控制的商会。从此,上海总商会自主活动、叱咤风云的时代宣告结束。

上海总商会自成立以后,对上海乃至中国各个时期发生的一些重大事件,经常以"领袖众商"的身份,在当时举行的中外商约谈判中建言献策,代表工商各业各帮发表政见,争取民族权益。由有关资料可见,宁波帮在上海总商会各个时期的活动中,都有着非常重要的影响和作用。从 1902 年上海商业会议公所成立到 1928 年总商会被取消,共有 18 人次担任总理(会长),宁波帮有 14 人次担任该职务;在历届总商会会董中,宁波帮的比例都很高,1907 年占 47.4%,1922 年占 45%,1924 年占 60.6%;在历届总商会会员中,宁波帮一般占 35%[149]。所以,作为江浙财团组织形式的上海总商会的实权操诸宁波帮之手,以致有学者经研究认为,"上海总商会似乎只能算作四明公所的一个'分所'"。[150]由此也可见宁波帮在江浙财团中的地位。

## （二）宁波帮与上海钱业公会、银行业公会

宁波帮还掌控着上海金融界的领导权。特别是慈溪人秦润卿在上海从事钱业六十多年，长期任豫源、福源钱庄经理。自1920年始，他执掌上海钱业公会达15年之久，历经上海钱业的兴衰，被称誉为上海钱业领袖。

1920年3月，秦润卿担任钱业公会会长。此后，他大力整顿会务，健全钱业组织。其一，制定公会章程，修订钱业业规，筹建公会会所。钱业公会成立之始制定的《同行规则》只是一种同业公约性质的营业规则。秦润卿就任钱业公会会长后，重新修订了章程，以后又于1923年、1933年两次修订，对于联合同业、规范营业起到了重要作用。

其二，创办《钱业月报》。秦润卿认识到钱业应亟谋改善自身，开拓业务，倡议创办钱业自己的刊物，"以联络同业之感情，维护公共之利益，促进其业务上之发达，矫正其习惯上之弊端。"[151]于是1921年2月，《钱业月报》问世。秦润卿始终对《钱业月报》的发展关注有加，他特在创刊号上撰写《发刊缘起》，以后对其人事的安排、栏目的设置、内容的登载也是亲自过问。《钱业月报》从1924年第4卷4月号起还连续刊载银洋进出、公单划解的统计表，这项统计包括上海金融市场钱庄、银行两方面银洋兑换及票据交换的总数，因此可以看出全年银根的松紧和金融行情的变动，实为钱业刊物金融统计之滥觞。总之，《钱业月报》不囿于旧习，积极改进，因之影响日益扩大，被誉称为上海钱庄业的喉舌。

其三，多方指导同业的正常经营，使钱业屡次履险如夷。秦润卿在钱业公会会长任内迭遇金融风潮，他都是极力斡旋，多方奔

走,使钱业安然渡过历次危机。1921 年年初,上海各种信托公司和交易所纷纷设立,注册资金大大超过了全国银行的总资本额,随之股票价格哄抬,买空卖空,投机盛行,此即影响深远的金融"信交风潮"。秦润卿看到钱业中人颇多卷入投机活动,乃召集会员钱庄开会,通告各庄禁止参与投机买卖,力劝同业勿贪图近利。由于公会事先采取了防范措施,"信交风潮"中各交易所、信托公司纷纷倒闭,独钱业无一受累。

　　宁波帮对上海银行公会的创立和发展具有极其重要的影响。上海银行业公会的成立是上海银行界自我意识、团结观念增强的结果。公会前身是金融界自发的聚餐会,自 1915 年始,宋汉章、张公权、陈光甫、钱新之等人每日中午聚餐,互通商情信息,协调相互业务,商议有关问题。1918 年 7 月正式成立上海银行公会,最初会员银行为中国、交通、浙江兴业、浙江实业、上海商业、盐业、中孚、四明、聚兴诚、中华、广东、金城 12 家银行,宋汉章为会长,陈光甫为副会长。以后宁波籍银行家盛竹书连任公会第二、三、五届会长,是该会历史上任会长时间最长的银行家。在银行业公会成立之前,1917 年 5 月,宋汉章、盛竹书等人还集议创办了《银行周报》。该报以"促进金融机构组织不断完备健全"为宗旨,报道各地金融消息,介绍外国金融组织及其管理经验,重视从理论上和实践上研究我国财政金融、经济管理和世界经济的变动等重大问题。它前后出版 34 卷,共 1635 期,直至 1950 年 3 月才停刊。《银行周报》不仅是近代中国发行最早的金融专业刊物,也是发行时间最长而不间断的经济专刊之一。

　　综上所述,宁波帮以在江浙地区"掌握着金融上的权力,而无可与匹敌者"的超然地位,在经济社会领域的辉煌业绩,成为其在上海及至全国工商界占据重要一席之地的基础,也使其雄踞江浙财团的领袖地位。宁波帮的"钱"以及其中包含的"意义",不仅使他们在人们眼中具有了实在的性质,更奠定了宁波帮在江浙财团中的经济基础和核心地位。

## 注　释

1　李哲浚、景学钤:《中国商业地理》,上海商务印书馆 1910 年版,转引上海市工商业联合会、复旦大学历史系编《上海总商会组织史资料汇编》上册,上海古籍出版社 2004 年版,第 25—26 页。

2　[日]山上金男:《浙江财阀论》,日本评论社(东京)1938 年版,第 87 页。

3　钟树元:《江浙财团的支柱——宁波帮》,《经济导报》1948 年第 76 期。

4　[日]森次勋著,汤怡译:《上海财阀之鸟瞰》,《中国经济评论》1935 年第 2 卷,第 2 号。

5　青岛市工商行政管理局史料组:《中国民族火柴工业》,中华书局 1963 年版,第 8 页。

6　沙船是古代一种大型航海木帆船,最早得名于崇明地方的崇明沙。据乾隆《崇明县志》记载:"沙船以出崇明沙而得名。"其特点是平底、多桅、方头、方艄,航运性能良好,有吃水浅、航行轻捷、能坐滩(即平搁在沙滩上)的优点,特别适宜航行于上海至营口的北洋航线。

7　康熙《定海县志》卷三,形胜。

8　傅衣凌:《明清时代商人及商业资本》,人民出版社 1956 年版,第 46 页。

9　以后鸿安的营业在外商轮船公司的竞争压力下逐步收缩,1904 年以前已仅剩在长江航行的"长安"、"德兴"、"益利"、"宝华"四轮,这年冬天虽经改组,仍然不能挽救败局,终于在 1908 年 5 月停业。后经虞洽卿联合有关人士,将其承买,才得继续开业。但只剩下二艘轮船,远难比昔。

10　1878 年旅沪定海人士曾创建定海会馆善长公所。1921 年朱葆三、陈箴堂、丁紫垣等人发起成立定海旅沪同乡会,朱为正会长,钱达三、周金箴等人为副会长,以敦厚乡谊、图谋公益为宗旨。

11　1921 年成立,会所在法租界朱葆三路,1937 年与刘仲英、金楚相等人创办的镇海旅沪同乡组织合并。1938 年迁入劳合路宁波里新会所。会长方椒伯,副会长刘聘三。

12 1925 年成立,邬挺生、王儒堂、王才运等人组织筹办,会长邬挺生,副会长邬志豪、康锡祥。会址河南路。

13 1935 年成立,刘志山、林美均等人创办,但不久停顿。次年 3 月,任啸菊、张介眉等人又发起创立,不久复又瓦解。1939 年姜梅坞等人又谋复兴,遂于 1940 年 5 月正式成立。

14 1921 年成立,虞洽卿、黄玉书等人创建,陈瑶圃为会长,虞洽卿、黄玉书为副会长。1924 年改选陈邦瑞、吴锦堂为名誉会长,虞为正会长。

15 《南浔镇志》卷二,公署,引自张海鹏等主编:《中国十大商帮》,黄山书社 1993 年版,第 124 页。

16 茅普亭:《宁波钱庄小史》(油印本)。

17 《浙江省金融志》,浙江人民出版社 2000 年版,第 67 页。

18 杨荫杭:《上海商帮贸易之大势》,《商务官报》1906 年第 12 期。

19 中国人民银行上海市分行编:《上海钱庄史料》,上海人民出版社 1960 年版,第 730—750 页。

20 《宁波金融志》第 1 卷,概述,中华书局 1996 年版,第 6 页。

21 上海市政协文史委:《旧上海的金融界》(上海文史资料选辑第 60 辑),上海人民出版社 1988 年版,第 7 页。

22 中国通商银行编:《五十年来之中国经济(1896—1947)》,台湾文海出版社,第 71—72 页。

23 《上海市钱业调查录》各相关钱庄,1934 年打印稿。

24 《上海市钱业调查录》,第 1 号。

25 中国人民银行上海市分行编:《上海钱庄史料》,上海人民出版社 1960 年版,第 732 页。

26 中国人民银行上海市分行编:《上海钱庄史料》,上海人民出版社 1960 年,第 734—735 页。

27 方显廷:《中国工业资本问题》,商务印书馆 1939 年版,第 54 页。

28 《上海市钱业调查录》,第 33 号;《上海钱庄史料》,第 170—171、802 页。该庄对工业的放款详细情况见《上海钱庄史料》,第 842—845 页该庄对工业放款表。

29 见该书第 842—845 页。

30　《上海市钱业调查录》,第 34 号;《上海钱庄史料》,第 171、802 页。

31　根据《上海钱庄史料》第 802—805 页表计算,其中银两按 1 银元 = 0.715 两换算,
　　法币与银元同。

32　参见《上海钱庄史料》,第 820—822 页。原表缺 1931—1934 年四年的工业放款数;
　　换算时原表中银两按 1 银元 = 0.715 两换算。

33　汪敬虞:《中国近代工业史资料》第 2 辑(下),科学出版社 1957 年版,第 1093 页。

34　中国人民银行上海市分行编:《上海钱庄史料》,上海人民出版社 1960 年版,第
　　731、735、742 页。

35　光绪《鄞县志》,第 6—7 页。

36　"公单制度"的具体办法是,每天下午各汇划庄将应收庄票送到原出票钱庄换取公
　　单,然后交汇划总会汇总,由该会将各庄公单互相轧抵。轧抵结果,各庄实应解现
　　或收现多少,由总会出具"划条",咨照各庄互为收解。各庄收付在 500 两以上者
　　(后来放宽到 1000 两),凭公单在汇划总会轧差,余额才收付现金。此外,汇划总
　　会还代理非会员钱庄和外商银行的清算业务。

37　中国人民银行上海市分行编:《上海钱庄史料》,上海人民出版社 1960 年版,第
　　500 页。

38　陈真:《中国近代工业史资料》第 1 辑,三联书店 1957 年版,第 310 页。

39　大清银行总清理处编:《大清银行始末记》,1915 年版,第 60—61 页。

40　江南问题研究会编印:《中国银行》(四行二局一库调查资料之二),1949 年版,第
　　1 页。

41　《中国银行上海分行史(1912—1949)》,经济科学出版社 1991 年版,第 239 页。

42　王承志:《中国金融资本论》,上海光明书局 1936 年版,第 99 页。

43　浙江兴业银行档案:董事会总办事处第 1—20 届营业报告,中国人民银行上海市分
　　行档案室藏,转见《上海近代经济史》第 2 卷,第 269 页。

44　上海档案馆藏浙江省第一商业银行档案,Q270 - 1 - 424;《本行简史(上)》,《浙
　　光》第 1 卷第 1 号,1934 年 10 月 1 日。

45　周葆銮:《中华银行史》(1919 年)第五编,台湾文海影印版,第 27 页。

46　徐矛等主编:《中国十银行家》,上海人民出版社 1997 年版,第 195 页。

47　1932 年时李馥荪、钱新之、周宗良的股份占 50% 以上,以后李馥荪个人股份曾占
　　60% 左右。见秦天孙:《李馥荪与浙江实业银行》,前揭《浙江籍资本家的兴起》,第

153 页。

48　徐寄庼:《最近上海金融史》,1932 年版,第 270 页。

49　上海市商会商务科:《上海市商会商业统计·金融业》,第 49—50 页。即董事长兼
　　总经理秦润卿、常务董事兼总行经理王伯元,常务董事何谷声(余姚)、王仲允(慈
　　溪)、梁晨岚(宁波),董事李馥荪(绍兴)、徐寄庼(永嘉)、周宗良(宁波)。

50　成立于 1921 年 8 月,资本总额原定 80 万元,实收 40 万元,行址北京路 40 号。

51　成立于 1921 年 9 月,秦润卿、薛文泰等创办,秦任董事长,资本总额 100 万元,收足
　　50 万元,行址汉口路河南路转角。1927 年 3 月解散。

52　成立于 1921 年 10 月,邬挺生任董事长,邬志豪任经理,系百货交易所改组而成,行
　　址广东路,1922 年清理歇业。

53　成立于 1941 年,沈星德、沈维挺等创办,额定资本 200 万元,营业范围以调剂烟商
　　资金周转为主。1949 年后合并重组。

54　成立于 1919 年,王正廷、楼恂如等创办,李诗裳为董事长,刘聘三为总经理。1921
　　年 10 月正式开业,资本总额 100 万元,实收 51 万元。

55　成立 1921 年 5 月,高定庵任董事长,钱雨岚任经理,资本 30 万元。

56　王伯元、秦润卿等于 1929 年接办,秦任总经理,资本总额 250 万元。

57　成立于 1932 年,项松茂、邬志豪等创办,项为董事长,邬为首席董事。股本 50 万
　　元,行址河南路 500 号。

58　成立于 1921 年 8 月,黄楚九任总经理,行址爱多亚路,集资 50 万元。1931 年 1 月
　　歇业。

59　成立于 1924 年 5 月,严叔和任总经理,行址南京路南直隶路转角,资本 20 万元。

60　陈真:《中国近代工业史资料》第 1 辑,三联书店 1957 年版,第 313 页。

61　陶水木:《浙江商帮与上海经济近代化研究》,附录一,上海三联出版社 2000 年版。

62　张仲礼主编:《近代上海城市研究》,上海人民出版社 1990 年版,第 297、311 页。

63　《宁波文史资料》第 5 辑,第 36—37 页。

64　民国《定海县志》,方俗。

65　钱泳:《履园丛话》卷二四《杂记下》。

66　方印华、余麟年:《孙景标与孙春阳南货店》,《工商经济史料》(慈溪文史第四辑),
　　第 173—175 页。

67　娄继心:《杭州孔凤春化妆品厂》,《浙江文史集粹》经济卷(上),第 544—548 页。

68　金普森:《宁波帮大辞典》,宁波出版社2001年版,第37、123页。

69　陈惠民、娄继心:《杭州方裕和南北货商店》,《浙江文史集粹》经济卷(下),第220—225页。

70　方印华:《宓宝成与宓大昌烟号》,《工商经济史料》(慈溪文史第四辑),第163—165页。

71　金普森:《宁波帮大辞典》,宁波出版社2001年版,第3页。

72　裘振康:《源兴恒百货商店的经营特色》,《绍兴文史资料选辑》第九辑,第125—128页。

73　金普森:《宁波帮大辞典》,宁波出版社2001年版,第223页。

74　邱百川:《温州商会之创立与沿革》,《温州文史资料》第三辑,第156页。

75　金普森:《宁波帮大辞典》,第64页。

76　金普森:《宁波帮大辞典》,第218页。

77　张叔霞:《温州百年老店五味和》,《浙江文史集粹》经济卷(下),第226—229页。

78　夏仲迻:《解放前三大食品店的竞争》,《温州文史资料》第6辑,第236页。

79　《温州文史资料》第六辑,第12、34、90页。

80　杨苏流:《温州菜馆业及其他》,《温州文史资料》第六辑,第268页。

81　《湖州文史》第二辑,第141页;《宁波帮大辞典》,第145、122页。

82　《宁波旅沪同乡会月刊》1929年第73期。

83　1925年美华利钟表行创办50周年之际曾发行《美华利纪念刊》,但现国内无法查得。据《文汇报》1999年1月27日报道,该纪念刊在欧洲意外发现,报道还称该珍贵史料的发现,"证实美华利钟表行是我国最早创建的民族钟表工业实体"。

84　葛元熙:《上海繁昌记》卷二"洋广杂货篇"。

85　北京市政协文史资料委员会:《商海沉浮》,北京出版社2000年版,第502—503页。

86　《重修慈溪县志》卷五十五,风俗。

87　《古镇慈城》第六期,第13页。

88　金梦良:《漫活国药业》,《温州文史资料》第六辑,第99、104—105页。

89　《中华百年老药铺》,中国文史出版社1993年版,第206、249、280、290页;《古镇慈城》第六期,第13页。

90　《工商经济史料》(慈溪文史第四辑),第155页。

91 《古镇慈城》第六期,第 14 页。

92 《日夜银行倒闭后与储蓄事业之将来》,《钱业月报》第 11 卷,第 3 号。

93 孙筹成:《新药界先进黄楚九先生事略》,《新药月报》第 3 号,1936 年 5 月。

94 不久即出盘给中华书局经理陆费伯鸿等,改名中华制药公司,是为第一家以独立
形式出现的民族制药厂。

95 上海市医药公司等:《上海近代西药行业史》,上海社会科学院出版社 1988 年版,
第 237 页。

96 《上海近代西药行业史》,上海社会科学院出版社 1988 年版,第 58、261、59 页。

97 五洲大药房编:《五洲大药房三十周年纪念刊》,1936 年。

98 该年上海药房资本总额据前引《上海近代医药行业史》,第 80 页。

99 该年上海制药工业资本总额见徐新吾等主编:《上海近代工业史》,上海社科院出
版社 1998 年版,第 330 页。

100 上海市医药公司等:《上海近代西药行业史》,第 266 页。

101 张謇:《上海怀德堂记》,见《叶公澄衷荣衰录》,光绪壬寅商务印书馆代印,藏上海
市图书馆古籍部。

102 张謇:《上海怀德堂记》,见《叶公澄衷荣衰录》。

103 上海南市区商业志办公室:《南市区商业志》,上海社会科学院出版社 1995 年版,
第 91 页。

104 《镇海县志》卷二十七,人物传六,民国二十年。

105 《镇海县志》卷二十七,人物传六,民国二十年。

106 《1878 年浙海关贸易报告》,杭州海关译编《近代浙江通商口岸经济社会概况》,
浙江人民出版社 2002 年 10 月版,第 196 页。

107 季学源等主编:《红帮服装史》,宁波出版社 2003 年版,第 36、52 页。

108 王淑华:《忆南京李顺昌服装店》,《江苏文史资料集粹》(经济卷),第 219—
230 页。

109 《上海市钱业调查录》(1934 年),第 1 号。

110 中国人民银行上海市分行编:《上海钱庄史料》,上海人民出版社 1960 年版,第
736—737 页。

111 张仲礼主编:《近代上海城市研究》,上海人民出版社 1990 年版,第 451 页。

112 《上海市钱业调查录》,第 9 号,1934 年打印稿。

113　朱剑城:《旧上海的华籍房地产大业主》,《旧上海的房地产经营》,上海人民出版
　　　社 1990 年版,第 16 页。

114　《上海市钱业调查录》,第 31 号,1934 年打印稿。

115　中国人民银行上海市分行编:《上海钱庄史料》,上海人民出版社 1960 年版,第
　　　730 页。

116　满铁上海事务所:《浙江财阀》,第 27 页。

117　上海市社会局编:《上海之商业》(1935 年),台湾文海影印本,第 214 页。

118　上海五金机械公司等编:《上海近代五金商业史》,上海社会科学院出版社 1990
　　　年版,第 101 页。

119　民国《定海县志》,方俗志,第 16 卷,风俗。

120　上海社会科学院经济研究所等编:《上海对外贸易》上册,上海社会科学院出版社
　　　1989 年版,第 301 页。

121　陈真:《中国近代工业史资料》第 4 辑,三联书店 1961 年版,第 487 页。

122　上海社会科学院经济研究所等编:《上海对外贸易》上册,上海社会科学院出版社
　　　1989 年版,第 315 页。

123　上海百货公司等编:《上海近代百货商业史》,上海社会科学院出版社 1988 年版,
　　　第 21 页。

124　何家企业多在 20 世纪 30 年代初歇业清理。

125　民国《定海县志》,方俗志,第 16 卷。

126　上海市工商行政管理局机器工业史料组等编:《上海民族机器工业》上册,中华书
　　　局 1966 年版,第 111 页;陈真:《中国近代工业史资料》第 1 辑,第 38 页。

127　[美]郝延平著,李荣昌等译:《十九世纪的中国买办——东西间桥梁》,上海社会
　　　科学院 1988 年版,第 4 页。

128　[美]郝延平著,李荣昌等译:《十九世纪的中国买办——东西间桥梁》,上海社会
　　　科学院 1988 年出版社,第 148 页。

129　《近代史研究》1980 年第 2 期,汪熙综合汪敬虞编:《中国近代工业史资料》第二
　　　辑下册及严中平等编:《中国近代经济史统计资料选辑》而成。

130　马克思:《资本论》第 3 卷上册,人民出版社 1975 年版,第 365 页。

131　上海市工商行政管理局棉布商业史料组等编:《上海市棉布商业》,中华书局 1979
　　　年版,第 25 页。

132　夏建国:《定海民生精盐股份有限公司》,浙江省政协文史资料委员会编:《浙江文
　　　史集粹》经济卷(上),浙江人民出版社1996年版,第139—143页。

133　参见《上海近代西药行业史》,第290—296页;汪仁泽:《解放前信谊药厂的人才
　　　开发和智力投资》,《上海经济研究》1985年第3期;徐鼎新:《中国近代企业的科
　　　技力量与科技效应》,第65—66页。

134　刘鸿生:《我为什么注重成本会计》,刘鸿生文件,存上海社科院中国企业史研究
　　　中心刘鸿生企业档案。

135　五洲大药房编:《五洲大药房三十周纪念刊》,1936年,第136、173—179页。

136　上海社会科学院经济研究所等编:《上海对外贸易》上册,上海社会科学院出版社
　　　1989年版,第475页。

137　金普森:《宁波帮大辞典》,第34页。

138　民国《定海县志》,方俗志,第十六卷,风俗。

139　金普森:《宁波帮大辞典》,第8—9页。

140　以后鸿安的营业在外商轮船公司的竞争压力下逐步收缩,1904年以前已仅剩在
　　　长江航行的"长安"、"德兴"、"益利"、"宝华"四轮,这年冬天虽经改组,仍然不能
　　　挽救败局,终于在1908年5月停业。后经虞洽卿联合有关人士,将其承买,才得
　　　继续开业。但只剩下二艘轮船,远难比昔。

141　《益闻录》,光绪二十一年十月二十八日,第17册,第580页,引自《中国十大商
　　　帮》,第131页。

142　《瓯海关十年报告》(1902—1911),杭州海关译编《近代浙江通商口岸经济社会
　　　概况》,浙江人民出版社2002年版,第435页。《中国十大商帮》,第131页。

143　《交通史航政编》第2册,第531、534页;《中国十大商帮》第131页。

144　樊百川:《中国轮船航运业的兴起》,四川人民出版社1985年版,第407页。

145　马克思:《资本论》第3卷(下),人民出版社1975年版,第685页。

146　徐鼎新、钱小明:《上海总商会史》(1902—1929),上海社会科学院出版社1991年
　　　版,第88页。

147　《上海总商会首任职员简况》,上海市工商业联合会等编:《上海总商会组织史料
　　　汇编》,上海古籍出版社2004年版,第140—141页。

148　《总商会正副会长之虚悬》、《再志总商会正副会长之虚悬》、《商会法无可改动》、
　　　《宋汉章请再另选商会会长》,上海市工商业联合会等编:《上海总商会组织史料

汇编》,上海古籍出版社 2004 年版,第 162、163、164、165 页。

149　陶水木:《浙江商人与上海总商会探析》,《宁波大学学报》1999 年第 4 期。

150　[法]白吉尔著,张富强等译:《中国资产阶级的黄金时代(1911—1937)》,上海人
　　　民出版社 1994 年版,第 161 页。

151　《钱业月报》第 1 卷,第 1 号,第 1 页。

# 第 三 章

# 江浙财团与北洋政府的财政经济关系

## 一、江浙财团与北洋政府的财政经济政策

中国商人历来标榜"在商言商",不闻于政。这种状况在进入近代后随着民主政治思想的传播和中国民族资本主义的发展而逐渐有所改变,商人、商会、同业公会对政治的关心与日俱增。江浙财团代表人物穆藕初就说"在商言商之旧习已不复适用于今日,吾商民对于政治,必须进而尽其应尽之责任"[1]。当然,商人、工商团体的关心政治更多的是从经济利益出发,政府经济政策的制定和执行是他们最关心的"政治",江浙财团自然不例外。上海银行界就明确要求政府"仿照东西各国成例,凡关于财政经济重大问题,特准国内金融界参加讨论,征其得失,以定方针"[2]。北洋政府时期,上海总商会、上海银行公会和钱业公会、华商纱厂联合会等江浙财团主要团体在做好政府咨询、工商统计、商事习惯调查等的基础上,还提出了一些关于税收、海关、财政、金融等方面的要求和建议,对政府的经济政策产生一定影响。

　　税收是江浙财团最关心的经济政策。对于行之多年的印花税,1920 年 10 月,上海总商会常会专门作了讨论,议决设立由会董方椒伯、汤节之负责的专门小组,调查审议当时的印花税施行办法。审议结果认为,上海租界与内地情况不同,难以施行,若益以检查议罚,不但于事无济,反而滋生流弊。同年 11 月,北洋政府财政部以印花税法尚有遗漏,将印花税法所没有列入的支票及名称不同而性质类似支票的票据,每票贴用印花一分,并规定支取银钱货物之凭摺每年每个更定为贴用印花一角。上海银行公会即于 12 月 4 日召开会员会,就此讨论,并通过了提请财政部的议案。呈文指出:"支票为金融上必要之流通用具,各国因奖励支票之流通,大概免其贴用印花税。因支票之性质与一般所谓之票据不同。支票虽为支付存款之重要凭证,实则系为代替现金支付用具,他国因奖励支票之流通,均谓支票如课以印花税,则不免违反支票之性质,使支票均须贴用印花税,则支票制度将根本破坏,因存户势将舍去支票而改用存折"。议案要求财政部"俯念银行业尚在幼稚时代,为奖励支票之流通、助长存款之发达起见,准将支票免贴、凭摺免加印花税,以顺舆情而维业务"[3]。

　　1920 年 9 月,北洋政府财政部发布通告,定于 1921 年 1 月起正式在全国施行早在 1914 年 1 月公布的《所得税条例》,声言此项税收将"取之于民,用之于民",其用途首先"注重教育","如有余额即作为振兴实业保息之基金"[4]。上海银行公会机关报《银行周报》即于 10 月刊出了"所得税问题号",发表《所得税条例改正问题》(沧水)、《所得税杂评》(沧水)、《所得税施行之必要及其应注意之点》(士浩)、《所得税之研究》(裕孙)、《吾国所得税之沿革制度及其筹办近况》(瞿缨)、《中日所得税法之对观》(沧水)、及《英国所得税制沿革概略》(姚仲拔)、《日本新所得税法考略》、

《欧战以来英国所得税制之变迁》、《战后法国所得税制之改革》等文。这些文章考察了英、日、法等国所得税征收历史与现状,特别是各国所得税最新改革情况,比较了中日所得税征收的异同。这些文章着重分析了中国所得税条例的缺陷,提出完善改进的建议。徐沧水的《所得税条例改正问题》指出:"纳税为人民对于国家之义务,固不应为无理之反对,但纳税群众其负担必需公平,此为政治上第一要义,果使负担而不公平,则人民应有要求改善之权利"。文章在分析了《所得税条例》的缺陷后指出:我国所得税条例之规定,"殊显其不公平,其缺点甚多,果如实行,则有产者之负担轻,而无产者之负担重,有力者易于脱漏,无力者惮于征收,故税制改革殊为必要,然所得税法,在各国亦系实行多年,逐次改正,始合于负担公平之原则。吾人不反对所得税之征收,惟要求政府对于立法上加以改善耳"[5]。《所得税施行之必要及其应注意之点》考察了世界税收制度发展史,认为所得税是历史发展必然,它具有负担公平等四大优点。如征收方法失当,失其公平,则"所得税又何以别于一般税制"。因此,文章提出实行所得税必须注意三点:即维持最底生计所需之所得额免税;税率采累进制;财产所得税率应高于劳动所得税率[6]。

上海总商会即于 11 月对所得税征收办法公推会董盛丕华(证券商)、叶惠钧(豆米业巨商)主持审查。他们经审查后认为"此项税法为非法",因为该税法非经全国立法机关国会的通过,所以他们建议对所得税条例"当联络各界,共起反对,虽有高压之官力,亦惟有抗不奉命"。总商会常会再三慎重审查,认为所得税在欧美固为良好税收,但在中国捐税既已叠加,此税则又未经立法机关通过,应一致反对。即由总商会主稿,会同县商会联合抗争[7]。同年 12 月,上海银行公会在全国第一届银行公会联合会上提出

"呈政府请缓行所得税提议案",从国民生计、社会状况、政府用途等四个方面详细陈述了"从缓施行"所得税的理由,以"纾商困而培国本"[8]。但北洋政府决意开办此项新税弥补财政亏空,江浙财团关于缓行所得税的意见和要求并没有被北洋政府采纳。

作为江浙财团的重要组成部分,上海华商纱厂主在实业界具有重要地位,他们与北洋政府关于税收政策的关系主要包括要求禁止棉花出口、取消棉花进口税、减免棉纱棉布税费、减免棉纺设备进口税等方面。1917年,我国陕西、直隶、山东、湖北等省棉花严重歉收,全国产量不及300万担,而日本却极力收购中国棉花,至当年11月已收华棉超过100万担,致使国内棉花价格前所未有的上涨,刚成立的华商纱厂联合会即致电北京政府国务院、农商部、财政部,说明国内棉花市场情况,指出如果不采取措施,"全国纱厂势将停办,棉业前途何堪设想",要求迅速采取措施,禁止棉花出洋[9]。

1920年,中国北五省山东、河南、直隶、陕西、山西发生自"丁戊奇荒"后40年未遇的大旱灾,北洋政府以此为名,由财政部电告全国加征捐税。12月3日,华商纱联合会经刘柏森、穆藕初、徐静仁、荣宗敬提议召开临时会议商议。会议认为,该会对于北方巨灾已捐巨款救济,"此项附税,万难承认"。当即议定致电政府请求收回成命。电文说:本会自联合他业组织北方工赈协会以来,捐款已达数十万元,均出于自动急赈,工赈又积极进行,对于灾区已竭尽绵力。此次加征,令向之慷慨捐赈者心灰意冷。又说:据民国约法,新课租税及变更税率,应以法律定之,以赈灾为名违法苛敛,势必商民腾怨,要求北洋政府"迅即通令取消"[10]。12月7日的董事会议又决定函请总商会召集各团体大会,共商办法[11]。

1921年以后中国棉纺织业经营进入困难期,产能过剩导致棉纱滞销和纱价下跌,而棉花需求大增、棉产下降,棉花价格上涨。
1922 年 4 月 4 日,华商纱厂联合会董事会议议决呈请政府取消棉
花进口税并向修改税则委员会请愿,同时呈文政府请免花纱税厘
文。12 月 12 日,华纱厂联合会召开紧急会议,除议决上海各纱厂
自 12 月 18 日起减工四分之一外,决定派刘柏森、崔景三为代表向
政府请愿,要求政府在一年内禁止棉花出口,对于华商纱厂联合会
会员的花纱布关税厘金准予记账放行[12]。次年 2 月 21 日的董事
会议又决定,要继续努力,直至订明我国有主权禁止棉花外运为
止。经过纱厂联合会的不懈努力,北洋政府照准禁止棉花出口外
运。但外国使团对此表示抗议,纱厂联合会于 3 月 2 日召开会议,
决定推派聂云台、穆藕初为代表,继续向政府请愿,要求政府维持
原案[13]。但北洋政府屈从列强,只好延期实行,至 1923 年 5 月竟宣
布撤销禁棉出口令。

　　货币政策与工商界关系至重,而与金融界关系尤切,以银钱业
资本家为主体的江浙财团对货币政策也尤为关注。北洋政府时
期,他们关于货币政策方面的要求与建议主要包括以下几方面:

　　第一,要求政府整顿兑换券发行。1920 年 12 月,由上海银行
公会提议的全国银行公会联合会第一届大会在上海召开,上海银
行公会提出财政节流、内债整理、确定币制为内容的议案,为大会
所接受,并议决以上海银行公会会长盛竹书名义分呈国务院、财政
部。其中关于整顿兑换券发行问题,呈文说:"凡已经发行纸币之
银钱行号有特别规定者,于经营年限满后,应即全数收回,无特别
规定者,由财政部酌定期限,陆续收回,未发行者概不得发行,防微
杜渐,用意深远。乃三年来凡称中外合办之银行,无不特许发行纸
币,即一二与政府当局有关系之银行,亦享此特权,致令市面纸币
杂驳,商民疑惧。究竟政府对于兑换券制度执何方针,何者宜准,

何者宜斥,未闻有所宣示,而对于已发行者亦未尝有检举监督之举,流弊所至,必致相率滥发,扰乱金融,一旦有挤兑之事,全国将蒙其殃及"[14]。银行公会关于整理内债的建议也得到北洋政府的赞同,指定由中国银行副总裁张嘉璈拟具整理办法和全部计划,北洋政府财政部根据张嘉璈的计划进行了公债整理(参见本章"江浙财团与北洋政府公债")。

第二,要求停铸铜元。铜元为辅币之一,晚清曾暂行停铸,入民国后禁令渐弛,各省纷纷以鼓铸铜元为筹款之法,滥铸滥发之余,益之以私铸私运,以致恶劣之币充斥市面,铜元价值日低,百物腾贵。如原来 100 枚换 1 银元的铜辅币变成 280 余枚换 1 银元[15]。所以,上述以上海银行公会会长盛竹书名义给政府的呈文说"至于停铸铜元,中国商民之吁请、外国商会之要求,至于再三。政府已允饬令各厂一律停铸矣。乃昨年以来,因筹款无法,向外商赊购生铜,密令南京、武昌等厂开铸铜元,变售银元,以铸币余利充行政经费。于是各省效尤,纷纷加铸。安庆、开封已奉部令裁撤之铜元局,均已开铸铜元。近闻天津总厂,且有以全厂押借外款,专铸铜元,并发行铜元券之说,……势必至以整理币制之权授之外人而后已,应请政府确定兑换券制度,迅速停铸铜元,规定银币、辅币铸造办法",集中铸权[16]。1921 年 5 月的全国银行公会联合会议决并呈财政部、币制局"与各省妥商办法,严禁滥铸"[17]。全国商会联合会 1921 年上海会议、1922 年武汉会议也两次议决要求政府严令各省停铸铜元。政府在商界压力下,"停铸铜元之令,不啻至再至三,而实则省自为政,中央文告早等虚设"。上海总商会认为,要使停铸令能有效实施,必须禁止铜元原料紫铜的进口及转口,所以又致电币制局迅即"会商税务处,电饬海关严予查扣[紫铜],否则停铸之令一日数下,亦属涂饰观听,无裨实济"[18]。1922 年 9 月 4 日《中报》报道安徽造币厂滥铸辅币、并且向财政部领到 4000 担美铜护照后,上海银行公会即致电币制局,指出"铜元充斥,物价飞涨,敝公会前曾电请饬令各省停铸,业蒙电准在案。如该报所载属实,势必影响物价,扰乱金融,用特重申前请,迅予彻查,饬令停铸,以维币制,而安人心"。[19]上海银行公会、钱业公会还召集全体会议,一致决议致电财政部及安徽造币厂,请其停铸,并分电汉口、蚌埠、南京银行公会与钱业公会,请其协力进行。其中致财政部电说:"国家造币,律有专条,成色分量,不得逾越公差。仍皖厂所铸八年模币,历经化验,成色恶劣,核诸条例,相差甚巨。……金融安全,势将破裂,贻害社会,宁有底止。……务乞依据前证,迅将皖厂币模吊销停铸,以安金融而杜流弊"。[20]安徽造币厂于 14 日复上海银钱业公会,告知已经停铸[21]。但上海银钱业获知安徽仍"频有生银入境,该厂仍未停铸"。上海银钱业公会即发出不为安庆造币厂代购生银的通告,并于 20 日再电财政部,请吊销皖厂币模勒令停铸。对于已经流入市场的皖厂造劣质铜币,上海银行公会通函全国各埠银行公会"一致拒绝此项劣币,务使不能与合法货币同等通用,则根株可绝,而市面可安"。[22]

    第三,积极建议政府实行废两改元,统一币制,并组成上海造币厂借款银团,以集中铸权,促成废两改元。鸦片战争后,中国渐行银两、银元双重货币本位制。由于各地银两、银元都有不同的名目和成色,给整个货币制度带来极大的混乱。所以,清末民初,有识之士呼吁币制改革、统一货币的呼声不断,但采银两还是银元争论不休。1914 年以后,北洋政府先后颁布《国币条例》,《修正国币条例草案》、《国币法草案》,明确了银元的"国币"地位,但均未能付诸实施。江浙财团人士多主张废两改元。1917 年 8 月,上海总商会董事、县商会副会长苏筠尚致函总商会并附《意见书》,提议自次年正月起上海贸易一律改用银元。对此,总商会非常重视,于当月25日召集会董讨论,江苏银行经理张知笙也提出《意见书》,补充苏氏意见,主张废两改元[23]。这一主张受到上海工商界的广泛关注。上海银行公会的机关刊物《银行周报》在1918—1921年间发表一批主张废两改元的文章,如银行公会书记长徐永祚发表《上海银两本位之难于维持》(第41号)、《上海中国银行发行国币钞票感想》(第48号)、《废两改元议》(第128号)、《废两改元当自上海始》(第138号)、《废两改元问题释疑》(第200号)等;对金融业深有研究的浙江兴业银行协理徐寄庼也在《银行周报》发表《废两改元先当自废除汇划银始》等文。这些文章论述两元并用之害,回答了世人对废两改元的疑虑,主张废两改元统一货币,并主张废两改元从全国工商业、金融业中心上海始。1921年5月,全国银行公会联合会第二届年会在呈财政部、币制局文中指出:"整理币制,首当废除银两,中外通人,久有定论。盖银两一日不废,则国币受银价变动之影响,即无国际贸易关系,亦不能保持其法定之价格,于统一圆法,绝对不能相容。"[24]

　　废两改元渐成上海工商界普遍主张,银元随着上海金融中心的逐渐确立而需求日增,但上海市面银元存底不足,银行家徐寄庼于是主张在上海设立造币厂。1919年12月,银行公会呈请财政部及江苏省当局在上海设立造币厂。为解决造币厂筹建经费问题,上海银行公会决定委托在北京的中国银行副总裁张嘉璈与财政部磋商造币厂借款问题。1921年3月2日,上海银行公会会长盛竹书、中国银行总裁冯耿光与财政总长兼币制局督办周自齐、币制局总裁张弧签定借款合同,规定由财政部发行造币厂借款国库券250万元,造币厂借款银团负责发售。合同签定后,银行公会即在各大报纸刊登让售造币厂借款合同国库券的广告,上海银钱业很快认购365.5万元。3月11日,由上海24家银行及若干家钱庄正式成立上海造币厂借款银团,银团由江浙财团代表人物盛竹书、钱新之、宋汉章、倪远甫、李馥荪、陈光甫、方椒伯、张知笙及钱业公会会长秦润卿为董事,沈籁清为稽核员。上海银行公会16家会员银行摊得200万元,钱业25万元,非会员银行25万元[25]。银团成立后,即派定厂长,设立筹备处,一面购置基地,一面订购机械,一切按计划进行。只是置地定机后发现,建筑费用远远超出预算。银团方面一再集商,表示事关金融大局,在基金有着的情况下,愿意"维续借款,以观厥成"。但政府当局"狃于恶习,徒事纷扰,于是机械到沪,无款可提,栈租利息,月需二万余金,耗费不资"[26]。1924年8月,财政部以新借款既未成立,原欠款又无从清还,令将造币厂行政部分自监督以下一律裁撤,原有厂基厂房机器等项,即交上海银行公会保管[27]。至此,上海造币厂筹建工作限于停顿,江浙财团统一币制愿望也成泡影。

学术界一直以来认为:在北洋政府时期废两改元、统一币制问题上,上海钱业界持反对态度。但仔细研读有关史料后,就会觉得此说过于笼统,失之片面。上海造币厂之设,"为统一币制及改两为元起见"[28]。银行公会会长盛竹书也明确指出:"统一币制,在吾国经济界当视为最重要问题,但欲统一币制,必先废两,欲废两必自实行自由铸造始"[29]。所以,钱业既参加造币厂借款银团,说明钱业并非如以前所说绝对反对废两改元。有关档案资料也支持这一说法。1923年11月22日的银行公会会员大会记录载有21日上海银钱业两会长盛竹书与秦润卿的谈话,秦氏说"改两为元,钱业亦极赞成,不然当时沪币厂之拟设,钱业何必符和投资,惟实行极难";至银洋并交欲速行也难,盖现在不独银荒,亦患洋荒,最好在洋元充足时实行[30]。

## 二、江浙财团与北洋政府的内债

### (一)北洋政府公债发行概况

北洋政府时期的内债发行可以以 1921 年财政总长周自齐提出整理内债案为标志,划分为前后两个阶段[31]。在前一阶段,北洋政府视举债为筹款的不二法门,是滥发内债时期。由于前期的滥发,政府债信低落,第二阶段内债发行趋缓。至于这一时期,北洋政府发行的公债总额,历来学者有多种说法。千家驹在 20 世纪 30 年代认为:北京政府正式发行的内债、库券及各项借款,总额为 779024042. 22 元[32]。新中国成立后,他把这一数字更正为 874527162. 22 元[33]。贾士毅在《国债与金融》和《民国续财政史》中说北洋政府财政部有确实担保和无确实担保内债共 685099060. 38 元,另有北洋政府交通部经管内债至 1925 年年底共欠本息 87358621. 93 元。两项合计共举内债 772457682. 31 元[34]。王宗培的统计分成国内公债和国库证券,分别为 620062708 元、116877095. 08 元[35],合计为 736938803. 08 元。邹志陶根据财政年鉴所载,认为北洋时期(民元至民十六)有确实担保的内债为 381166243 元[36],但是缺无担保的内债。陈炳章认为北洋时期自民元至民十五计发行内国公债 12 种,库券 6 种,债额共 349519453 元[37]。杨荫溥对北洋政府时期内债研究所得是:公债 28 种,共 620000000 元;短期库券、有奖公债 88 种,共 103000000 元。两项合计723000000元[38]。另有短期借款、银行垫款等至 1925 年年底本息共120000000元[39]。因此,他认为北洋政府发行各类内债、库券和短期借款共 843000000 元。汪敬虞等人认为:北洋政府的内债包括公债、各种库券和银行短期借款,总计 817906683 元[40]。朱英等认为:从 1912—1926 年北京政府共发行公债 28 种,计 620100000 元,另外发行各种短期国库证券、银行短期借款 88 种,计 103500000 元[41]。

考察以上各家观点,有的比较接近,如千家驹和贾士毅的统计都为 77000 万余元。但有的相去甚远,如杨荫溥和汪敬虞认为有 8 亿多元,而邬志陶和陈炳章的统计只有 3 亿多元。究其原因,主要是邬志陶、陈炳章的统计仅仅限于财政部发行的有确实担保的内债,而千家驹和贾士毅等学者的统计包括了北洋政府举借的有确实担保和无确实担保各种内债。贾士毅的统计还包括了北洋政府交通部举借的内债,但其他学者都缺漏此项,这不能不说是个遗憾。

我们以为,要尽可能准确统计北洋政府时期内债总额,必须先对"内债"概念做准确的界定。北洋政府时期的内债,既应包括财政部发行的公债,也应涵盖交通部等中央其他部门发行的所有公债;既包括公开发行的以公债、国库券形式出现的债项,也包括以合同、契约等形式出现的各种债务。我们以下的统计,按照上述口径,但不以发行条例上的"发行定额"为据,而是以实际发行者为限。

民国公债滥觞于 1912 年 1 月发行的军需公债。1912—1913 年,北洋政府解决财政困难的主要途径是举借外债,内债发行并不大。只有 1912 年 1 月发行的军需公债 100000000 元,实际发行额 7371150 元[42];1912 年 5 月的爱国公债 30000000 元,实际发行 1646790 元;1913 年 6 月的六厘公债 200000000 元,实际发行 1359570 元。第一次世界大战爆发后,外债渠道受到很大影响,内债逐渐受到重视,北洋政府因此设立了内国公债局,内债发行额逐渐增大。1914 年 8 月发行三年内国公债 24000000 元,实际发行 24926110 元;1915 年 4 月发行民四内国公债 24000000 元,实际发行 25832965 元;1916 年 3 月发行民五六厘公债 20000000 元,实际发行 7755120 元,3 年间实际发行额达 58514195 元,为前两年的 5 倍多。袁世凯去世后,地方割据势力逐渐发展,北洋政府日渐失去对全国的控制权力,各种应解中央的财政款项为地方截留的情况日益严重,中央财政日益困难,于是靠大发内债度日。总计 1917—1921 年新发行的公债有民七短期公债,民七六厘公债,民八七厘公债和整理金融短期公债,民九赈灾公债和民十一整理公债六厘债票、整理公债七厘债票、元年公债整理债票、八年公债整理债票。总计这期间实际发行公债 259370123 元,占北洋政府时期公债实际发行额的 44.17%。其中 1921 年实际发行额 83520703 元,1918 年的实际发行额也达 82431420 元。滥发的结果导致偿债基金不敷,债信濒于破产,不仅抽签还本常有延期,甚至连应付利息也时常没有着落。"每逢发息之期,即发生一度恐慌","随时挪借,困难万分"[43]。因此不得不接受全国银行公会联合会的建议进行公债整理,1921 年的发行额中主要是收换民国元年、民国八年两种公债而发行的整理债票。经过 1921 年的内债整理,直至北洋政府垮台,政府公债"信用渐著,各项公债,还本虽间有衍期,而付息则均按期履行"[44]。

但由于前一阶段的滥发,北洋政府的债信已低落,所以 1922 年后公债发行缓慢,只有 1922 年的九六公债,实际发行 56391300 银元,1922 年八厘公债实际发行额 10000000 元,1925 年八厘公债实际发行 15000000 元。

除了公债票形式发行的内债外,北洋政府还发行了不少"债券"形式的库券。一般而言,库券是调剂政府财政的季节性、临时性的资金余缺,故其数额一般不大,期限也短(一般 1 年以内),而北洋政府以滥发库券为举债门径,一次发行额常在 500 万元以上,期限常在 1 年以上,甚至长达 14 年以上。由于债信低落,1921 年后公债发行不受欢迎,北洋政府转向发行变相之库券,1922 年后总计发行 8 种,实际发行额 39600000 元。

北洋政府在大量发行以"债券"形式的内债的同时,还先后发行了 90 种记名和不记名的国库证券,发行额为 105263095 元[45]。

除了正式发行的债券和短期国库证券外,北洋政府还向各银行、公司及堂名户记举借了不少劝其借款,包括以盐余为抵押的盐余借款 31086344 元、一般国内银行短期借款 48604509 元和国内银行垫款 30333399.22 元,上述三类银行短期借款总计 110024253.75元[46]。

除了上述财政部经管的内债外,北洋政府交通部经管的路政债款、电政债款和其他债款举借内债总额为 190181973 元[47]。

以上总计,北洋政府财政部、交通部举借内债总额为 992725449.87 元。

## (二)江浙财团承销北洋政府内债分析

北洋政府发行的近 10 亿元公债,基本上是通过银行包卖方式间接发行的,银行承担了北洋政府发行和举借的绝大部分内债。银行热衷于北洋政府公债投资,是因为投资公债有着比投资其他任何行业高得多的收益。北洋政府发行的公债年息一般在 6%—8%,加上折扣,担保确实之公债的实际获利在 16% 左右,担保稍欠确实之公债实际获利在 40% 左右。许多银行把政府借款"视为投机事业,巧立回扣、手续、汇水各项名目,层层盘剥,与利息一并计算,恒有五分以上者,殊属骇人听闻"。[48]而当时一年期存款通例大致六七厘,一年期放款通例不过一分五六厘。诚如 20 世纪二三十年代有学者所说:"政府借债,利息既高,折扣又大,苟不至破产程度,则银行直接间接所获之利益,固较任何放款为优也"[49]。所以,经营政府公债是当时银行最主要的业务,银行资产中很大一部分是政府公债。徐沧水曾在《银行周报》刊文,以 29 家银行的营业报告为依据,对 1921 年国内主要银行的资产与公债的关系进行研究推算:(1)有价证券对于银行资产之比值为 9%;(2)银行拥有之内债,占内债发行总额的 40%—50%;(3)各行之有价证券属内国债券者,占有价证券总额的 70%—80%;(4)各行多以公债为抵押或资产[50]。这是就全国 29 家银行营业报告的推算,这些银行包括东北、山东、福建、江西等地不少中小银行,而缺交通银行、浙江实业银行、上海商业储蓄银行、中国通商银行、中南银行、四明银行等著名银行,所以其推想数据可能不适用于以上海为中心的江浙地区重要银行。因为上海是公债主要承销地,有史料说"国家公债以北京为发源之区,上海为集散之处,两地买卖最为繁[盛]。"[51]所以江浙财团所属银行持有的内债占其放款总额、资产总额的比例可能高于这一推算。

中国银行是北洋政府的中央银行,其则列明确规定:受政府之委托经理国库及募集或偿还公债事务,因此是北洋政府公债的最大债主。据学者研究,中国银行的放款对象主要是政府,而在政府放款中,公债投资又占突出地位(见表17)。

表17    1918—1926 年中国银行持有公债面值在放款政府中的地位

单位:千元

| 年份 | 放款总额 | 放给政府机关及财政部 | 政府放款占放款总额比% | 持有公债面值 | 持有公债面值占放款总额比例% | 持有公债面值占放款政府比例% |
|------|----------|---------------------|---------------------|--------------|---------------------------|---------------------------|
| 1918 | 143430 | 113440 | 79.09 | 38740 | 27.01 | 34.15 |
| 1919 | 184050 | 117350 | 63.76 | 38190 | 20.75 | 32.54 |
| 1920 | 178450 | 103370 | 57.93 | 48450 | 27.15 | 46.87 |
| 1921 | 172300 | 102790 | 59.66 | 48760 | 28.30 | 47.44 |
| 1922 | 183730 | 99180 | 53.98 | 60100 | 32.71 | 60.60 |
| 1923 | 180090 | 129730 | 72.04 | 47060 | 26.13 | 36.27 |
| 1924 | 201800 | 142300 | 70.52 | 47840 | 23.71 | 33.07 |
| 1925 | 266530 | 131710 | 49.42 | 58920 | 22.11 | 44.73 |
| 1926 | 311340 | 141040 | 45.30 | 68240 | 21.92 | 60.35 |

资料来源:根据邓先宏:《中国银行与北洋政府的关系》,载《中国社科院经济研究所集刊》第 11 辑,中国社会科学出版社 1988 年版,第 300、304 页表改制。

由上表 17 可知,1918—1926 年,中行对政府放款在放款总额中一般占 50%—70% 之间,最底的 1926 年占比也达 45.30%,最高的 1918 年占比达 79.09%。中行持有公债面值,都占 30% 以上,最底年份 1919 年也占 32.54%,最高年份(1922 年、1926 年)竟占 60% 以上。就中行来说,有史料说"中行之命脉实系于沪行"[52]。我们在第一章中也分析了上海分行在中行中的地位。作为中行最重要的分行、北洋政府时期江浙财团最重要的银行之一,上海中国银行承担着中行主要的业务,也承担着承销政府公债的主要责任,这应该是常理。

浙江兴业银行无疑是北洋政府时期最具实力的商办银行之一,其存款额在 20 世纪 20 年代曾连续 6 年居同业第一位。其对于北洋政府公债库券的投资,我们可以通过其有价证券持有量作一分析。由表18可知,1915—1927年,浙江兴业银行的有价证券持有量平均占其总资产的6.74%,最高的1921年占12.68%,最低的1915年占3.5%。而据经济学家吴承禧30年代初估计,银行有价证券中有2/3是政府债券[53];经济学家章乃器则认为以1933年财政年度而论,银行所持有的全部证券中80%是政府公债[54]。民国时期的有价证券基本上是政府公债库券,企业债券极少,而且企业债券从开始出现到逐渐被接受有个过程,北洋政府时期,企业债券在银行持有的有价证券中所占比例更小,也即有价证券中政府公债所占比例比国民政府时期更高,由此我们可以推断出浙江兴业银行的政府公债投资额。

表18　1915—1927年浙江兴业银行有价证券占总资产比例表

单位:千元

| 年份 | 1915 | 1916 | 1917 | 1918 | 1919 | 1920 | 1921 | 1922 | 1923 | 1924 | 1925 | 1926 | 1927 |
|---|---|---|---|---|---|---|---|---|---|---|---|---|---|
| 有价证券 | 402 | 421 | 470 | 871 | 1394 | 2382 | 3020 | 1248 | 1363 | 3395 | 3055 | 7608 | 6946 |
| 总资产 | 7412 | 9064 | 13410 | 17901 | 18245 | 22050 | 23815 | 30079 | 33136 | 40260 | 60280 | 81444 | 95110 |
| 占比% | 5.4 | 4.6 | 3.5 | 4.8 | 7.6 | 10.8 | 12.68 | 4.15 | 4.1 | 8.4 | 5 | 9.3 | 7.3 |

资料来源:《一家典型的资本主义银行——浙江兴业银行》,上海市档案馆馆藏,Q268-1-771。

浙江实业银行被认为是江浙财团的骨干银行,该行虽然鉴于以往银行业对政府放款、借款的教训,曾在1923年的董事会上通过了严格控制各分行对政府放款的决议,但1925年持有的各类政府内债(包括中央政府、省政府及交通部、省财政厅等)面额仍达202.45万元,占以银元计价有价证券的81.3%。另有美金善后债票、日金九六公债折合成规元面额 128. 75 万两,占以规元计价有价证券面额的 93. 66%[55]。

中国通商银行被认为是"浙江财阀直系中最有实力的银行"之一。因晚清时股本结构及盛宣怀的因素,该行与政府关系有别于一般商办银行,显得特别密切。1916 年傅筱庵执掌通商银行大权后,原已建立的与政府这种关系并没有改变,投资政府公债、以公债放款政府是该行的主要业务。1921 年,通商银行的存款和发行的钞票总共不过 900 多万元,而用公债作抵借给北洋政府的贷款在 300 万元以上[56]。

江浙财团究竟承销了多少北洋政府时期的政府公债,要得出精确可信的数字是非常困难的。不过我们从以上银行资产与公债的一般考察和中国银行、浙江兴业银行、浙江实业银行、中国通商银行的个案分析中,应该大致可以得出比较接近事实的结论,江浙财团是北洋政府公债的最主要承担者。南京国民政府成立后,上海总商会与商民协会为商会存废问题发生了激烈争论,由虞洽卿领衔的代表总商会下属各会员团体的请愿团随带的《全国总商会维持商会请愿书》指出:商会系革命团体,自 1927—1928 年"仅年余时间,上海三商会经募各种债类以充北伐军饷者总计有一万六千万元之巨"[57]。上海银行公会、上海钱业公会也在反对撤销商会的宣言中指出:一两年来,国民政府饷粮所给,"几全取资沪上,发行公债,筹募库券,无不以商会为中心,综计金额,当在一万万以上"[58]。而商民协会则以北京反革命政府所发公债也尽为商会会员承担相诘[59]。这也说明:江浙财团是北洋政府公债的最主要承担者。

## (三)江浙财团与 1921 年公债整理

如上所述,截至 1921 年政府发行公债 11 种,其未偿还额总计
315233805 元,如截至完全还清时为止,其历年应付利息达 13000
余万元。就是元年六厘公债一种,每年应付利息也在 800 余万元。
各项公债发行时虽都指定确实财源作为还本付息之抵款,但实际
上除七年公债有庚子停付赔款、三年四年公债有常关收入和德、俄
停付庚款担保尚能如期还本付息外,其他各债担保都不确实,"因
此有应还本而不能还本者,有应付息而不能付息者"[60],这使政府
债信受到严重影响,多数公债票价格日趋低落。发行最滥的民国
元年、八年公债的市价跌至票面额的十分之二三,而民元年六厘公
债竟跌至一五折[61]。所有已发公债以 1920 年 12 月市价约计仅现
洋 20000 万元[62]。债价低落使银行存放款业务受到严重影响,其
最明显的是,政府公债发行利率虽仅六至八厘间,但因买卖市价均
在票面额以下,如七年长期公债、元年六厘公债,其实际利率理论
上达到四分左右,社会人士因此不问其担保确实与否竞相购买,以
致银行吸收存款受到严重影响。

债信受损、债价低落,使政府继续发债发生困难,更使持票人、
特别是银行利益受到严重损失。银行界因此把"内债之整理视为
要图,并认为系首先应行改革之事"[63]。1920 年 12 月,由上海银行
公会发起的首届全国银行公会联合会在上海银行公会召开,会议
议决向国务院、财政部提出整理内国公债建议案。建议案概述了
民元以来政府公债发行概况,各债担保财源不确实及债价低落情
况,指出"若不迅速整理,则信用愈堕。应请政府迅将元年八年等
公债截至发行,一面依照三四年公债办法,以关余及常关收入全
数,交税务司专款存储,作为整理各项公债基金,不得流作他用,以

后非有确实担保,不再发行公债。庶使国家已堕之信用,可以换回于万一"[64]。《银行周报》于 1921 年 2 月刊文,论述了内债整理的必要性,指出内债整理与财政整理相辅而行,方能收到实效,"必赖整理岁入以巩固财政之基础,而后始能维持公债之确实者也"。因此。文章就内债整理提出三点意见:(1)今后对于岁出,均以确定之岁入以为支付之财源,不得再以募集公债为支付岁出经费之财源;(2)今后维持公债之信用,均必须如期还本付息,俾保障购买公债者之确实,关于支付公债本息之资金,不得移充他项用途;(3)关于国债之整理,应设立特别监视机关,由审计院院长、审计官及国会议员与全国各地银行公会总商会合组委员会[65]。

北洋政府不得不接受整理公债的建议。指定由中国银行副总裁张嘉璈拟定整理办法及全部计划。张嘉璈提出的整理方案要点是:(1)要求政府指定财源,由银行组织债权团代表持票人管理,由一位与国内政治关系较少的人如总税务司,负责公债的还本付息。(2)将无确实还本付息基金的公债通盘筹划,使所有发行的公债都有还本付息保障。(3)对贱价发售和时价下跌的公债确定相当折扣和还本时间,提早抽签还本。(4)将发行额为数不多的公债酌定折扣,立即清还。(5)基金来源主要从盐税、烟酒税等收入中划出部分作为基金交总税务司转银行专款存储,如基金偶有不敷时由银行设法协助解决[66]。

上述方案报财政部后被全部采纳,财政部还就整理公债确定本息基金规定了具体实施办法 9 条。主要内容为:将民国元年、八年两年公债,另换给整理债票,元年和八年每 100 元债票换得新债票 40 元。自 1921 年起,以各常关收入和关余,除偿付三年、四年公债及七年短期公债外,所有余款,悉数作低。不足之数再有盐税项下每年提拨 1400 万元及烟酒税项下提拨 1000 万元,合计 2400

万元作为还本付息基金[67]。

对于这次公债整理,虽然当时报刊舆论也有指责。如有的说这项整理计划骇人听闻,从国家信用方面讲,这项计划实际就是国家否认国债之六成。还有的说整理案所谓的内债基金,仅是纸上之基金,所谓内债整理也仅是纸上之整理,认为这次整理除了将民元、八年公债以文字改定为四折偿还外,别无根本整理之方[68]。但总体来看,这次公债整理是有成效的,得到了江浙财团等持票人的肯定。徐寄庼指出:"自有整理案以来,债信日渐巩固,人民购买力日益增加,以致价格逐渐涨高,银钱两业借此为调拨之具,……神益金融实非浅显"[69]。上海《银行周报》也指出"我国内债基金,自民十整理案成立以来,信用渐著,各项公债,还本虽间有衍期,而付息则均按期履行"。[70]1922 年 4 月,上海银行公会在向全国银行公会联合会第三届大会提出的《整理内国公债并筹善后方策案》也指出:"民国十年春间,银行界因鉴于财政现状之不良,对于内国公债之整理,视为要图。因此有内债整理计划建议于政府,其后幸能实行。于是紊乱无绪之内债,总算有一办法。"[71]

## (四)江浙财团对北洋政府公债政策的牵制、抵制和反对

大量承购政府公债使银行的命运与政府紧密联系在一起。而北洋政府时期军阀连年混战,政局动荡不已,政府更替频繁,而且后任政府往往不承认前任政府债务,因此经营公债有很大的冒险性。北洋政府时期,因政府更替频繁,常常导致对政府放款不能收回,不少银行因此倒闭。如 1919 年设立于上海的大中商业银行,1921 年年底"因财政部军政各费,异常支绌,曾为垫借巨款,救济急需,并代部出立存单 210 万元,渡过难关",大中银行和财政部的合同规定,政府将在 1922 年 1 月份的盐余项下如数拨还借款,

但 1922 年爆发直奉大战,"债权旋入政潮,不但到期借款,财政部未予照约拨还,且代书存单,一时纷纷核兑,致将大中总分行 11 处,一律牵连停业"[72]。中国通商银行 1921 年以北洋政府发行的崇文门津浦路货捐特种库券作抵借款给北洋政府财政部 100 万元,到期无法偿还,又增加盐余库券和九六公债作抵,通商银行多次催还,收效甚微,终成呆账,到 1935 年积欠本息已达 230 多万元[73]。残酷的现实使江浙财团一些银行家认识到承销政府公债的风险,主张银行应与政府财政保持距离,坚持银行独立发展。钱新之就指出:"金融与财政的联姻,虽然有时有利可图,但总的形势,却是弊多于利,甚至要冒覆灭的危险"[74]。

为了维护自身利益,江浙财团要求政府切实保障公债基金、整理财政、裁兵歇争,并极力反对滥发公债。

首先,他们极力要求政府切实保障公债基金,保证已发公债按期还本付息,对无担保内债进行整理。

中国公债基金始于 1921 年 3 月 3 日,规定每年拨出 2400 万元作为公债基金,由常关、海关、烟酒税、盐余项下筹拨,常关收入以及海关关余除一部分担保民国三、四年公债及七年短期公债外,其余悉数拨充此项基金,倘再不足数,则由盐余内拨充 1400 万元,烟酒税内拨充 1000 万元;在烟酒税未经整理以前,不能按期拨付基金时,由交通部盐余项下每年拨充 600 万元;此项基金统由总税务司安格联保管[75]。有识之士把公债基金视为公债之生命[76]。江浙财团因持有大量政府公债,公债基金、政府债信直接关系其利益,因此高度关注公债基金,极力要求保障该基金、维护债信。但该基金后因烟酒税一直未拨,交通余利及盐余项下也先后停拨,遂于 1922 年变通办法"改为由关余随时指拨"。驻华外交使团早已觊觎不断增加的关余,便以外债本息偿付经常延期为由向北京政府交涉,要求中国政府使用内债基金抵付外债。此事在报上披露后,立即遭到江浙财团及全国金融工商界的反对。1922 年 2 月 16 日,上海总商会、银行公会、钱业公会、股票公会联合致电北京公使团,严正指出"关余已指拨整理内债基金,债权所关,中国政府不能任意提用或指抵"[77]。5 月 11 日,上海银行公会、钱业公会联合致电总税务司安格联:关于内债基金请根据条理办理。6 月 6 日,上海证券商业 75 家同业及执有公债债权人全体函请上海银行公会转请国务院财政部,指出近来公债因基金问题致价格一落千丈,查公债整理基金内有烟酒税与关余、盐余一并为基金的款,而仅上海纸烟税局本年收入即达四百余万元,直接解公府充大总统之用,因此要求将上海市纸烟税全部拨归公债基金[78]。7 月 17 日,银行公会电北京银行公会转财政部财政讨论会,指出"公债要业即在基金,基金动摇将安取信? 今请切实规定所有关盐指款,应请按期照拨并交由公会银行共同保管,再由政府明令实行,俾众周知,庶于原有公债基金得有保障,并于将来新公债之发行亦尚可预留余地"[79]。

此外,早在 1922 年 3 月,财政部就呈总统批准,以切实值百抽五后增收之关税,先拨整理内债基金,次及九六公债基金。但该年12 月 30 日,英、法、美、日四国公使向北京政府联合提出"以增加关税为整理外债"的主张。江浙财团对此立即作出了反映。1923年 1 月 6 日,上海总商会邀请上海银行公会召开紧急会议,专门讨论外债可能牵动内国公债整理基金问题。与会代表对此深表愤懑和不安。银行公会会长盛竹书指出:"内债动摇,非但危及银行,于社会生计亦有关系,盖内债发行以来已十一年,慈善公益机关均有购存。……江浙两者持有此项债券者已属不在少数,而证券交易所亦颇多以此为抵押品。"总商会副会长方椒伯说:"外人欲移转内债担保,事[时]机已迫,不得不急起直追。"公债基金不但事关持票人,与全体上海市民都密切相关中,"因票价跌落,全市商业均将被累也"会议议诀致电财政部、总税务司、四国公使据理力争。[80]。会后第 3 天,上海总商会、银行公会、钱业公会联名给北洋政府、总税务司安格联、领袖公使及外交部发出四份电报。致政府电要求切实履行诺言,"内债基金应照十年三月整理原案及九六公债条例,切实履行。其余无担保之内外各债,亦应统筹全局,确定一整理办法,则使外人之责言自息,而内债之基金永固"[81]。致安格联电对其"必竭力维持其(指关余)已成立之优先权"的声明表示"至为欣慰",指出"十年三月整理案,本以关余为第一基金,无论何方,不容擅提,至切实抽五后增收之款,……已有财政部呈奉大总统批准,此项增收之关余,先尽整理基金,次及九六公债基金,并查九六公债条例第五条内亦有同样规定,如欲擅行提用,阁下以受托人资格,当然有抗争之责"[82]。致外交部电竭力晓以利害,指出政府先后发行的各项内债票面"数共三万余万,非但散布全国商场,抑且中人之家视为恒产。[内债]基金一有动摇,无异制全国之死命。洋商在华商业,亦将牵连俱仆,殊非利己利人之义",要求通过外交途径,"切向四使开诚商阻"[83]。致领袖公使转英、美、法、日公使电则力图从内债基金动摇同样损害部分外商利益来争取同情,指出切实值百抽五后增收的关税早已指定用途,请切实履行;"至此项九六公债,实为内外商民所共同持有,而持在洋商手中者为数亦属不少。基金一有动摇,内外商民均有巨大影响",要求"对于内外共同债权人早已确定之担保,加以尊重。"[84] 1923 年 7 月 19 日,上海银钱业、证券业、商业公团联合集议内债基金维持办法,鉴于总统出走,内阁无人,中国已陷于无政府的状况,主张"集合各地方入会银行,联成一起,组织委员会,由委员会妥定办法,请求安格联依法执行,庶几安格联受人民委托,对于非法命令,亦可以严词拒绝"。[85]

在江浙财团及全国商民的抗争下,北洋政府于 9 月 21 日发表声明表示:新增关税已指明用途,即以五厘增加关余充内债之担保,并扩充而为 1922 年九六公债之担保。这引起四国公使的不满。1923 年 10 月 12 日,英、美、法、日四国公使联合向北京政府发出通牒,对中国政府关于新增关余充内债基金的声明表示"抗议",并声言外债具有超越内债的优先权[86]。通过贿选刚宣誓就任"总统"的曹锟不惜迎合使团的要求以换取他们的支持,竟主张停止内债还本付息一年,挪出 2400 万元,以 1400 万元整理外债,以1000 万元补充政费。这激起江浙财团的愤慨,上海银钱业两公会10 月 22 日电北京财政整理会指出:"恶信传来,人心汹惧,内国债票,散在全国,大而关系全市金融,小而关系个人生计。基金倘有动摇,不但扰乱市面,抑且社会安宁亦将受破坏之影响。况现时债票市场流通无虑数千万,散在外人手中者亦不在少数。债票设成废纸,彼时必又有意外之交涉发生",要求一方面对无担保之外债紧急筹措整理方法,务"使外债基金有着";另一方面为"安人心而维国信","万不能任意攘夺,牵动内债已定之基金"[87]。《银行周报》刊文以事实说明:无抵押外债并没有超越内债的关余担保优先权,而内债具有优先权[88]。上海总商会于 10 月 27 日召开第 22次常会,一致认为:此项通牒妨碍内债合法之优先权,本会应当抗争,遂拟就致全国金融及持券人之通电。该电严正指出:"此项关余,我国有完全运用之自由,断无受人干涉之余地";"内债取得[关余]优先之担保权已有一两年之久,物各有主,岂能强同"。至于外债之如何改换担保,"债务人应有选择之自由"。最后重申:"内债之担保品,其优先权早已确定,不能由任何人轻易推翻,以致危及金融,扰乱市面",要求全国金融界群起抗争,维持内债前途[89]。

因内债基金掌管权操诸总税务司安格联之手,所以安氏态度如何对于内债基金关系重大。11 月 2 日,上海总商会、银行公会、钱业公会特地为返美度假后回华复任途径上海的安格联举行欢迎会。总商会副会长方椒伯在讲话中对安氏声明维持公债优先权根本原则,"以不偏不倚之观念,作公平正直之言论"表示赞赏和感荷[90],希望在他继续掌握海关行政权力期间,坚持既有声明。银行公会会长盛竹书代表上海银钱两业团体希望安格联"仍旧贯彻昔日主张",解释四国公使的误解。安格联在答词中重申他维持公债优先权的原则,表示只要他"与闻整理公债一日,必不使此种办法之破坏";认为舍此方法,不仅无从入手,"抑且足以引纠纷,故无论如何决不牺牲此种方法。"[91]江浙财团策略地争取安格联并取得成效,对于阻止四国公使挪动内债基金起了重要作用。

鉴于安格联自 1921 年整理内债时受命经管内债基金后"颇能维持,克尽厥职,极为全国商民所信任",江浙财团主张设法保障安氏的地位和职权。在 1923 年的第三届银行公会联合会上,上海银行公会提出"总税务司安格联君经管整理公债基金责任重大,应共同保障其职责,以免贻误案",提议共同维护安格联整理内债基金经管人的地位[92]。

其次,他们反对滥发公债,拒绝用于非生产事业的政府集款,吁请全国商民在政府对财政有切实整理之前,拒绝一切内债库券。

江浙银行界认为:银行界肩负调和金融之责任和监督财政之义务[93]。公债确实之基础既在合理岁出入基础上的巩固的财政,那么在政府对财政有切实整理之前拒绝一切内债。1919 年,全国银行公会联合会宣布:"政府对于财政计划设无根本上之改革,则银行界对于中央或各省借款凡流用于不生产事业者,概不再行投资",而只承担"确为生产事业之借款"[94]。1921 年 3 月,北洋政府在江浙财团等全国商界尤其是金融界的支持下进行了第一次公债整理,然旧债整理刚就绪,政府又发布十年公债条例拟发新公债,上海各法定工商团体纷纷电请政府停止发行。上海总商会即发出《请停发十年公债电》,电文说"政府年来为补充政费,滥发内债至二亿数千万之巨,贬价求售,充斥市场,直接妨及金融,间接增加国民负担,今春采银行公会之建议,将盐余忍痛牺牲,方始整理就绪。覆辙未远,讵宜再蹈。乃时未数月,忽有十年公债条理之发布。以言用途,则债券尚未发行,而各省已索领一空;以言担保,则印花崇文门税津浦货捐,早有他项债务指作担保,且印花多由各省截留,崇文门税历充公府经费,即担保中比较确实之邮政盈余,亦经交通部呈准半充航业奖金,半充该部用费有案,均非确实可靠的财源。是此项债务之发行,实足扰乱市场,应请明令即日停止"[95]。上海银行公会也致电国务院、财政部停发十年公债,电文说"旧债整理方始就绪,人民痛苦尚未回复,基础甫经筹定,忽有十年公债之发行,担保既不确实,用途亦未宣布,经公众承认与银行公会历次建议相背,兹经公决凡公会从前议决方针必须贯彻,对于十年公债绝对不能承认,请明令停止发行,以维债信而保大局"[96]。银行公会同时电北京银行公会,建议以全国银行公会联合会名义宣布十年公债"概不与闻",并请北京银行公会通知各地会员银行不买卖该公债、不以该公债做押款。因全国商民、特别是江浙财团的反对,北洋政府最终放弃发行十年公债。

但北洋政府为济财政之急,在来年继续我行我素发行新公债,使 1922 年发行的公债、库券达 4 种、计 8319 万余元,成为 1921 年内债整理后发行公债最多的一年,江浙财团反对发行公债的呼声也更高。该年9月发行八厘短期公债消息披露后,9月26日,上海银行公会会员会就把"旧欠未清,信用不树,本公会是否可任其滥发"作为主要议题,提出治标办法先通电反对,"治本之法组织持票人会,积极进行",议决先取治标之法通电并登报发对[97]。9月27日,上海银行公会连续发出"致大总统及国务院电"、"致财政部电"、"致各埠电"及"上海银行公会通告"。致总统、国务院电指出:"公债失信,流毒社会,人民怨嗟,遍及全国",此次政府发行新债各报宣传后,"沪上全市骚动,人民异常愤激,群筹抵制之法","务恳迅饬财部停发新债,速筹巩固已发公债信用,以[  ](凝为安字)人心而固邦基"[98]。致财政部电恳请财部"尊重民意速筹巩固已发公债信用,保障未经偿还各债,然后再谋续发计划。"[99]。致各埠电及上海银行公会通告说:政府对于新公债仍积极进行,业已颁布条理,"是政府既不爱我人民,我人民亦惟急谋自卫,兹经鄙会公同议决,此后政府如有新公债发行,凡我银行界概不收受抵押,并警告各地证券交易所勿再代为买卖,庶发行无效,民困得苏,不特金融不致扰乱,商业亦得安宁,务请各发天良,一致行动,以培民脉挽危局"[100]。同日的致总税务司电说:"报载政府发行十一年千万元新公债,已得阁下同意。深为惊异。兹经全体开会,皆以已发行各项债券付息还本延期不发,上海金融界断不能再代政府买卖此项新公债或做抵押。阁下众望所归,谅表同意,务乞向政府阻发新公债,以维金融之安宁。"[101]安格联表示,发行公债是政府的事,新公债担保品能满足,则愿"承办斯役"[102]。上海银行公会即再电安格联,表示"新公债千万担保品可靠谨悉。但旧公债如整理金融等基金,曾托阁下保管,现竟衍期还本,若仅云十一年公债担保品可靠,仍不足以昭大信。务乞竭力维持整理公债旧案,勿再被政府胁迫,再发新债"[103]。上海华商政权交易所也于9月30日电财政部说"公债失信,人民受累,鄙所营业大受影响。此次政府发行新公债,无论担保如何确实,前车可鉴,何能取信于民,鄙所为证券流通唯一机关,必须政府将已发行之公债按期发息还本不再失信,庶使续发债票得以畅销,否则鄙所市场难碍流通"[104]。同年10月,银行公会发出通告,指出:"公债失信,流毒社会",要求北京政府停止发行新公债,并呼吁全国银行界采取一致行动,坚决予以抵制。

1923年2月10日,上海总商会、上海银行公会、钱业公会联合发出《致全国各金融机关请一致拒绝政府承募一切债券通电》,电文说:自民国成立,内乱频仍,政纲解纽,军阀恣[　],各省截税款以养兵,中央恃借债以度日,罗雀掘鼠既穷,剜肉医疮亦何惜,于是优其回扣,啖以重利,我各金融机关,或迫于爱国之热忱,或动于当局之劝诱,坠其谷中,贷款维持,徒因一时之失察,遂受无穷之损害,容或手续未加审慎,利害忽于考虑,启舞弊之嫌疑,受法律之制裁,即使用途正当,条件平凡,而以国家库藏支绌,到期本利无偿,不得已化零为整,改旧为新,实际上则如水益深热,终至无可超拔,金融因而阻滞,营业感受影响,凡此情形,已有数见。……求苟全于一时,而苟全终不可得。今日贷款于甲,明日乙起援例,甲乙之变化无穷,金融之供给有限,贪心既起,诛求何厌,何如主持正义,碗词拒绝强暴之来付之公论。……本会讨论再四,以为裁兵救国中外同声,而国民之呼号,纵使声嘶力竭当局终乏采纳诚意。故非予以深刻之苦痛,不能启其彻底之觉悟。用敢昭告全国金融机关曰:自本日起,我金融界同人,对于中央政府或各省军民官厅,无论用何种名义承募一切借款债券,概予拒绝。要求通过各地银行公会、钱业公会、总商会,号召各金融机关"切实履行,视为信誓"[105]。但北京政府却一意孤行,当1923年3月报载北洋政府准备发行十二年公债 1200 万元后,上海总商会、银行公会、钱业公会即致电国务院、财政部,指出频年政府因军费无度,滥行借款,以致担负骤增巨万,国民久已深恶痛绝。本会曾通电中外,在政府未实行裁兵及整理财政以前,勿再承受借款。现政府拟发行新公债,本会誓不承认。同时电北京参众两院及北京银行公会,要求两院勿再"为政府甘言所诱","依然拒绝";希望北京银行公会"通告各行,勿予承募"[106]。以上海银行公会为核心的全国银行公会第四届联合会还向上海、北京、天津、汉口、南京、杭州、南昌等全国各银行公会发出公告,指出"政府积欠内外债本息为数甚巨,清付无期,若长此因循,贻害何可胜言。本届联合会议公决以为正本之策,首在清源,当此内外债未经整理实行以前,各在会银行不得单独或联合承募及购买或抵押政府发行之新公债,以及其他类似公债之证券等项,以期警促政府早日从事财政根本上之整理。倘有违反此约者,各在会银行即一致与该银行断绝往来,以示坚决。"[107]

最后,江浙财团极力吁请政府裁兵、军阀息战。

北洋政府和地方军阀滥发公债库券的主要用途是为了筹措军费,进行内战。滥发公债库券使还本付息无着,内战又使工商业发展受到重大影响。所以,江浙财团在呼吁停发公债、吁请全国金融工商界在政府对财政未有切实整理前勿再承募一切公债的同时,极力吁请政府裁兵息战,而且常与理财、制宪相提并论,希望由此使中国出现和平、秩序、法治的局面。1922 年 12 月,上海总商会常会讨论裁兵、理财、制宪问题,一致决议设立专门委员会专案办理,由袁履登、闻兰亭、冯少山、朱吟江、田时霖、穆藕初、方椒伯等20 人任委员。总商会随即发出《致北京政府电》、《致北京参众议院请规定裁兵、整理财政办法并速制宪电》和《致各商会请一致主张裁兵、整理财政、制宪三义通电》。致政府电要求政府将自民国

元年至十一年所有逐年收支款项数目、用途及内外债确数合同全
文造册公布,听候稽核。倘逾期不能履行,或空言以为搪塞,国民
惟有行使约法赋予之权,起而自决,"特电警告,即候裁复"[108]。前
电指出:"十稔以来,兵祸相仍,国无宁日,握军符者,以部曲之多
寡分强弱,以军储之丰啬判胜负。于是竭全国之力以养兵,即挟其
莫大之兵力以敛饷,因果相生,如环无端。失业满野,萑苻四起,部
曲之抒轴已空,行省之债台高筑,任其日复一日,非驯至鱼烂瓦解
而亡,即趋入国际共管之域"。救亡图存要义凡三:(一)"将现有
之军队竭力裁减,以足敷维持治安为度"。(二)"整理财政,收支
公开,公共之财源,应专用于维持公共事业,绝对不许供一系一派
之私用"。(三)"迅速制定适合国情之宪法,并于宪法中列入专
条,凡设置类似督军之军职,以及军人干涉政治,均为厉禁。"同日
发出的致全国总商会、商会电重申了上述主张,并号召"全国商人
一致主张,成为国论,各以百折不回之精神,挽此亘古未有之危险
局"[109]。1924年北京政变后,直系垮台,江浙财团代表人物虞洽卿
等力促段祺瑞出山主持大政,废督裁兵[110]。段氏执政后,虞又电段
提出四项"要务",即废督裁兵、整理财政、振兴实业、改良选政。
他认为:"方今要务,莫大于废督裁兵,早裁一日,即早脱一日人民
于水火";整理财政"宜严定量入为出之常经,破各省把持截留之
积习。再与各国商加二五关税。然后举全国之岁入先以整理债
务,次以支配政费,再次支配军费,至于商加关税,应专为整理无担
保之内外债,并补助实业、安插裁兵、移民屯垦之用"[111]。

　　江浙财团关于废督裁兵等主张很快得到全国工商界的响应,
北京政府和地方军阀也迫于压力,纷纷通电"响应",使20世纪20
年代前期的中国出现"废督裁兵"热。但结果是"政府日日昌言裁
兵,而事实适得其反"[112]。军不但没有裁,大小军阀还"只管日日

扩张军队",军费随之不断增加。1922 年时北京政府每月军费为
1050400 元,1925 年 9 月时每月军费增至 3068143 元,1925 年 10
月更增至 5735143 元[113]。在军阀当政,内战频仍的年代,要军阀废
督裁兵,无疑是与虎谋皮。但江浙财团吁请整理财政,特别市昭告
拒绝承募一切公债不能说没有一点效果。因江浙财团等的反对,
北京政府放弃了拟发的十年公债、十二年公债,从 1922 年以后,北
京政府发行公债确也相对减少,尤其是 1923 年仅发行了使领库券
500 万元。

## 三、江浙财团与关税特别会议

1925 年召开的关税特别会议虽然无疾而终,但在中国近代海
关史、对外关系史上仍有一定地位和影响。以上海总商会、银钱业
公会为主体的江浙财团虽然没有直接参加关税会议,但因会议与
商界关系至重,因而对会议高度关注,并通过多种方式对会议施加
影响,力图使会议结果有利于商界经营和中国经济的发展。

### (一)会前的筹商研究

关税特别会议是根据华盛顿会议《九国间关于中国关税税则
之条约》而召开的。该条约规定:"各国允于本条约实行 3 个月
内,在中国会集,举行关税特别会议,其日期与地点由中国政府决
定之",会议目的在于议决中国对于应税进口货征收二五附加税
的开征日期、用途和条件问题。北京政府为缓解财政困难急于召
开此次会议[114],但各国对此并不积极,法国借口"金法郎案"迟
不批准该约,直到 1925 年 4 月北洋政府作出让步使该案解决后才
表示同意召开。8 月 5 日,九国公约国在华盛顿互换批准公文,条

约正式生效。北京政府随即设立关税特别会议委员会加紧会议筹备工作,关会于是成为全国注目的问题。江浙财团也积极研究关会相关问题、征询关于关税问题的意见,进行相关准备工作。

早在金佛郎案解决后不久,《上海总商会月报》就发表了《未来关税特别会议中之问题》,列出会议应讨论的问题,并提出了看法。文章认为:依据华盛顿会议行将召开的关税特别会议是中国摆脱不平等条约关于关税问题束缚的良机,但会议前途荆棘乃多,会议"结果如何,要视国民之努力"。文章指出:关税特别会议的任务是要议决征收海关附加税的日期、用途及条件,奢侈品的范围及税率,裁撤厘金及增征关税至值百抽12.5%的办法,议定修改进口货海关章程及陆路进出口货物征收关税办法等。这些问题看似简单,其实都异常复杂。"或系目前一时利益,或开将来永远主权,非有缜密之考究,妥当之办法,决难折冲樽俎,收于议席之上,万一应付偶疏,必致主权国脉,永受其害,而贻国家百世之忧"。所以,文章号召经世之士,迅速起来研究,以为关税特别会议之预备[115]。该文在促使上海商界重视关税会议、动员上海商界研究关税会议诸重要问题方面具有重要作用。

北洋政府正式决定于1926年10月召开关税特别会议后,上海总商会于8月29日举行常会,就行将召开的关税特别会议提案问题进行讨论。会议议决以关税自由为一致主张,并分函总商会会员征求意见,还推定会董劳敬修、王晓籁、顾子盘、沈燮臣、何积瑶设立关税委员会,专门研究关税事务[116]。不久,总商会增推宋汉章、吴蕴斋、王介安、赵晋卿、冯少山、叶惠钧、闻兰亭、马寅初、徐沧水等为总商会关税委员会委员[117]。鉴于关税会议"不独国际关系重大,而与商民利益亦多切肤",总商会惟恐设立委员会专门研究仍有疏漏,又通告各界,广征关税问题意见[118]。总商会关税委员会顾问潘忠甲随即在《上海总商会月报》发表长达2万字的《解决关税十大问题》长篇意见,包括撤废协定税则之办法、最惠国条款之解释、二五附税抵补裁厘之主张、税款存放旧章之恢复、船钞协定之废除、华洋不平等待遇之矫正、修改税则之自主及参加、出厂税华洋一律待遇、产销税不宜举办之理由、宣告免税及禁品之自由等[119]。9月12日,总商会常会通过《筹备关税会议案》,议决以潘忠甲所提出的十大问题意见作为拟向关税会议提出意见的蓝本[120]。

上海银行公会等其他重要同业团体除派代表参加总商会有关会议和总商会关税委员会外,也纷纷召开会议、成立专门组织进行研究,提出意见。

银行公会鉴于关税会议及增收二五附加税用途等问题与银行界关系密切,在1926年9月4日的公会董事会上议决成立关税会议研究委员会,以详加研究,提出意见,公推公会正副会长倪远甫、孙景西及盛竹书、李馥荪、徐新六、冯仲卿、徐沧水为研究委员[121]。上海机制面粉公会也因关税会议召开在即于9月中旬召开上海各厂代表会,议决组织面粉业税约研究委员会,推举顾馨一、荣宗敬、方蛰尹等为委员,共同研究。委员会很快提出了"意见书",指出"洋粉进口,照约免税,年来源源输入,成为营业大宗;华粉输往各国,税率极重,……现在关税会议开幕伊尔,粉业同人为国权计,为自卫计,不得不贡献其刍荛,以备采择"。"意见书"提出:应"规定洋粉进口免税额数,列入议程,如进口洋粉超过定额,则须征税,既符约章,又裕税收";同时,"应于会议席上,提出华粉运往各国,援洋粉进口免税之例,商定免税额数,逾额不妨征收,但税率亦须减轻,以昭公允。"[122]华商纱厂联合会董事会也认为关税会议关系棉纺业甚巨,于9月间致电政府希望允许推派代表出席,并于10月1日议决以关会委员会委员王正廷兼作为该会关税会议正式代表,同时请上海各厂主及该会书记随时赴京接洽[123]。但关税会议委员会复电,仅允纱厂业推顾问1人,纱联会即于10月15日推该会副会长、江浙财团重要人物荣宗敬为关税会议顾问。

总商会对于关税会议以关税自主为根本主张,而关税主权又与不平等条约联系在一起。所以,总商会关税委员会主任、江浙财团领袖之一的王晓籁在9月中旬致书总商会,提出应该把废除不平等条约与关税自主同时并进。他说:关税会议的目的"在争回关税自主权,变协定而为国定,而中国[关税]自主权之被侵损,其症结在历来之不平等条约,故欲仅仅于关税会议中争回关税自主权,恐藉口多而把握少,鄙意宜更进一步,一面于关税会议中当力争税权之自主,同时并应积极从事于修改不平等条约",如废约事成,则"关税自主,自亦迎刃而解"。他认为,废约虽有难度,但德意志、澳大利亚、苏俄等国的不平等条约已废除,大势所趋,非少数国家之强权所能遏止,"而关会与改约两者同时并进,一可以表示我国外交之决心,二可以互为声援,壮折冲之气"[124]。

总商会还利用各国关会代表途经上海的机会,积极与之联络、沟通,阐明协定关税对于中国经济及中外贸易的影响,声明坚持关税自主的立场,争取各国的同情和支持。10月20日,总商会公宴赴京出席关税会议途经上海的英、法、意、比、葡5国特派出席关税会议代表,总商会正副会长虞洽卿、方椒伯及总商会会董王晓籁、沈联芳、赵晋卿、姚紫若、劳敬修、祝兰舫、孙梅堂、沈燮臣等出席招待会。虞洽卿在欢迎词中说"此次关税会议,足开中外邦交之新纪元,促进彼此相互之谅解及同情。数月以来,敝国人士对于关会问题,异常注意,业经悉心讨论,因其关系中外商业与邦交至重且巨。吾国为世界重要市场,对于国际贸易,实有莫大之方便,则各国对于关会,当也视为极端重要。固不仅我华人为然也。"我国现有的关税制度,有损于我国的经济发展,同时直接间接减弱人民的购买力,"吾国人民虽极愿振兴中外贸易,终因力有未逮,而不能有大规模之进展",所以全国国民"深盼关税问题之解决",解除协定关税之束缚,使中外间商业有宏大的发展,使中外商人皆蒙其利。上海卷烟业领袖陈良玉代表全国商业联合会在欢迎词中说"敝国商民一致主张关税自主",希望诸位代表赴京参与会议,主张公道[125]。

关税会议召开前夕出版的《上海总商会月报》发表了《关税会议与关税自主》的专论。文章论述了关税会议召开的背景,指出关税会议根据华盛顿会议九国公约而来,而华府条约与从前中国与各国订定税则的条约精神是一贯的,中国丝毫不得自主。所以关税会议的意义就是承认协定税则的继续,同意受八国的共同处分。文章分析了英、日、美、法等主要国家对关会的态度,认为关会终难实现关税自主。文章提出,人民对于关税会议必须坚持关税自主,因为"关税自主之能否达到,关系本国工商业之盛衰,立国大计也。而工商团体对之尤有切近之利害,亟应注意于此,集会研究,详考利害所在,洞彻发表,作一种有力之主张运动,一面使国人共知共晓,一面督促政府当局不为近利所惑,一面向列强力争。"[126]

关税特别会议前江浙财团对关税问题的研究和关税自主的宣传,加深了包括商界在内的国人对关税问题的了解和对关税会议重要性、实行关税自主必要性的认识,也为政府筹备关税会议,准备相关提案,提供了决策参考,对营造关税自主的舆论氛围也具有重要作用。

## (二)会间的建言献策

1925年10月26日关税特别会议在京开幕后,江浙财团十分关注会议的动态,并针对会议进展情况不时提出意见和建议,发表评论,对会议施加积极影响。

关税会议初期的磋商重点是关税自主问题。中国代表王正廷在开幕式上即提出了关税自主提案,关税特别会议第一委员会即关税自主委员会于 10 月 30 日、11 月 3 日举行二次会议,讨论关税自主、裁厘加税问题。在第二次会议上,日、美两国分别发表了宣言并提出提案,均表示原则同意关税自主。于是,政府当局与国人对关税自主有盲目乐观之势,也有人士抱悲观态度。为此,《上海总商会月报》于 11 月出版了关税会议专号,刊出马寅初《关税会议日美提案之比较》、诸青来《关税会议之名义与实际——日美两案及其互惠协定得失之研究》、梁龙《关税会议美日政策之异同》等文章。这些文章虽各有侧重,但主旨都在评析美日提案对我的得失利弊,而重点又在分析美日赞同关税自主的条件,提请政府当局引起足够重视。如梁氏指出:美案条件在裁厘,而裁厘素为我国主张,为何美仅以此为条件愿把国定关税权拱手相让? 因为美案所提厘金范围甚广,"深知吾国在今日政治现状之下,三年之内必无裁厘之能力也"。所以他提出的补救办法是发表一宣言,不以裁厘为恢复关税自主之条件,或声明厘金范围以各地通过税及限于全国 2/3 以上大商埠实行[127]。至于日案提出的互惠协定,论者均指出其名为互惠,实则不然。日案的用意在以单独协定代替现行的一般协定,而在不平等条约规定"利益均沾"的情况下,单独协定最终必然是一般协定,中国名义上收国定税率之权,实际上仍受新协定税率之束缚。针对这种情况,梁氏提出政府应速定五项原则作为进一步交涉之方针,即(1)关税自主权应是完全的,不受任何限制;(2)不能以单独协定为交换条件;(3)取消商约上最惠国待遇之条款;(4)可以作自动裁厘之宣言,但不得以裁厘为条件;(5)不得以吾国之基本工业为协定之货物[128]。

《上海总商会月报》关税会议专号同时刊出了总商会关税委员会主任王晓籁的《关税自主与自动的裁厘》、刘大钧的《关税会议与裁厘》、马寅初的《关税自主与出厂税问题》、叶景华的《实行税则自主的日期问题》等文章。王晓籁的文章是王氏等代表上海总商会出席北京全国商会联合会关税特别会议临时会的演说,也是总商会向大会提出的提案,反映的是总商会的意见。王氏指出:马凯条约二十余年后,裁厘加税成一连缀名词,"一若非裁厘不能加税,欲加税则必裁厘者";但"敝会素来主张裁厘与加税不能混为一谈,即不加税仍当自动的裁厘"[129]。

同期关税会议专号还刊出了总商会出席北京全国商会联合会关税特别会议临时大会代表王晓籁、闻兰亭、劳敬修、陆伯鸿提出的关于关税问题的提案《吾国于关税特别会议中应力持关税自主意见书》、《反对举办产销两税案》、《土货子口税华洋一律案》等。前案是总商会关于关税会议的根本主张,它指出"如果此次会议中国民不以关税自主为惟一之目标力求贯裁[彻],则工商业所受不平等条约之束缚依然,内地土货所受厘金之障碍依然";如果此次会议不力持关税自主,"再苟且偷安冀以二·五附加或办到加税十二有半为足,纾目前之急,是不啻举巴黎和会和华府会议两次力争关税自主之提案自行宣告放弃,各国益有词可籍,而以后更无提出之机会,八十年余来所受之束缚与苦痛将永成为附骨之蛆矣,此我全国国民不可不深切注意者也。"[130]《反对举办产销两税案》说:中央商约提出的裁厘之后举办销场税、中美中日商约提出裁厘之后新设出厂税,其主旨都是为加税后恐不足抵补裁厘而起,而事实上加税后增加税收抵补厘金约有余1600余万元,所以"毋庸另设新税抵补";其次,此项产销税照约由常关稽征,由海关监察,如有不合例之留难需索由英官员会审,此即产销税实行之日,即我国财政主权降为英国从属之日,为主权计产销税自不应举办;最后,厘捐税率虽有不同,然至多不过5%,而据财政当局所议产销税达7.5%,反较厘捐为重,为维护国产计,产销税也不应创设[131]。

关税会议后期日本公使芳泽谦吉遵日本政府训令于1926年1月20日照会中国外交部正式提出商订关税互惠协定要求。声称"为使中日两国之特种的经济关系更加紧密,并使两国之亲善友谊益臻敦睦起见,……由中日两国开始商订实施中国国定税则时应适用之关于税率之互惠协定"[132]。

日本提出所谓互惠协定,是出于"损人利己"的目的。因为中国是日本最大的贸易"伙伴"之一,20世纪前5年平均每年对华输出额占其全部外贸输出额的30%左右,而且日本输华商品主要是棉纱等棉制品,这些产品受到一次大战期间发展起来的中国棉纺品的竞争;另外中国输日商品主要是棉花、铁矿石等原料品。所以日本提出的互惠协定主要商品是日本输往中国的棉纱及中国输日的棉花、大豆、铁块等,其用意昭然。但中国外交部不久即复照芳泽竟对日方"互惠"要求,声言"本国政府为使贵我两国经济互相通惠起见,对于贵公使前项之提议,可予赞同及早由双方酌定各该因之特种商品,俾贵我两国共同享受互惠之利益"[133];外交部并转照关税特别会议委员会,请即核办见复。日本随即派佐分利为全权委员,催请迅即派定委员,并指定会议地点、日期。中日双方还很快拟定了中日互惠协定五原则,包括:(1)限于特殊货物数种;(2)务期从速缔结;(3)双方须含互惠之性质;(4)互惠协定与国定税率同时实行;(5)最惠国约款,不是用于互惠条约[134]。

江浙财团获悉后,即向政府部门陈述日方所提"互惠"协定对中国的危害,并就协定商品种类、期限等提出意见和建议。3月1

日,总商会电外交部、财政部和关税委员会,要求将夏布、绸缎等货物列入中日互惠协定减税货物之列。"报载中日互惠协定,已决定办法八项,日允许协定之华货,只限于棉、豆、铁块、生麻等,彼可利用之原料,名为互惠,乃系片面,且年限太长,应请将夏布、绸缎、陶瓷等,凡可以销韩之大宗熟货,要求列入协定,并将期限改为3—5年,否则宁愿罢议"[135]。华商纱厂联合会也电请将绸缎、夏布列入中日互惠协定[136]。上海总商会致函横滨、大阪、长崎、神户、仁川、朝鲜等地中华总商会,要求各地商会根据当地华货销售情形,提出应列入互惠协定的商品。"中日互惠关税协定一事,日本已派定专员与我国将次开议,并据报载已事先商定办法八条,将来即据此为蓝本开议之说,……此事关系吾华对日贸易甚巨,此时稍欠审慎,即足为将来无穷之累,拟将贵会就在日华货行销情形,各抒所见,何者统宜加入互惠协定之内,详于查明,迳行分电外财两部及关税委员会,俾资采择。"[137]

3月14日,总商会关税委员会主任王晓籁提出《对于中日关税互惠协定的意见》。他首先指出:中国向以农业立国,工商业方始萌芽,进口均为制造品,出口多原料品,如"徒慕互惠协定之名,则外人利用我国原料,加以制造,又输入我国,吸我金钱,名为互惠,实则惠而不互",这是当局最应注意的。接着他就日方提出的互惠协定品目,结合1924年的中日贸易情况,分析了所谓的"互惠"协定对中国财政经济的影响。"日本输入中国商品,照十三年度,棉织物棉纱砂糖水产物纸类五项之进口数值,总计约13600万两,今日本声明协定税率为7.5,……若援去年美国提案所谓普通商品在关税自主过渡时期按12.5税率征税,则吾国此项对日协定之损失为百分之五,将来关税自主,国定税率实行,其平均税率应较12.5为高,则此项对日协定之损失更不止百分之五。"从经济上说,日方发互惠协定,"尤有详细考虑之必要,日本输入中国之棉纱本色棉布及砂糖等纯为国货竞争之劲敌",我政府对于此类商品协定税率,应以勿使外货侵入国货市场为唯一方针。最后,王氏提出了应对日方所提"互惠"协定的建议:中国应依据关税定率关于互惠协定相关条款减免输出商品税,另外即使不变更日方提出的协定品目,中方也"宜速声明协定品目,不采货品数目等同,而采货价等同。同时须将我国之工艺品如夏布、茧绸、纸、伞、木器、地毯、景泰蓝等以及原料品并半制品之生牛皮、野蚕缫丝、丝茧、菜籽等一并列入为特殊互惠货品",还应根据互惠协定国际先例"声明于相当期间或特别情形,有声[申]请改正之权"[138]。总商会对王氏意见非常重视,即于3月17日电财政、外交两部并将王氏意见全文转呈[139]。

关税会议进行到1926年4月中旬便逐渐瘫痪,到7月各国正式声明自行停止关税会议,关会便无疾而终。关税特别会议委员会的声明说关会停顿的"责任应由各国负之,中国方面不负何等中辍之责"。但真实原因确如当时舆论所说,是"中国时局影响为多"。北方的无政府和南方革命势力的发展,使英美等国"南倾","与北方乃成绝不相容之势"[140]。江浙财团对关税会议的态度自4月后,也热情锐减。内中原因除了会议本身的变化外,更重要的也是因为中国时局的变化,而倾向于南方政府,江浙财团代表人物王晓籁、虞洽卿尤为明显。虞氏派女婿盛冠中与王晓籁应广东政府的邀请于4月赴粤"参观",虞本人也与同月得到日本商会联合会和外务省关于赴日大阪参观电器博览会的邀请函,并于5月20日率58人的以上海商界为主的中国商界代表团赴日[141]。虞洽卿访日期间曾说:"中国政府完全系过渡的,不能代表人民",这道出了江浙财团主体对关税会议态度变化的原因。

## （三）江浙财团关于关款存放问题之主张

在关税会议期间，江浙财团最为关切、讨论最为热烈的是关税税款的存放问题。中国关税主权因鸦片战争后被迫签定《南京条约》而丧失，此后关税收入又大抵被作为偿还外债之担保，但关税税款的保管权在清末仍操诸我，交上海道经营，遇银根紧缩、市面紧张之时，可以动用已收未偿之税款调剂市面。但辛亥革命爆发后，总税务司安格联乘各省纷纷起义、清朝统治趋于瓦解之机，以确保如期偿付指抵外债、赔款为由，要求将关税收支两项权利归总税务司管理，英国公使朱尔典更是坚决要求将全国各关关税统归总税务司管理，清政府不甘心让税款落入革命党，更迫于英国公使压力，只好应允[142]。清政府税务处在札行总税务司文中虽声明此为"权宜之计"，但中国关税税款保管权从此丧失。随后上海各外国银行总董开会讨论并报公使团修改，拟订《总税务司代收关税代付债款办法八条》[143]，规定："应请总税司承认允将海关所有净存税项，开单交与所派之委员会，届中国政府复能偿还洋债赔款之时为止"；"应请总税司筹备由各收税处所，将净存税项每星期汇交上海一次之办法"；"关系尤重之各银行，即汇丰、德华、道胜三家，应作为上海存管海关税项之处"。后因第一次世界大战时德华一度倒闭，道胜因十月革命的影响，汇丰成了中国关税唯一存放银行，使中国每年 9000 万元的关税收入为汇丰银行处置，使中国凡百商业因之失其维持，受重大损失于无形中[144]。此外，欧战以后汇丰独家经手中国偿还外债的结价业务，每届中国交款，其挂牌行市都较真正行市为高，使中国再受重大损失[145]。总税务司还利用掌握关款进而垄断中国财政。总之，海关税款保管权的丧失，"与中国主权、经济以及国计民生关系至巨"[146]。

所以,关税会议时期江浙财团纷纷发表函电、谈话,一致要求收回海关税款保管权。早在会议召开前的 8 月 14 日,总商会会董赵晋卿就关税存放问题发表意见:我国"各商埠所收关税向由官银号收存,转解户部及度支部,指定用途。自民国造基后,即被外人籍口债务关系,由外国银行截收以抵赔款之用。……鄙人曾在上海总商会提议,所收关税,除抵补赔款及偿还由关税作抵之外债外,新增之数,应存吾国之银行,且现在关税会议即将召开,增税为期不远,除偿还债款外,余款尚多,应与全国商会、银行公会一致主张,所余关税,提存吾国人之银行,以利金融而发展商业"[147]。赵氏这一主张对上海以至于全国商界有很大影响。

10 月 20 日,陈光甫致函关税会议委员会,这份长达万言的《致关税会议委员会书》详述了关税存放问题之由来,历陈关款存汇丰银行对中国利权之损害,提出在上海设立关税保管库的主张。他说:汇丰银行虽在华营业多年,但迄今未向中国政府注册,依法律论根本不能在中国营业,更无论收存公家存款;且汇丰收存之关款,皆系备付外债之用,万一遇有特别变故,存款不能付现,持有债票者仍须向政府取偿;税款存放汇丰不但丧失主权,而且使全国市面失去维持之本,使我百业受重大之损害。所以,陈氏主张在中央银行设立前,应在上海海关内专设"中国关税保管库",由上海关监督和税务司会同保管,"所有各关税款统解该库保存,俟届偿债或付息时,再行照数提解,所有国内公债本息款项,亦按期划拨经理机关发给,妥订保管专章,除指定用途外,不得丝毫移用,惟遇上海银根紧急,银拆高至四钱以上时,准由上海总商会、银行公会、钱业公会斟酌情形,负责领出若干,或借或押,以资维持……俟风潮平靖,即行收回,设有疏虞,由总商会等共同负责,如此一转移间,银根自松,银拆自平,各业莫不咸受其赐"[148]。他在就该意见给银行公会正副会长倪运甫、孙景西函中说："此次政府召集关税会议，议事日程所列议案众多，而关税收回自行存放，关系国计民生尤重"，所以对于此项单草具意见送关税会议委员会[149]。

陈氏主张随即被江浙财团普遍接受，成为江浙财团各重要团体一致主张。11 月 23 日，上海总商会、县商会致电北京执政府及外交、财政、农商等部及关税会议委员会，指出总税务司把持我国关税存放十数年，使"财政经济咸受影响，故此次召集关税特别会议，全国上下咸主张恢复前清税款存解旧章，或主悉数提存本国自办之银行，以固主权而裕金融。惟是过渡之际，应定折中办法，本会等悉心研究，窃以当此吾国中央银行制度未备以前，拟先设立保管专库于上海，由政府委托上海海关监督及税务司会同保管，所有各关税款统解该库保存，俟届该项债款偿还或付息时照数提解，并妥订保管专章，除一定用途外，不得丝毫挪用，惟遇国内金融紧急时，得由本会等同银钱两公会斟酌情况借领若干，藉以维持市面，俟中央银行制度确立之时再行移交保管，以期根本改正"[150]。

11 月 27 日，上海银行公会发出致外交、财政、农商部及关税会议委员会电，电文主张与陈光甫的《致关税会议委员会书》如出一辙，说敝会迭经讨论，"主张于上海关内设立关税保管库，专以存储各关税款，由政府委任上海关监督及总税务司共同保管，届偿还付息之期提出照解，所有国内公债之以关税及关余担保者，亦按照同样办法办理，如此既免去专存一家银行之危险，复可邀中外人民之信仰，务请提出议案，以挽主权而裕民生"[151]。12 月 5 日，上海机器面粉公会致电北京执政府、财政部和关税会议委员会等，指出"本会一再讨论，极端赞成"银行公会、上海总商会、县商会的主张，请求将是项主张提交关会议决施行。12 月 9 日，华商纱厂联合会也电执政府、外交部、财政部、农商部及关税特别会议委员会，

"吾国关税款项存放汇丰银行,并由该行自定行市结价偿债,于吾国主权、经济两受侵损。上海银行公会及总商会等主张设立关款保管专库,又结价一层应按照真正行市结算,与国计民生关系极巨。本会极端赞成,应请饬提关会采择实行。"[152]

对于江浙财团设立关税公库保管税款的主张,总税务司安格联获悉后先是有所怀疑,电询上海总商会"是否出自贵会本意",请总商会迅予查明电复。总商会即于 5 日致电安格联,"关税自主,全国一致,而本会尤以欲实行自主,应设立中央银行,未设中央银行前,在上海设立关税公库,由海关监督、总商会、银行公会、钱业公会,共为保管,迭经建议在案。"[153]安氏明了总商会等的明确态度后,电总商会说:设立公库保管基金"与总税务司保管整理案内基金有无影响,尚需慎重考虑。一挨总税务司特行到沪,与贵会及银行公会钱业公会磋商,方能知鄙人以后愿否负保管整理案内基金之责。"

2 月 17 日,75 岁的安格联为保管公债基金等问题抵达上海。安氏于关税会议期间总商会等主张设立公库收回公债基金保管权声中翩然莅沪,颇引人注意。上海总商会、银行公会积极奔走呼吁,力图对安氏施加影响,进一步营造舆论,力争公库设立。安氏抵沪后,上海总商会与银钱两公会即推素识安氏的宋汉章前往接洽,但安氏称病未能往见。2 月 18 日,原银行公会会长盛竹书邀总商会会长虞洽卿、银行公会会长倪远甫及多数重要银行家在银行俱乐部商榷公库制度问题,就设立公库问题取得一致意见[154]。但同日,中国代表竟在关会过渡办法委员会第六次会议上自动提出关税税款"应存于保管银行,由中国海关总税务司负责管理,而照本会议议决之用途与条件使用之"。法国代表也提议"此项附加税增收之税款,应加保管,不受任何一方面干涉,应由海关负责,照本会议议定办法存放于今所指定之各保管银行"[155]。虞洽卿、盛竹书即于 19 日分别发表谈话，坚持设立公库主张并阐述设立公库对于维护国权、维持金融、发展实业、保障劳工生计的意义。曾数度晤面安格联的盛竹书在谈话中特别提到，"公库之发起，乃为国权及金融工商业前途计，对于安格联个人则绝无成见。安氏前此为我政府保管关税，办理公债，劳绩可观，我人当予以相当之感谢，且安氏本人为政府任命官员之一，此后组织公库保管基金等等，仍当请其相助为理"[156]。

　　为进一步统一意见，拟订应对方案，上海总商会、县商会又于 2 月 20 日召开各业代表会议，讨论关税存放、设立公库保管问题。江浙财团代表人物总商会正副会长虞洽卿、方椒伯，县商会正副会长姚紫若、顾馨一、朱吟江，银行公会正副会长倪远甫、孙景西，钱业公会会长秦润卿，广肇公所冯少山，卷烟业陈良玉，杂粮豆米业公会范和笙，振华堂余葆三，报关公所石芝坤，铜锡业公会冯咏梅、朱葆元，轮船业谢仲笙，敦仁公所忻文尧，及总商会会董祝兰舫、项如松、傅筱庵、沈联芳、徐乾麟、张延钟、劳敬修、戴耕莘、李泳裳、吴蕴斋、孙梅堂、徐庆云、沈燮臣、何积瑶等 60 余人与会。虞洽卿在致辞中再次陈述了总商会设立公库保管税款的主张，傅筱庵、秦润卿、吴蕴斋、陈良玉等先后发表意见，会议经表决一致通过设立"关税公库促成委员会"，公推两商会及银钱两公会各选 7 人组织委员会，厘定进行计划，遇必要时再征求各业意见[157]。银行公会除派代表出席当日各业代表会议外又开董事会议，对于设立公库问题，详加讨论，一致赞成[158]。2 月 23 日，总商会电财政部关税会，说"近日迭与银钱两公会及各业筹议，皆以公库之设，对外在保全债权信用，对内在周转金融维持主权。年来银拆高昂，影响实业，及至市面发生恐慌，公家又苦乏大宗资金救济，社会已成贫血现状。转瞬关会结束，税收增加，再任少数垄断，恐关税益增，商业生计日蹙，非依前速设公库，万难救济，业于效日开联席会议，一致表决应请先提院议批准设立，其详细办法容后会同妥拟续呈"[159]。

安格联本为公库和保管基金问题赴沪，但抵沪后，深居外滩大英总会，"托病不出拜客"，只是与汇丰、太古、怡和等英商领袖有所协商。外间报道说：安氏以总商会主张设立关税保管公库坚决，不愿与之接洽[160]，而总商会、银行公会也没有正式约请安氏筹商。安氏即将离沪前夕，2月22日，中交两行宋汉章、盛竹书以私人名义宴请安格联于中国银行，总商会、银行公会、钱业公会的虞洽卿、方椒伯、倪远甫、孙景西、陈光甫、李馥荪、吴蕴斋、叶扶霄、秦润卿、田祈原等江浙财团要人作陪。新闻报道说：经席间讨论，内外债整理基金仍由安总税务司办理，至于公库，安氏意也相同，唯须妥筹办法，与政府接洽。虞洽卿于席间表示，设立公库系政府之事，与安氏无关[161]。次日的《申报》在刊出宋、盛宴请安氏的同时，刊发了记者晤上海商界"要人"的谈话，表示对公库及安氏本人的态度。"当安格联由京动身之前，曾以总税务司的名义致电总商会及银行公会，表示南来协商之任务。迨其到沪，深居大英总会之大厦中，静待各方往谒求商，……而总商会、银行公会等，则根据主权上之信仰，以为总税务司不过我政府所聘用保管现在税款之执行人，职权以外之事，非彼权所能过问，与之协商，实属多事。关于设立公库之事，决联合全国一致向京主管机关实力促其实现外，对于现在沪上的安氏，认为其为英友，彼不来访，我不答候而已，安氏处此颇感不安，前日乃以个人名义分访中交两行当局，因此宋汉章与盛竹书为之设宴款待，以尽地主之谊。"[162]明白人阅后自然清楚，此"要人"即总商会长虞洽卿。

根据2月22日各业会议决案，银行公会公很快推出倪远甫、孙景西、陈光甫、李馥荪、徐新六、黄民道、林康侯为公库促成委员会委员[163]。总商会不久也推举正副会长虞洽卿、方椒伯及傅筱庵、王晓籁、吴蕴斋、顾子盘、沈燮臣为关库促成委员会委员[164]。

　　针对 3 月初北京有人提出关税分存于少数中外银行以保外债信用之说,总商会会长虞洽卿再电执政府及外交、财政两长、关税委员会及王正廷,坚持设立公库保管主张。华商纱厂联合会也电外交、财政、农商部,指出"外债信用系乎关款之盈绌,公库保管信用有增无减,况关国家主权,金融命脉,兹事尤不容缓,请力屏浮议,立于断行"[165]。

　　江浙财团在设立公库保管税款问题上能步调一致,除了民族主义的驱动,如他们在一些电文中所说的事关国家主权外,主要还是出诸共同的经济利益,这除了他们在函电中屡有陈述的维持金融市面外,更重要的是试图直接掌握内债基金,保障债权利益。

　　内债本与海关无直接关系,但 1914 年袁世凯为准备帝制,在大借外债的同时发行民三公债,为此设立了内国公债局,聘请华洋人员组织董事会,从中推选总理 1 人,协理 4 人,海关总税务司安格联任会计协理,专事出纳债款,一切公债款项出纳,除总理签字外,均需安格联副署才有效。民三、民四公债以常关税担保,因税款时有被截留,"为巩固信用,并以保存税课起见",1918 年 1 月起将常关款委托总税务司保管。1920 年的《内国公债局章程》规定:公债局董事会的第一董事为总税务司,总税务司成了内债局的首要人物。1921 年公布的《整理金融短期公债条例》又规定发行的 6000 万公债在关税项下尽先提拨,即以关余为担保。据姜良芹研究,北洋政府时期发行国内公债 27 笔,其担保品因变更较多,先后共有 45 种之多,其中关税余款和关税附征被担保 11 次,占 24.44%[166]。

另外,1921 年内债整理时,指定以盐税、烟酒税费、交通事业余利、关余、常关收入等作为整理案内各项债券还本付息基金,由各机关商定拨款手续,拨交总税务司安格联保管,内国公债局和银行业代表会同办理。但是整理案内指定的各项基金中,烟酒税项下一直分文未拨,交通余利项下自 1921 年 11 月后也停拨,而盐余一项,因受各省当局任意截留的影响,也时拨时停,自 1922 年 8 月后也完全停拨,因而拨充内债基金的,事实上只有关余一项[167]。

所以关税税款存放问题对于内债影响至重。关税税款存放汇丰银行由税务司任意处置,易危及关税和关余担保的内债的还本付息,所以,无论是陈光甫的意见书还是银行公会的通电,在主张设立由上海关监督和税务司会同保管的专库经理债赔款项同时,都特别提出所有以关税及关余担保的内债都按同样办法办理。原银行公会会长盛竹书在 2 月 19 日的谈话中更明确指出:"公库成立而后,公债基金之保管权可随之转移,自属不生问题"[168]。

另外,偌大一笔关税现款,对于稳定金融、调剂市面确有极大的作用,而一个稳定的金融秩序是江浙财团的利益所在。2 月 20日发表于《申报》的总商会会长虞洽卿的谈话就说得很明白:"况公库成立之后,所有基金在必要时经公众之决定,得于稳妥之方法,调剂金融,如银拆限制之程度,均可因以降低,惠益实业,至非浅鲜,否则实业家因重利盘剥而受影响,金融市面、劳工生计均蒙其害,此于维护实业方面言,颇多关系"[169]。盛竹书在谈话中也说"组织公库,保管关税,非特拥护国权,实即维持金融……公库组织而后,此项关税即可由公库保管,严订条例,凡中外工商界于缓急之机,可按照条例向之借用,周转资材,使金融得益形巩固,工商业遂可日渐发展"[170]。

总之,江浙财团虽没有直接参加关税特别会议,但因会议与商界关系至关重要,所以对关会极度关注。上海总商会、银行公会、钱业公会、华商纱厂联合会、面粉公会等都成立了各种专门机构,研究中国关税问题,发表关于关税问题的主张,并通过多种途径积极向政府建言献策,对会议施加影响,力图使会议结果有利于工商金融各业经营和中国经济的发展。虽然关税会议因时局影响及各列强间的矛盾无结果而散,但他们的不少建设性意见,曾对会议产生一定影响,对南京国民政府初期的外交和财经政策也有积极的影响。

## 注　释

1　穆藕初:《花贵纱贱之原因》,《上海总商会月报》第 3 卷,第 2 号,1923 年 2 月。

2　《全国银行公会联合会会议关于节流财政、确定币制诸端建议书》,见《银行公会联合会议汇记》,载上海银行周报社编:《经济类钞》第二辑,第 9 页。

3　《上海市银行商业同业公会会员大会议事录》,1920 年 12 月 4 日,上海档案馆藏银行公会档,S173 - 1 - 23。

4　《财部提议所得税之电》,《时报》1920 年 9 月 21 日。

5　《银行周报》第 170 号,1920 年 10 月 19 日。

6　《银行周报》第 170 号,1920 年 10 月 19 日。

7　《商会请缓行所得税之函稿》,《申报》1920 年 11 月 21 日。

8　《公呈政府请缓行所得税提议案》,上海市档案馆藏上海银行公会档,S173 - 1 - 23。

9　上海市档案馆藏上海市棉纺织工业同业公会档,S30 - 1 - 5。

10　上海市棉纺织工业同业公会董事会议记录(三),上海市案馆藏档,S30 - 1 - 37。

11　上海市案馆藏上海市棉纺织工业同业公会档,S30 - 1 - 5。

12　上海市棉纺织工业同业公会董事会议记录(四),上海市档案馆藏,S30 - 1 - 38。

13　上海市棉纺织工业同业公会董事会议记录(四),上海市档案馆藏,S30 - 1 - 38。

14　《全国银行公会联合会会议关于节流财政、确定币制诸端建议书》,见《银行公会联合会议汇记》,载上海银行周报社编:《经济类钞》第二辑,第 8 页。

15　杨汝梅等:《评论民国以来之财政大事》,《银行周报》第 9 卷,第 23 号,1925 年 6 月 23 日。

16　《全国银行公会联合会会议关于节流财政、确定币制诸端建议书》,见《银行公会联合会议汇记》,载上海银行周报社编:《经济类钞》第二辑,第8—9页。

17　《呈财政部、币制局请废除银两改铸旧币禁止滥铸铜元文》,上海银行公会编:《经济类钞》第二辑,《历届银行公会联合会议汇记》第31页,1923年。

18　《上海总商会为各省滥铸铜元渔利病民请即会商税务处饬海关查扣铜料快邮代电》,《中华民国史档案资料汇编》第三辑,金融(一),第279—280页。

19　《银行公会电币制局请禁止皖省滥铸铜币之电文》,《银行周报》第6卷,第5号,1922年6月17日。

20　《银钱公会电请财部吊销皖厂币模》,《银行周报》第8卷,第23号,1924年9月12日。

21　《安庆造币厂业已停铸之电复》,《银行周报》第8卷,第24号,1924年6月24日。

22　《上海银行公会通函拒用皖币》,《银行周报》第8卷,第48号,1924年12月9日。

23　潘连贵:《上海货币史》,上海人民出版社2004年版,第119页。

24　《呈财政部、币制局请废除银两改铸旧币禁止滥铸铜元文》,上海银行公会编:《经济类钞》第二辑,第30页,1923年。

25　《筹建上海造币厂始末档案选》,《档案与史学》2003年第1期。

26　《盛竹书辩护上海造币厂借款》,《申报》1924年1月19日。

27　《筹建上海造币厂始末档案选》,《档案与史学》2003年第1期。

28　《万目睽睽之造币厂借款》,《民国日报》1924年1月29日。

29　《盛竹书辩护上海造币厂借款》,《民国日报》1924年1月19日。

30　上海市档案馆藏银行公会档,S173-1-6。

31　汪敬虞把他分为三个时期:即1912—1916年为第一期,1917—1921为第二期,1922—1926为第三期,见《中国经济史》(1895—1927)中册,人民出版社2000年版,第1423页。

32　千家驹:《中国的内债》,北平社会调查所1933年印行,第28页。

33　千家驹:《旧中国发行公债史的研究》(代序),《旧中国公债史料》,中华书局1984年版,第11页。

34　贾士毅:《国债与金融》,第二编"内债",第四编"交通债务",商务印书馆1930年版,第30—31、5—6页。

35　王宗培:《中国之内国公债》,上海长城书局1933年版,第7、15页。

36　邬志陶:《民元以来我国之公债政策》,见朱斯煌编:《民国经济史》,银行学会、银行周报社 1948 年印行,第 201 页。

37　陈炳章:《五十年来中国之公债》,见中国通商银行编:《五十年来之中国经济》,1947 年版,第 119—120 页。

38　杨荫溥:《民国财政史》,中国财政经济出版社 1985 年版,第 21 页。

39　杨荫溥:《民国财政史》,中国财政经济出版社 1985 年版,第 28 页。

40　根据汪敬虞编:《中国近代经济史》(1895—1927)中册,人民出版社 2000 年版,第 1430—1431 页表 64 和第 1432 页表 66,及第 1437 页有关数据统计。

41　朱英等:《近代中国经济政策演变史稿》,湖北人民出版社 1998 年版,第 268 页。

42　潘国旗:《近代中国国内公债研究》,经济科学出版社 2007 年版,第 218 页表 3—13。以下内债发行数据,除注明外,均出自该表,不再一一注明。

43　徐沧水:《内国公债史》,商务印书馆 1923 年版,第 144、142 页。

44　《公债基金前途之概测》,《银行周报》第 8 卷,第 39 号,1924 年 10 月 7 日。

45　参见潘国旗:《近代中国国内公债研究》,经济科学出版社 2007 年版,第 226—230 页表 3—14。

46　参见潘国旗:《近代中国国内公债研究》,经济科学出版社 2007 年版,第 232—241 页表 3—15;第 242—246 页表 3—16;第 249—250 页表 3—17。

47　参见潘国旗:《近代中国国内公债研究》,经济科学出版社 2007 年版,第 261 页表 3—24。

48　戴铭礼:《九六公债史》,《银行杂志》(汉口)第 3 卷,第 6 号。

49　贾士毅:《国债与金融》第一编"总论",商务印书馆 1930 年版,第 25 页。

50　沧水:《银行资产与所有公债之推想》,《银行周报》第 6 卷,第 19 号,1922 年 5 月 23 日。

51　中国银行上海分行金融研究室:《金成银行史料》,上海人民出版社 1983 年版,第 127 页。

52　徐寄庼:《最近中国金融史》,1926 年版,第 3—4 页。

53　吴承禧:《中国的银行》,商务印书馆 1934 年版,第 72 页。

54　章乃器:《中国货币金融问题》,生活书店 1936 年版,第 68—69 页。

55　根据汪敬虞编:《中国近代经济史 1895—1927》下册,第 2277 页表计算。

56　中国人银行上海市分行金融研究室:《中国第一家银行》,中国社会科学出版社

1982 年版,第 34 页。

57 参见上海市工商业联合会、复旦大学历史系编:《上海总商会组织史资料汇编》(下),上海古籍出版社 2004 年版,第 605 页。

58 《上海总商会组织史资料汇编》(下),上海古籍出版社 2004 年版,第 608 页。

59 《各商协分会主统一商民组织》,《申报》1929 年 3 月 28 日。

60 沧水:《公债整理之管见》,《银行周报》第 5 卷,第 6 号,1921 年 2 月 22 日。

61 中国银行行史编委会:《中国银行行史》(1912—1949),中国金融出版 1995 年版,第 43 页。

62 全国银行公会联合会第一届会议:《建议案》,载银行周报社编:《经济类钞》第二辑,1923 年版,第 7 页。

63 沧水:《公债整理之管见》,《银行周报》第 6 卷,第 5 号,1921 年 2 月 22 日。

64 全国银行公会联合会第一届会议:《建议案》,载银行周报社编:《经济类钞》第二辑,1923 年版,第 7 页。

65 沧水:《公债整理之管见》,《银行周报》第 5 卷,第 6 号,1921 年 2 月 22 日。

66 中国银行行史编委会《中国银行行史》(1912—1949),第 43 页。

67 《财政部整理内国公债并确定本息基金办法呈暨总统令》1921 年 3 月 3 日,中国第二历史档案馆编:《中华民国史档案资料汇编》第五辑“财政二”,江苏古籍出版社 1991 年版,第 1172—1173 页。

68 毅成:《内国公债之整理观》,《东方杂志》第 18 卷,第 4 号,第 305 页。

69 徐寄庼:《最近上海金融史》,1926 年版,第 226 页。

70 《公债基金前途之概测》,《银行周报》第 8 卷,第 39 号,1924 年 10 月 7 日。

71 银行周报社编:《经济类钞》第二辑,1923 年版,第 54 页。

72 《银行周报》第 9 卷,第 33 号。

73 《中国第一家银行》,第 35 页。

74 翁定先:《交通银行官场活动研究》(1907—1927),《中国社会科学院经济研究所集刊》第 11 集,中国社会科学出版社 1988 年版,第 416 页。

75 马寅初:《中国公债问题》,《上海总商会月报》第 2 卷,第 7 号,1922 年 7 月。

76 沧水:《吾国今日之内债问题》(下),《银行周报》第 189 号,1921 年 3 月 15 日。

77 上海市档案馆藏上海银行公会档,S173 - 1 - 41。

78 上海市档案馆藏上海银行公会档,S173 - 1 - 40。

.

79  上海市档案馆藏上海银行公会档,S173 – 1 –40。

80  上海市工商业联合会编:《上海总商会议事录》(1923 年 1 月 6 日),上海古籍出版
    社 2006 年版,第 1743—1744 页。

81  《致国务院请切实履行整理内外各债电》(1923 年 10 月 8 日),《上海总商会月报》
    第 3 卷,第 2 号。

82  《又致总税务司电》(1923 年 1 月 8 日),《上海总商会月报》第 3 卷,第 2 号。

83  《致外交部请阻四使移用指抵内债关余电》(1923 年 1 月 8 日),《上海总商会月
    报》第 3 卷,第 2 号。

84  《致领袖公使声明增加关税早经指定用途电》(1923 年 1 月 23 日),《上海总商会
    月报》第 3 卷,第 2 号。

85  《各公团维持内债之主张》,《银行周报》第 7 卷,第 29 号,1923 年 7 月 31 日。

86  严鸥客:《读四国照会书后》,《银行周报》第 7 卷,第 41 号,1923 年 10 月 23 日。

87  《银钱公会力请维持内债基金案》,《银行周报》第 7 卷,第 42 号,1923 年 10 月
    30 日。

88  严鸥客:《读四国照会书后》,《银行周报》第 7 卷,第 41 号,1923 年 10 月 23 日。

89  《总商会反对动摇内债基金》,《银行周报》第 7 卷,第 42 号,1923 年 10 月 30 日;
    《总商会反对动摇基金致全国金融界电》,《申报》1923 年 10 月 28 日。

90  1923 年 1 月 3 日,安格联发表声明称"关于公债整理事务,一旦操诸鄙人之手,无
    论以后有何开支,当竭力维持原定之优先权"。

91  《商业团体欢迎安格联》,《申报》1923 年 11 月 3 日。

92  上海市档案馆藏:上海市银行公会档,S173—1—23。

93  杨瑞六:《我国银行家之责任》,《银行周报》第 200 号,1921 年 5 月 31 日。

94  《中国银行通信录》,1920 年第 66 期。

95  《上海总商会月报》第 1 卷,第 2 号,1921 年 8 月。

96  《本会为制止新公债致总统、财部、总税务司电》(1921—1922 年),上海市档案馆
    藏银行公会档,S173 – 1 – 39。

97  《上海市银行商业同业公会会员大会会议录》,上海市档案馆藏银行公会档,
    S173—1—5。

98  《致大总统及国务院电稿》,上海市档案馆藏银行公会档,S173—1—39。

99  《致财部电镐》,上海市档案馆藏银行公会档,S173—1—39。

100　《上海银行公会通告》,《致各埠通电稿》,上海市档案馆藏银行公会档,S173—1—39。

101　《上海银行公会致税务司电》,上海市档案馆藏上海银行公会档,S173—1—39。

102　《安格联第一次复电》,《银行周报》第 6 卷,第 39 号,1922 年 10 月 10 日。

103　《上海银行公会致安格联第二次电》,《银行周报》第 6 卷,第 39 号,1922 年 10 月 10 日。

104　上海华商证券交易所:《致财部代电稿》,上海市档案馆藏银行公会档,S173—1—38。

105　《致全国各金融机关请一致拒绝政府承募一切债券通电》,《上海总商会月报》第 3 卷,第 2 号,1923 年 2 月。

106　《致国务院财政部反对发行十二年公债》、《又致参众议院银行公会电》,3 月 7 日,《上海总商会月报》第 3 卷,第 3 号,1923 年 3 月。

107　《全国银行公会第四届联合会公告》,《银行周报》第 7 卷,第 22 号,1923 年 6 月 12 日。

108　参见穆家修等:《穆藕初先生年谱》,第 295—296 页,上海古籍出版社 2006 年版。

109　参见《上海总商会月报》第 3 卷,第 1 号。

110　虞和德:《致段芝泉君敦劝出山电》(11 月 11 日),《致冯张卢三帅请劝合肥出山电》(11 月 11 日)、《致段芝泉君速就执政摆黜贪枉废督裁兵电》,《上海总商会月报》第 4 卷,第 12 号,1924 年 12 月。

111　《致段执政条陈废督裁兵四事电》,《上海总商会月报》第 4 卷,第 12 号,1924 年 12 月。

112　《历届银行公会联合会会议汇记》,上海银行周报社编《经济类钞》第二辑,第 6 页。

113　陈震异:《中国财政与目下治标办法》,《上海总商会月报》第 6 卷,第 2 号,1926 年 2 月。

114　《政府急欲召集关税会议》,《申报》215—169(2)。

115　《未来关税特别会议中之问题》,《上海总商会月报》第 5 卷,第 5 号,1925 年 5 月。

116　《会务纪要》,《上海总商会月报》第 5 卷,第 9 号,1925 年 9 月。

117　《总商会添聘关税会议委员》,《申报》1925 年 9 月 8 日。

118　《总商会广征关税问题意见》,《申报》1925 年 9 月 15 日。

119　潘忠甲:《解决关税十大问题》,《上海总商会月报》第 5 卷,第 9 号,1925 年 9 月。

120　《会务纪要》,《上海总商会月报》第 5 卷,第 10 号,1925 年 10 月。

121　上海市档案馆藏银行公会档案,S173 - 1 - 55,上海市银行商业同业公会关于段政府根据九国公约召开关税特别会议上段祺瑞、外交部、财政部及关税委员会书。

122　《粉业公会之关会意见书》,《申报》1925 年 9 月 20 日。

123　上海市棉纺织工业同业公会董事会仪记录(四),上海市档案馆藏,S30 - 1 - 39。

124　《总商会关税委员会主任王晓籁之关会谈》,《申报》1925 年 9 月 20 日。

125　《总商会昨晚欢宴各国关会代表》,《申报》1925 年 10 月 21 日。

126　《关税会议与关税自主》,《上海总商会月报》第 5 卷,第 10 号,1925 年 10 月。

127　梁龙:《关税会议美日政策之异同》,《上海总商会月报》第 5 卷,第 11 号,1925 年 11 月。

128　梁龙:《关税会议美日政策之异同》,《上海总商会月报》第 5 卷,第 11 号,1925 年 11 月。

129　王晓籁:《关税自主与自动的裁厘》,《上海总商会月报》第 5 卷,第 11 号,1925 年 11 月。

130　参见《上海总商会月报》第 5 卷,第 11 号,1925 年 11 月。

131　参见《上海总商会月报》第 5 卷,第 11 号,1925 年 11 月。

132　《日本使馆致外交部照会》,《中华民国史档案资料汇编》第三辑,外交,第 688—689 页。

133　《外交部致日本公使芳泽谦吉复照》,《中华民国史档案资料汇编》第三辑,外交,第 689—690 页;《中国已允诺日本要求缔结中日互惠条约》,《申报》1926 年 1 月 30 日。

134　《中日互惠条约之原则》,《申报》1926 年 1 月 31 日。

135　《上海总商会电陈中日互惠协定意见》,《申报》1926 年 3 月 2 日。

136　《纱厂联合会电请将绸缎夏布列入中日互惠协定》,《申报》1926 年 3 月 17 日。

137　《总商会致函横滨等处华商会函》,《申报》1926 年 3 月 4 日。

138　《上海总商会月报》第 6 卷,第 3 号,1926 年 3 月。

139　《致外交财政部转陈王晓籁对于中日互惠协定意见电》,《上海总商会月报》第 6 卷,第 3 号,1926 年 3 月。

140　《关税会议自行结束》,《申报》1926 年 12 月 16 日。

141　访日代表团 58 人,上海总商会成员就有 22 人,作为会长,虞洽卿的态度某种程度
　　　上可以说就是总商会的态度。

142　参见《总税务司通令》第二辑,海关总税务司署统计科印行,第 179 页。

143　王铁崖编:《中外旧约章汇编》称《管理税收联合委员会办法》,见该书第 2 册,三
　　　联书店 1957 年版,第 795 页;陈诗启:《中国近代海关史》附录三也称《税款归还
　　　债赔各款办法八条》,人民出版社 2002 年版,第 891 页。

144　陈光甫:《致关税会议委员会书》,陈光甫编:《关税存放问题意见》,第 8 页,出版
　　　时间和地点不详。陈光甫此处的年海关税 9000 万元说可能不确,据陈诗启《中
　　　国近代海关史》附录一《民国元年至二十三年海关各常关税收总数收支表》载:
　　　1924 年、1925 年的海关收入分别为 6674 万两、6708 万两,见该书第 876—877 页。

145　我国偿还外债因货币不同统须以规元折合,汇丰操纵的结价行市均较真正行市
　　　为高,据陈光甫统计,从 1921—1925 年按汇丰平均结价行市,中国每偿还 1 两规
　　　元要损失 0.46875 便士,而此 5 年中国共付外债计 15641079 英镑,中国共损失规
　　　元 1128714 两。见陈光甫:《关税存放问题意见》,第 14—19 页。

146　《上海银行公会致京电》,陈光甫编:《关税存放问题意见》,第 23 页。

147　《赵晋卿再申关税问题意见》,《申报》1925 年 8 月 15 日。

148　上海档案馆藏银行公会档,S173－1－55;陈光甫:《致关税会议委员会书》,见陈
　　　光甫编:《关税存放问题意见》,第 12 页。

149　上海档案馆藏银行公会档,S173－1－55。

150　《上海总商会县商会致京电》,陈光甫编:《关税存放问题意见》,第 21 页。

151　《上海银行公会致京电》,陈光甫编:《关税存放问题意见》,第 23 页。

152　《上海机器面粉公司公会致京电》,《华商纱厂联合会致京电》,见陈光甫编:《关
　　　税存放问题意见》,第 24、25 页。

153　《总商会对保管关税之主张》,《申报》1926 年 2 月 6 日。

154　《安格联抵沪后之关税公库问题》,《申报》1926 年 2 月 19 日

155　陈诗启:《中国近代海关史》,人民出版社 2002 年版,第 579 页。

156　《华商主张之保管关税公库意见》,《申报》1926 年 2 月 20 日。

157　《二月廿一日申报载总商会开各业代表会议》,《关税存放问题意见》,第 28—
　　　30 页。

158　《银行公会昨开董事会设公库一致赞成》,《申报》1926 年 2 月 21 日。

159　《总商会积极促成公库》,《申报》1926 年 2 月 24 日。

160　《申报》1926 年 2 月 22 日。

161　《中交两行宴请安格联》,《申报》1926 年 2 月 23 日。

162　《申报》1926 年 2 月 23 日。

163　上海市档案馆藏上海银行公会档,S173 - 1 - 55。

164　《总商会推定公库委员》,《申报》1926 年 3 月 15 日。

165　《纱厂联合会致京电》(1926 年 3 月 9 日),《关税存放问题意见》,第 37 页。

166　姜良芹:《南京国民政府内债问题研究——以内债政策及运作绩效为中心》
　　　(1927—1937),南京大学出版社 2003 年版,第 35 页。

167　戴一峰:《近代中国海关与中国财政》,厦门大学出版社 1993 年版,第 237 页。

168　《又载交通银行经理盛竹书君谈话》,《关税存放问题意见》,第 27 页。

169　《二月廿日申报载总商会会长虞洽卿君谈话》,《关税存放问题意见》,第 26—
　　　27 页。

170　《又载交通银行经理盛竹书君谈话》,《关税存放问题意见》,第 27 页。

# 第 四 章

# 江浙财团与南京国民政府的财政

　　提及江浙财团,人们总会把南京国民政府与之联系在一起。的确,以金融业为主体的江浙财团为南京政府的建立和巩固发挥了极其重要的作用。这种作用很大程度上体现在江浙财团对南京国民政府的财政支持上。南京国民政府建立初期,不仅要进行所谓"围剿"红军和苏区的战争,而且还要进行排除异己的军阀混战。长期的混乱与内战,消耗了无数的人力、物力和财力,加上庞大的债务支付,使得政府财政常年入不敷出,巨额的赤字需要靠借债来弥补。但由于20世纪30年代资本主义世界经济危机的影响和中国政府本身的债务信用问题,加上帝国主义之间的互相牵制,南京国民政府举借外债困难重重。因此,南京国民政府在这一时期不得不大举内债(国内公债)以资补苴。正如1937年年初孙怀仁所指出:"中国财政的困难,虽不始自今日,但困难的程度,却无有甚于今日。十年以来,财政制度既无所改善,而财政实际,更是每况愈下。开源既无从开,节流亦不能节,借债度日,已经成为了中国理财之一贯政策。民国以前,以借外债为主,民国成立后的十五年中,则内外债兼筹并借,最近十年以来,则专求之于内债,以为弥补"[1]。在1927年4月到1937年7月的十年中,南京国民政府

所发行的总额为法币 255900 万元、英金 420 万镑、美金 200 万元
的内债[2]，主要是靠江浙财团来承购的。尽管江浙财团对国民政府
大量举借内债的政策颇有微词，也曾企图抵制南京国民政府的两
次公债整理，但总体来说还是抱一种合作的态度，或者说是采取一
种既支持但又加以制衡的立场[3]，这正是江浙财团与国民政府之间
的复杂关系在财政、金融上的反映。

# 一、江浙财团与南京国民政府建立前国民党的
　　财政经济关系

如前所述，在北洋政府时期，江浙财团出于自身利益考虑，与
北京政府虽然也有尖锐的矛盾，但乃维持比较密切的财政关系。
随着 1923 年孙中山在广州重建革命政权后革命势力的发展，特别
是随着北伐的推进，江浙财团逐渐把注意力转向南方，在财政上支
持南方革命政权，支持蒋介石集团。

江浙财团一些人士与孙中山、国民党早已有联系。辛亥革命
时期，虞洽卿、朱葆三、王一亭、沈缦云、叶惠钧、沈仲礼、李平书、李
云书、张嘉璈、李征五、傅筱庵、方樵苓、朱五楼、陆维镛、杨信之、钱
达三等著名江浙籍商人，就或直接参加光复上海之役；或设立组织
开展筹饷募捐，支援民军；或直接任职沪军都督府；或成立组织赞
助民主共和[4]。朱葆三还出任都督府金融机关中华银行的总董。
荣宗敬、穆藕初、顾馨一、陆伯鸿等也是出钱出力，协助沪军都督
府。他们中的不少人因此与陈其美、蒋介石建立了密切联系。
1915 年 6 月，陈光甫在上海创办上海商业储蓄银行，孙中山嘱孔
祥熙代表他投入股份 1 万元，表示支持。1916 年，宋子文的母亲
也在该行投资 5000 元[5]。同年 12 月，孙中山为筹集革命经费接受
日本友人的建议开始在上海筹办交易所。1917 年 1 月 22 日，由

孙中山领衔,虞洽卿、张静江、赵家蕃、赵家艺、盛丕华、洪承祁等人附议,向北京政府农商部呈请设立上海证券物品交易所。当年夏,发生了张勋复辟事件,上海市面因此萧条,交易所的筹备工作暂时耽搁。孙中山随即南下广州发动护法运动,因此受北洋政府通缉,并被取消了上海交易所发起人资格。孙中山发起筹建上海证券物品交易所搁浅后一年半后,张静江、戴季陶、蒋介石等又利用前案继续进行筹办交易所的工作,他们通过虞洽卿又拉拢上海工商界闻兰亭、李云书、张澹如、吴耀庭等为发起人[6]。1920 年 7 月 1 日,上海证券物品交易所正式开业,其首任理事长虞洽卿,常务理事闻兰亭、赵士林、周佩箴等,理事张乐君、李柏葆、李云书、张澹如等17 人中,除邹静斋 1 人外均浙江、江苏籍著名商人[7],他们大多与国民党联系密切,有的如赵士林、周佩箴、李云书、张澹如等曾加入同盟会、国民党。上海证券物品交易所开业前夕,蒋介石、陈果夫、朱孔扬、赵士林等组织名为"茂新"的第 54 号经纪人代客买卖证券棉花。蒋介石(蒋伟记)、张静江(张静记)、陈果夫(陈明记)等还集资成立恒泰号经纪人营业所,从事相关经营活动。江浙工商金融界著名人士与孙中山、蒋介石、国民党的上述关系,对江浙财团 1920 年代中期的政治倾向有重要影响。

1923 年 2 月,孙中山重开革命政府于广州,但广州政府面临严峻的财政经济困难。孙中山曾向各国驻华外交团提出将粤海关关余 13% 拨归广东政府[8]。各国舆论对此虽予以同情,但迟迟未见行动。8 月,孙中山又要求公使团分拨关余,但公使团置之不理。同年 10 月,曹锟贿选"当选"大总统后,以承认"二十一条"为条件与日本磋商借款,引起全国反对。孙中山准备督师北伐,但军饷甚是困难,于是他采取坚决措施包围粤海关,并发表扣留海关税款宣言,扣留粤海关税款。对此,总税务司安格联曾态度强硬地表示,如北洋政府不能阻止广东海关事件,他将不负由海关担保的内债基金之责,并煽动工商金融界反对广州截留粤海关税款。因为关余在1921年的公债整理案中被指定为公债基金担保之一,事关江浙财团的切身利益。所以,江浙财团对孙中山截留海关税款始初表示强烈反对。12月1日,上海总商会、上海银行公会、钱业公会致电孙中山,要求维护内债基金,切勿动用关余。上海银行公会还以全国银行公会联合会名义发表宣言说:"关余为内国公债基金已为全国人皆知,无论何方,无论何人,不得攘夺,或以不正当手段挪用一时,……如有人攘夺关余即攘夺我国民财产,倘国民财产军阀可以攘夺,国将何以立?"[9]粤海关事件发生后,各列强竟派军舰驶入珠江口进行恐吓,以上海总商会、银行公会、钱业公会为代表的江浙财团的态度受到国内多数舆论的指责,上海全国各界联合会12月16日发出的电文中指责总商会、银行公会、钱业公会致孙中山电是受北庭指使,助桀为虐,并声明内债基金,未经合法国会议决,国民誓不承认[10]。在明了了国内主流民意后,又鉴于列强的飞扬跋扈、曹锟政府的倒行逆施,江浙财团对广州政府截留粤海关税款采取了明智态度。1924年1月3日,上海总商会会长宋汉章、钱业公会会长秦润卿致函张嘉璈说:反对广东关税一事,再由沪上三团体(指总商会、银行公会、钱业公会,——引者)联合通过决议案,而不要银行公会单独行动;并告戒张氏"前此所发通电,已有人评为帮助北政府,表示反对,如再继续集会,诚恐另生枝节,钱业中亦以对于中令不再表示之必要。"[11]

江浙财团始初对粤海关事件反映强烈,确是因利益所系,并非对北洋政府怀有好感。事实上,因北洋政府滥发公债,特别是1921年整理公债后即破坏公债基金信用,挪用盐余与交通余利收入,引起江浙财团的强烈不满,而收回海关税款保管权及关税自主也为江浙财团向来所主张。所以,在江浙财团对广州政府截留关税税款逐渐持明智态度后,一些代表人物开始更多关注南方革命力量的发展。1924 年 10 月,张嘉璈在其随笔中写道:"全年满地战争,交通阻滞。上海分行一面维持沪市,一面需接济内地各分行。而内地各分行多存现金,则虑兵匪抢劫,少存则恐挤兑,同时又不能兼顾当地市面,使其安定。至于政局纷扰与金融有密切关系之公债,其基金又时有动摇。银行当局责任所在,尝有穷于应付之苦。……虽然,否极泰来,照此趋势,北方几无政府,南方似有成立统一政府之望,姑坐以待。"[12]因此,他对北洋政府的再行借款采取拒绝态度[13],而对广东革命政府的财政请求给予适当支持。1924 年 8 月,广东革命政府成立了中央银行,宋子文出任该行行长。次年夏天,由于右派向革命政权进攻,广州政治经济激烈动荡,中央银行遇到挤兑风潮。为应付这一局面,宋子文派员前往香港,向中国银行香港分行经理贝祖贻商借 200 万元现金。贝祖贻向北京的中国银行总行请示后,张嘉璈感到有必要同南方的国民党势力拉上关系,于是便以总行名义,密嘱贝祖诒亲赴广州与宋子文当面接洽。经过双方协商,中国银行允诺承借中央银行所需款项的四分之一,即 50 万元。宋子文对此极为感激,后来国民革命军出师北伐时,他曾电令出发各军,谓"我军到达各地,当加意维持中国银行。"[14]这样,中国银行就与南方国民党政权建立起友好关系。

　　1926 年 6 月,广州国民政府北伐前夕,张嘉璈为因应新时局,率秘书南下驻守上海,直接管理中行南方行务。行前他与中行各董事相商决定:中行将以全力赞助国民革命军北伐[15]。随着北伐的推进,江浙财团对国民政府北伐的欢迎与支持态度逐渐明朗,因此在暗地里给予国民革命军以经济援助。北伐军抵达赣州后,需用现银迫切。于是,蒋介石致电时在天津正待南下的黄郛,要黄转告张嘉璈在上海设法汇济。当时孙传芳正调兵遣将,准备与北伐军作殊死之战,因此对金融业举动监督甚严,而且赣州僻处内地,调汇不易。但张嘉璈仍在绝对保密的情况下,汇济 30 万元。蒋介石于 1926 年 11 月初进驻南昌后,又通过黄郛转嘱张嘉璈由上海拨汇南昌现款 20 万元以济时艰,张嘉璈也密电南昌中国银行照办[16]。

1927 年年初,蒋介石率其嫡系部队开始进军浙江、江苏(上海)地区,军饷极度困难,几乎面临断饷危险,他屡屡要求财政部长宋子文速发军饷,否则与其难堪[17]。蒋氏在责难宋子文电文中甚至说:军事成败胥在于此。军事饷需对于蒋介石是如此重要,对于对手孙传芳等又何尝不是如此。1927 年 2 月,孙传芳联合张作霖、张宗昌成立“安国军”,决定在上海地区与北伐军决一死战,饷需同样成为其成败关键。3 月 2 日,孙传芳、张宗昌以讨伐共产党为名,向上海银行公会、钱业公会筹措饷粮,准备以江海关二五附税作担保发行库券 1000 万元,由上海各银行、钱庄和各行号摊认[18]。江浙财团的天平倾向何方,对于中国军事和政治局势发展有着巨大的影响

面对这样的形势,江浙财团中人除上海总商会会长傅筱庵等绝少数人外,大都在客观分析形势后,对南方革命势力采取暗地里支持的态度,而对孙传芳等军阀的筹饷要求则采取拖延甚至反对态度。几乎在上述张嘉璈支持蒋介石的同时,江浙财团另两位领袖人物陈光甫与钱永铭也对蒋介石的借款要求伸出援助之手。蒋介石率军攻克南昌后,为稳固地盘,决定用重金收买敌方军官,急需大笔现金,于是派亲信黄郛和徐桴赴沪秘密联络江浙财团两位代表人物——上海商业储蓄银行总经理陈光甫和四行储蓄会副主

任钱永铭洽借,陈、钱在了解到蒋的军事实力后,允诺"革命军饷银,当尽力而为"。蒋介石对此非常高兴,致信给陈、钱,称他们"主张公道,扶持党义",岁寒松柏也。陈、钱于 1927 年 2 月初秘密借给蒋 50 万元。

1927 年 3 月 12 日,傅筱庵召开上海总商会常董会议,讨论摊认孙传芳等 1000 万元二五附税办法,接着又召开上海总商会、县商会、闸北商会会长与会董联席会议和上海银钱业联席会议,要求当场确认摊认该项巨额库券数额。尽管傅氏在几次会议上为劝诱摊认库券说得舌敝唇焦,而各业、各商代表竟无一应者。这充分说明江浙财团人士大部分已认清时局,倾向南方革命势力。

事实上,江浙财团代表人物在北伐军抵达江浙地区时,都已明确倾向于北伐军、倾向于蒋介石集团。张嘉璈的态度已如上述。虞洽卿早在 1926 年 4 月广州革命政府出师北伐前就派女婿盛冠中陪同闸北商会会长王晓籁到广东"考察"。8 月,王晓籁等回沪,虞听了汇报后,得出蒋介石对浙东乡谊和"交情"看得很重的结论。1926 年 11 月,蒋介石率北伐军攻取南昌后,虞洽卿即赴南昌晤蒋。而钱新之、陈光甫则是"上海银行界与宁孙(传芳)反对最有力者","孙乃欲通缉之"[19]。1927 年 1 月 24 日,陈其采在建议蒋介石迅速组织临时财政机关应付财政问题时,指出"平素倾向革命主义"的陈光甫是担任临时财政机关负责人的最合适人选[20]。

但当时把持总商会的傅筱庵执意支持孙传芳等军阀势力。他在召集几次联席会议摊认孙传芳拟发的 1000 万元库券毫无结果后,竟利用职权从他控制的中国通商银行准备金中拨出 200 万元,作为对孙传芳安国联军的捐赠。傅氏所为,为江浙财团中大多数人士所唾弃。为了与傅筱庵郭清界限,也为了向蒋介石表明支持北伐的态度,江浙财团代表虞洽卿、王一亭、吴蕴斋等联络上海银行公会、钱业公会、交易所联合会、面粉公会、纱厂联合会、纱业公所、上海县商会、闸北商会等 19 个团体于 3 月 22 日发起成立上海商业联合会,发起团体代表包括虞洽卿、王一亭、王晓赖、宋汉章、钱新之、吴蕴斋、荣宗敬、穆藕初、秦润卿、胡孟嘉、徐新六、谢韬甫、孙景西、徐静仁、徐庆云、吴麟书、顾馨一、陆伯鸿、朱吟江、闻兰亭、叶惠钧、冯少山、劳敬修、姚紫若、石芝坤、徐补荪、沈田莘、余葆三、李咏裳、陆费伯鸿等一批上海金融、工商、航运界领袖人物,虞洽卿、王一亭、吴蕴斋被推为商业联合会主席。随后又有中国棉业联合会、上海机器碾米公会、上海染织布厂公会、中华水泥厂联合会、新药业公会、电机丝织公会、华商码头公会、上海银楼公会、江苏火柴同业公会、上海出口各业公会、上海煤业公会、上海五金业同业公会等 45 个团体加入,其代表包括刘鸿生、黄楚九、蔡声白、范和笙、薛文泰、朱子谦、姚慕莲、黄振东、陆维镛、项如松、方椒伯等工商各业著名人物[21]。上海商业联合会集中了一批江浙财团的上层人士,成了江浙财团新的组织形式。上海商业联合会的成立,使傅筱庵控制的上海总商会名存实亡:从入会团体看,由上可知,原加入上海总商会的主要工商团体都已加入了商业联合会;从人员看,上列各团体代表人物大都是总商会历届会董或骨干。

　　上海商业联合会的成立宗旨是"对外应时势之需要,对内谋自身之保障"[22],是上海工商金融界面对时局的应变之举。它的成立表明:江浙财团的主体在客观分析全国政治军事局势后,在南北军事对立中已公开倒向国民革命军一边,也表明江浙财团把寻找新靠山以便保护工商金融业发展的"宝"压在了蒋介石身上。江浙财团主体的这一理性抉择,对于中国政治军事格局的变化、促进国民革命军北伐具有十分重要的意义。

　　上海商业联合会成立后,江浙财团便积极为蒋介石筹款。3

月 26 日蒋介石到达上海当日,虞洽卿等就拜访蒋,商议设立为蒋筹措军饷的江苏兼上海财政委员会并首先筹款 1000 万元问题。次日,商业联合会召开专门会议,听取虞洽卿拜见蒋介石的情况报告,会议推定吴蕴斋、谢韬甫、荣宗敬、陆伯鸿、吴麟书、劳敬修、闻兰亭、叶扶霄、顾馨一为代表,再往见蒋介石"接洽一切"。28 日,上海银行公会、钱业公会、上海总商会、县商会、闸北商会召开联席会议,讨论白崇禧两度给银行公会来函要求筹饷问题,会议商定由五团体派代表与国民革命军军需处处长徐圣禅(浙江镇海人)联系。29 日,上海商业联合会代表往见蒋介石,蒋表示:"此次革命成功,商界暗中助力,大非浅鲜,此后乃以协助为期。至劳资问题,在南昌时已议有办法。所有保商惠工各种条例,不日当可颁布,决不使上海方面有武汉态度。"[23]3 月 30 日,蒋介石以国民革命军总司令部的名义公布了江苏兼上海财政委员会名单。该名单以江浙财团人士为核心,15 名成员中包括银钱业界的陈光甫(上海商业储蓄银行)、钱新之(四行储蓄会、四行准备库)、秦润卿(上海钱业公会会长)、吴震修(中国银行)、汤钜(交通银行)及工商界的虞洽卿(上海商业联合会)、王晓籁(闸北商会)、顾馨一(县商会)、徐静仁(华商纱厂联合会)等,陈光甫任主任[24]蒋介石同时致电上海商业联合会、银行公会和钱业公会:"现在财政委员业已派定,所有关于财政问题,应统由该委员会通盘筹画。惟是军事未已,庶政待理,需款孔急,亟应设法筹垫。兹特派该委员会陈主任,亲赴贵会商议办法,尚希概予接洽,鼎力协助。"[25]几乎没有经过什么交涉,财委会就于 4 月 1 日与上海银钱业谈妥筹借 300 万元。4 月 4 日,陈光甫以财委会主席名义与上海银行公会代表胡孟嘉、叶扶霄及钱业公会代表谢韬甫、楼恂如正式签署了垫款合同[26]。

相对于对蒋介石集团的财政支持,江浙财团在向武汉国民政府提供财政援助方面所持态度较为谨慎。1926 年 12 月,广东革命政府迁都武汉。在此之前,已由国民革命军数度向汉口金融业直接借款,国民革命军总司令部政务主任邓演达、财务主任陈公博以国民政府将在汉口设立湖北银行的名义,以湖北官钱局财产作抵向汉口各银行钱庄筹借 500 万元,汉口浙江实业银行便被摊认 20 万元,在上海的浙江实业银行总行经理李馥荪就电示汉行予以婉拒[27]。1926 年 12 月中下旬,武汉国民政府决定发行整理湖北财政公债 1500 万元,整理湖北金融公债 2000 万元;宣布财政公债用于整理湖北财政,及救济商民因军阀勒借债款所受之财政困难;金融公债将用于收回湖北官钱局旧票、归还国民政府新债、拨充中央银行分行预备金以及抵借现金[28]。这一次,上海金融业采取了比较积极的态度。1926 年 12 月 25 日,由张嘉璈出面在上海沧州旅馆约集李馥荪、陈光甫、蒋抑卮(浙江兴业银行办事董事)、王子鸿(中行汉行经理)、沈季宣(大陆银行汉行经理)等密商,支持武汉革命政府发行新公债。同时,他们也提出六项要求,如公债基金应由基金委员会在中央银行开立专户存放,随时有权移动;或在中央银行库中另放一处,与该行款项不相混合;基金委员会每月须将款项收支情形登报声明,以昭大信;要求把长期公债(即整理湖北财政公债)的利息率由 4 厘增至 6 厘[29]。张嘉璈、陈光甫等把上述意见书托王子鸿带至汉口,再由上海商业储蓄银行汉口分行经理唐寿民转请孔祥熙交与财政部长宋子文。以后,汉口金融业对于武汉国民政府所发行的金融公债给予了一定的支持,江浙财团各主要银行的汉口分支机构参与其间[30]。

3 月 29 日,代表武汉国民政府前来接受江浙财政的宋子文抵达上海,次日便与蒋介石协商统一江浙财政事宜。宋考虑在财政部驻沪办事处之下筹设江苏财政处和浙江财政处,以实现江浙财政统一。蒋介石于 4 月 8 日发表总司令部布告,对宋子文的统一江浙财政表示"支持",称"所有江浙财政事宜,应即交财政部接受整理,以期统一"[31]。4 月 12 日,上海银钱业两公会举行欢迎宋子文宴会,银钱业表示"国民政府政治旨在对外取消不平等条约,对内发展民众事业,本埠金融业在数年前精神上早已默契,今愿为国民政府之后盾,……倘国民政府因需用款项,募集担保确实之公债,金融业自当竭诚承受。"[32]同一天,宋子文直接向上海银钱两业提出再垫款 300 万元的要求,银钱业则向宋提出包括请国民政府发表保持工商并维护金融业的方针、借款用途限于江苏、借款分批交纳、借款担保品应由银团组织基金保管委员会保管等 5 项条件[33]。上海银钱业欢迎宋子文时的表态及提出的借款条件表明:当时银钱业尚承认武汉政府的合法性和权威性。

但随着宁汉矛盾的公开化,江浙财团逐渐偏离了武汉国民政府而支持蒋介石集团。就在银钱业宴请宋子文的当天,蒋凭借江浙财团前次 300 万元垫款发动了四一二政变。江浙财团对此明确给予支持。4 月 16 日,上海商业联合会致电蒋介石并请转南京国民党中央执、监委员会,称"窃维革命告成,建设随之。不图共产党只知破坏,阴谋暴露,事实俱在。幸当局未雨绸缪,俾免赤祸蔓延,此商民所感慰者也。顷读吴稚晖先生呈请清党电文,益见当有扫荡反动之决心。诸公次此列席会议,解决国是,在兹一举,可否之间,关系甚大。敝会愿与三民主义相始终,对于当局清党主张,一致表决,愿为后盾,"[34]上海钱业公会也于当天致南京国民党中央执、监委员会说"三民主义为救国救民之惟一政策,是以旌旗所至,靡不箪壶欢迎。乃不幸有捣乱分子,假党之名,窃党之权,欲试其倒行逆施之手段,为此反革命行为,全国人民视为公敌。伏乞诸公此次列席,毅力解决,扫除毒氛,锄暴安良,在此一举。凡我人民愿作后盾。"[35]次日,上海银行公会也致电蒋介石并请转南京国民党中央执、监委员会,支持蒋"清党"。电文说"自革命军奠定淞沪,商贾方期安居乐业。不图少数爆裂分子遽施破坏,扰乱大局,其叛党祸国,人民共愤。闻诸公此次列席会议,具有驱赤毅力,清党决心。树立国本,端在斯举,商业金融,实利赖之。"[36]上海商业联合会、上海银钱业公会的电文表明,江浙财团已有原支持国民革命转向公开支持蒋介石集团。

必须指出的是,商业联合会、银行公会、钱业公会上述电文中所说的中央执、监委员是指在南京出席所谓的国民党中央执、监委员会议和国民党中央二届四中全会的各委员,仅有蒋介石、胡汉民、吴稚晖、张静江、李石曾、蔡元培、邓泽如等策划并实施反共清党的分子10余人。

4月17日,武汉国民党中央发布免去蒋介石本兼各职、开除党籍并"按反革命罪条例惩治"的命令[37];武汉国民政府于同日发布《集中现金条例》,下令禁止各华商银行兑付钞票,禁止现银出口[38]。同时,武汉兴起了声势浩大的讨蒋怒潮。而江浙财团在宁汉公开对立后更坚决地倒向蒋介石集团。4月18日,上海银行公会紧急通告各会员:"自即日起与汉口各行暂行停止往来"。同日,银行公会致电蒋介石,告以银行公会各行已与武汉隔绝,请求蒋出面维护金融稳定。江浙财团同时加快了向蒋再次垫款的步伐。4月25日,江苏兼上海财政委员会陈光甫(陈其采代)、王晓籁、钱永铭(新之)与上海银钱业两公会代表倪思宏(远甫)、孙元方(景西)、谢韬甫、楼恂如签署了续垫借款300万元合同。合同规定垫款月息7厘,以江海关二五附税作抵,由银钱业派员监收,直至两次垫款一并还清,但如二五库券已销售得款,应尽先归还[39]。

　　四一二政变前后,中国政治局势风云多变,蒋介石处于既要与军阀势力征战,又要与武汉国民政府对峙,还要建立完备蒋氏国民政府的关键时期,需款确是孔亟,江浙财团的支持、特别是两次垫款对他来说是至关紧要的。20 世纪 20 年代末的满铁调查资料说:蒋介石得以建立南京政权,进而完成北伐大业,浙江财阀购买国民政府以筹集军饷为目的而发行的国库券,实在是功不可没[40]。

　　为什么江浙财团在 1927 年春夏南(国民党)北(北洋军阀)、宁(蒋介石)汉(武汉国民政府)之间纷争之际,最终选择了蒋介石呢? 内中原因,我们不能简单地归咎于某些代表人物的"投机"、"背信弃义",而应更多地从阶级属性和阶级利益上去分析。"黄金时期"形成的江浙财团其重要成员属于中国民族资产阶级的上层,他们为着自身企业的发展,具有一定的反帝反封建的积极性,其中一些代表人物早年就参加或支持辛亥革命。北洋时期,政局动荡,军阀连年混战,加以政府腐败,出卖利权,使以江浙财团为代表的民族资产阶级极度失望,他们希望能有一个强力人物建立一个强有力的政府,建立正常的稳定的社会秩序,维护国家主权和社会的安定,保护中国实业家、银行家和商人的利益和经济的发展。所以在南方革命势力兴起并探得南方的实力后,江浙财团把视线转移到了南方,对北伐总体上持积极、赞助的态度,而掌握着军事大权、与江浙财团的基础宁波帮有地缘情节、与江浙财团一些代表人物早有密切联系的国民革命军总司令蒋介石成为江浙财团所看重的人物。陈光甫说:我当时(1927 年)主要的想法是要推翻军阀统治……。我相信国民党能够带来和平和国家的繁荣。我的观点反映了当时上海实业界的看法[41]。随着北伐的节节胜利,工人运动即所谓"工潮"空前高涨,这危及了江浙财团的利益,使他们感到害怕和恐惧。加以当时国民党右派或右派控制的一些舆论对共产党的歪曲宣传,使他们"恐共症"严重泛滥,攻击共产党"名曰公产,实则破坏"[42];他们唯恐"劳工势力支配"后废除资本主义制度。江浙财团代表人物之一的王晓籁曾说"吾人最怕之事,即共产"[43]。他们主张平息"工潮",维护治安。江浙财团实业界代表人物荣宗敬说:"工潮不决,纷扰无已","工人手内一有枪械,闻者寒心,务须收回枪械以维治安。"[44]在这样的情况下,江浙财团背弃实行联俄、联共、扶助农工三大政策的武汉国民政府,支持主张反共"清党"的蒋介石集团是必然的。虞洽卿就说:"蒋总司令极力主张铲除共产党,我商人虽破产亦当设法捐助"[45]。

## 二、江浙财团与南京国民政府 1927—1931 年的公债

　　1927 年 4 月 18 日,江浙财团支持蒋介石在南京建立了国民政府。但当时新生的国民政府面临巨大的财政压力:继续北伐,进行统一战争,建立健全各级机构,营建"首都"等,在在需巨款,而南京政府能够控制范围内的税收很有限,且缓不济急,于是只得发行大量公债、库券度日。

　　5 月 1 日,南京政府以江海关二五附税为担保,发行"江海关二五附税国库券"3000 万元,月息 7 厘,本利从 1927 年 6 月起在 30 个月内还清,用途是"充国民政府临时军需之用"[46]。这是南京国民政府成立后向国内首次公开举债。由于国民政府能控制的仅有江、浙、闽、赣、粤地区,这次库券主要是在江浙地区募集的。为了推销这 3000 万元的二五库券,苏沪财委会采取派募的办法,即由认募的团体先向财委会缴款。采用这种方法,苏沪财委会可以较快筹得现款。其具体派募额为:上海银钱业 500 万元、以上海商业联合会为代表的工商团体 500 万元、上海绅商 1000 万元、江浙

两省共 1000 万元。上海商联会虽同意认募库券 400 万元,可是分派甚为不易,至 5 月 9 日,商联会所属交易所联合会、纱厂联合会等 32 个会员团体,认定库券总额才 190.7 万元,实际缴款仅 80 万元。在财委会的催促之下,商业联合会另向交通银行及上海商业储蓄银行共借款 70 万元,缴至财委会。[47]5 月 14 日,苏沪财委会又致函商联会,以蒋介石电令名义,向江浙财团以下公司商号分派二五库券认购额:闸北水电公司 25 万元,华商保险公会 50 万元,内地自来水公司 25 万元,南市电气公司 30 万元,南洋烟草公司 50 万元,粤侨联合会 30 万元,华成烟公司 10 万元,先施公司 25 万元,商务印书馆 20 万元,永安公司 25 万元,新新公司 25 万元,丝业总公所 10 万元。要求商业联合会"即分饬各该公司认购,即日交款;并饬总商会、闸北商会、县商会即日分别劝募为要"。[48]其中的闸北水电公司以"经济竭蹶"无力照购派销之 25 万元,商请财委会同意"酌量购认",但苏沪财委会决议维持原派额。以后,苏沪财委会为催缴库券款额,数度向上海商业联合会交涉。最终商联会的二五库券认募额为 300 万元,缺口的 200 万元由江苏加派。为了加快二五库券的推销,5 月上旬起,苏沪财委会发起了"劝募救国库券大运动",组织库券劝募委员会,确定常务委员、委员、总干事、副总干事人选。苏沪财委会还致函海外各团体、银行和报馆,推销二五库券。5 月下旬,南京国民政府财政部和江苏省财政厅均成立运作后,苏沪财委会不再办理国、地财政征收事宜,其财政行政机构性质不复存在,专门从事江海关二五附税国库券的发行及相关事项。至 6 月上旬,二五库券在国内已认募 2000 余万元,至 8 月 18 日认募足额[49],苏沪财委会即日撤销。从 5 月底直到 8 月中旬,苏沪财委会存在的时间虽然很短,但却是以蒋介石为代表的南京国民政府与江浙财团之间最初和最主要的中介环节,它通过筹集垫款和发行江海关二五附税国库券,为南京国民政府的巩固提供了最主要的财政基础。

继发行 3000 万元二五库券,1927 年 10 月 1 日,南京国民政府又发行"续发江海关二五附税国库券"2400 万元,月息 7 厘。但续发二五库券的售卖进行缓慢,由此造成的财政困难使得当时新桂系把持的、由孙科任财政部长的南京政府的下台。蒋介石在 1928 年 1 月 7 日复职,宋子文继任财政部长。以蒋为军事委员会委员长的南京政府重新开始北伐。北伐的重新开始,使军事开支直线上升。财政部长在没有预算的情况下,必须每 5 天筹 160 万元的军费。这笔巨大的开支也只能靠发行出售公债取得。宋子文于 1928 年 1 月向政府提议续发二五库券,并修改条例,月息由 7 厘增至 8 厘,总额由 2400 万元增为 4000 万元。当然,加募 1600 万元的续发二五库券,并不足以应付蒋介石的"北伐军需"。于是,1928 年 4 月 1 日,国民政府以卷烟税为担保,发行了 1600 万元的"卷烟税国库券"。5 月 1 日和 6 月 1 日宋子文以印花税为担保分两期发行了 1000 万元的"军需公债",接着又在 6 月 30 日以煤油特税收入担保,发行"善后短期公债"4000 万元(实发 3800 万元),供北伐结束后善后之用。这些债券发行的时候,与江海关二五库券相似,不乏使用强制推销的办法。合计从 1927 年 5 月 1 日到 1928 年 6 月 30 日的 14 个月中,国民政府发行了 13400 万元的内债。这些内债的发行,为南京政府挤垮武汉的对手、取得北伐的胜利以及对南京政府的生存和巩固,发挥了极其重要的作用。1929 年的满铁调查资料说:蒋介石成立南京国民政府及北伐大业最终告成,浙江财阀购买国民政府以筹集军饷为目的而发行的国库券,实在是功不可没[50]。

但是,北伐后的"善后"仍需要大笔经费,编遣会议上所酝酿的新的内战使开支不可能降下来,南京政府还得准备大笔的军费。早在 1928 年 7 月 1 日,财政部以天津海关二五附税为担保,发行了"充国民政府本年底预算不足,及筹付临时需要之用"[51]的"津海关二五附税国库券"900 万元,月息 8 厘。紧接着又在 10 月发行"民国十七年金融短期公债"3000 万元,九二折扣,年息 8 厘,以关税内德国退还赔款之余款为担保。此项公债中的 2000 万元拨作创立中央银行的资本。1928 年 11 月发行"民国十七年金融长期公债"4500 万元,以整理汉口中央银行钞票。1929 年 1 月发行"民国十八年赈灾公债"1000 万元。与编遣会议相呼应,1929 年 2 月 1 日发行"民国十八年裁兵公债"5000 万元。编遣会议刚降下帷幕,"蒋桂战争"爆发,南京政府于 1929 年 3 月发行"续发卷烟税国库券"2400 万元,充南京对桂系的战争费用。被蒋桂战争打断的编遣工作在战争以南京胜利告终后再行提出,并为此而于 1929 年 8 月发行"民国十八年编遣库券"7000 万元。但内战并未因编遣而避免,"蒋唐战争"、"蒋冯战争"、中原大战和对共产党根据地的"围剿"等接踵而至。所有这些战争所需的大量经费,便靠源源不断发行内债来补充。滚滚而来的债券收入不但使南京政府在对各派的战争中立于不败之地,而且还使得政府能够创办中央银行、赈济水灾和进行疏浚海河等工程。

计从 1927 年 5 月 1 日到 1931 年度的 5 年之中,国民政府财政部、铁道部和资源委员会共发行 30 种计 104500 万元的内债债券[52],平均每年发行约 20900 万元,以 1931 年发行 42100 万元为最高数额。上述各类数字尚不包括各省市地方政府所发行的内债。

南京政府为推行这些内债煞费苦心,采用了"非常手段"。北伐结束后,国民政府开始采取与江浙财团的合作态度,以便创造一个真正的公债市场而可以不采取强制手段发行公债,从而取得江浙财团的自觉和可靠的支持。于是,南京政府采取高利息、大折扣的方法来吸引江浙财团和一般购券者,并且,政府还往往在债券正式发行前抵押给银行,由银行预付政府所急需的现金。现金所得往往只及债券票面的一半左右。例如,上海钱业公会所属钱庄进行公债交易中,以1562.5万元的预付金押借[53]3060万元的债券,预付金仅值票面值的51.06%(见表19)。

表19 上海银钱业公会押借政府债券明细表

单位:万元

| 交易日期 | 债券名称 | 预付金额 | 债券票面值 |
|---|---|---|---|
| 1928 年 3 月 23 日 | 江海关二五附税库券 | 100 | 200 |
| 1928 年 5 月 5 日 | 卷烟税国库券 | 30 | 45 |
| 1928 年 5 月 5 日 | 直鲁赈灾押款(卷烟税库券) | 20 | 40 |
| 1929 年 3 月 3 日 | 裁兵公债 | 100 | 150 |
| 1929 年 6 月 26 日 | 关税库券 | 100 | 200 |
| 1929 年 9 月 20 日 | 编遣库券 | 200 | 400 |
| 1929 年 9 月 26 日 | 善后公债 | 50 | 100 |
| 1930 年 9 月 23 日 | 民国十九年关税短期库券 | 150 | 300 |
| 1931 年 2 月 2 日 | 民国二十年卷烟税库券 | 200 | 400 |
| 1931 年 4 月 16 日 | 民国二十年关税短期库券 | 200 | 400 |
| 1931 年 6 月 6 日 | 民国二十年统税短期库券 | 200 | 400 |
| 1931 年 8 月 2 日 | 民国二十年盐税库券 | 200 | 400 |
| 1931 年 11 月 28 日 | 民国二十年金融短期公债 | 12.5 | 25 |
| 合计 | | 1562.5 | 3060 |

资料来源:中国人民银行上海市分行编:《上海钱庄史料》,上海人民出版社1960年版,第207—209页。

债券正式发行后,或者直接投放上海证券交易所和上海物品证券交易所,或者存在银行,由这些银行根据市场价格议定最后出售价格,然后根据出售所得结算,而债券的偿还仍须按票面价值计算。这样,虽然财政部从 1927—1931 年发行的债券平均利息为 8.6%,但因债券是以大折扣出售的,所以实际上的收益率高得多。按证券交易每月平均牌价来看,这些公债的年收益是:1928 年 1 月,22.51%;1929 年 1 月,12.44%;1930 年 1 月,18.66%;1931 年 1 月,15.88%,1931 年 9 月,20.90%。[54]与其他投资相比,这种收益对投资者具有相当大的吸引力。当时,上海纺织厂的银行贷款,年利一般为 6%—10%,商业贷款年利为 10%—20%,银行本身所付定期存款利息为 6%—9%。即使 1929 年 1 月 12.44% 的公债利息是最低的,也优于工商业的银行贷款,而其他时期更高。债券收益不仅高于其他投资的利息,而且也高于当时最有名的几家企业所得的红利。当时,中国银行红利为 7%,商务印书馆为 7.5%,南洋兄弟烟草公司为 5%。[55]投资政府债券的高额收益和利润还可以从同一时期中国银行业的发展看出来。银行从高利息大折扣的公债投资中增加了它们的投资、贷款和票据的流通,28 家重要银行的资产从 14 亿元猛增到 1931 年的 26 亿元。银行业蓬勃发展,1928 年新开设银行 13 家,1929 年 6 家,1930 年 14 家,1931 年 11 家。[56]银行利润也成倍增长,仅以总行在上海的华商银行为例,它们的总利润 1927 年为 331.9 万元,1928 年为 458.8 万元,1929 年为 887.6 万元,1930 年为 1136.4 万元,1931 年则达到 1319.5 万元。[57]如以 1927 年的指数为 100,则 1928 年为 138.23,1929 年为 267.43,1930 年为 342.39,1931 年为 397.56。1931 年比 1927 年差不多翻了两番。

政府发行的公债不仅利息高、折扣大,而且为吸引购买者,使购买者相信政府公债的可靠安全,每次发行公债都有新的税源作担保,或为江海关二五附加税,或为新增关税,或为卷烟税、印花税。其中关税最为重要,担保了财政部从1927—1930年发行公债额的87.5%[58]。公债的偿还由国库券基金保管委员会负责,该委员会前身是1927年5月13成立的"江海关二五附税国库券基金保管委员会"。这一机构是江浙财团为偿还二五库券还本付息与南京政府多次协商后设立的。根据《二五库券基金会条例》第三条规定,委员会由各团体自行推出的代表14人组成,具体为:南京国民政府特派代表邓泽如、张人杰、林焕庭,江苏兼上海财政委员会代表徐静仁、虞洽卿,上海银行公会代表李馥荪、叶扶霄,上海钱业公会代表谢韬甫、王伯埙,上海商业联合会代表吴蕴斋、吴麟书,上海总商会代表林康侯,上海县商会代表朱吟江,闸北商会代表王晓籁。[59]其中李馥荪、谢韬甫、林康侯、徐静仁、吴麟书五人为常务委员,李馥荪为主任委员。显然,在二五库券基金会委员中,江浙财团的代表占了绝大多数,而常务委员均为江浙财团要人。二五库券基金会的成立,是江浙财团支持蒋介石所得到的回报,他们由此实现北洋时期曾竭力促成但没能如愿的保管内债基金的愿望。

证券市场上公债价格的高低,直接反映了政府债信状况。1928年3月21日,上海华商证券交易所开拍二五库券,市价较低,"迨人民知保管基金情形,市价骤涨。"6月中旬,"每票面百元,除已付还本款11期,约合三十六元七角外,市价在五十七元以上,核计九折而见强。"续发二五库券市价也在81元左右。二五库券基金会成立后运作一年有余,保管了三项库券的基金。舆论对其评价是"成绩甚优"、债券"市价逐涨",因为基金会各成员"声誉卓著、众望所孚","热心任事,亦实克尽厥职,民众信仰之深切,库券价值增长,自为应有之结果也。"[60]显然,由江浙财团为主组成的基金保管机构,增强了公众对公债基金的认可,进而对南京国民政府债务信用的确立起了至关重要的作用。为此,全国财政会议将该委员会的管辖范围扩大到其他公债、库券的保管事宜。至1931年年底,国民政府财政部所发行的债券中,除1928年5月发行的"军需公债"、1928年7月发行的"津海关二五附税国库券"、1929年4月发行的"疏浚河北省海河工程短期公债"、1931年4月发行的"江浙丝业公债"等少数公债外,所有其他公债、库券基金均由二五库券基金会保管。1932年2月28日,国民政府公布了公债整理案,其中规定将二五库券基金会改组为"国债基金管理委员会",所有各项库券基金,除海河公债仍由海河公债基金保管委员会保管及江浙丝业公债由国债基金管理委员会拨交该公债基金保管委员会保管外,其余基金概归国债基金管理委员会保管,权限也随之扩大,江浙财团基本上掌握了国民政府内债基金保管大权。

　　由于国民政府财政部在发行债券时所给予的优厚条件和二五库券基金保管委员会所提供的保证,在上海创造了一个名副其实的公债市场。政府公债债券成为江浙财团重要的投资财源。在这期间,公债投资对银行贷款的比例不断增大。据当时一位经济学家吴承禧估计,银行有价证券中有2/3是政府债券,他据此推断银行拥有41800万元的债券,按票面价值而不是按市价计算,略少于当时政府债券总额的半数(48.62％)。[61]不少研究者倾向于肯定吴承禧的这一估计。如千家驹也认为上海各银行持有政府发行的公债将近一半。但是也有经济学家所作的估计更高。例如,经济学家章乃器,他认为以1933财政年度而论,上海主要银行中大约有6亿元的政府公债,或者说他们持有政府实际售出的各种债券的三分之二。章氏的数字之所以比吴氏的估计数要高,是因为章氏估计银行所持有的全部证券中80%都是政府公债[62]。此外,在银行的抵押放款中,有政府为取得垫款作抵的债券,也有私人用公债作抵押的贷款。综合上述两项可以得出结论,上海的银行在1931年年末拥有1/2—2/3的南京政府的公债和库券。[63]

这些债券的持有者都是集中在属于江浙财团的几家主要商业银行手中。虽没有确切的统计,但据吴承禧考察所得,在52家银行的32100万元的证券中,有85%以上是集中在中国国、交通、四行储蓄会、金城、盐业、中国实业、大陆、中南、浙江实业、浙江兴业、四明、上海商业储蓄12家上海大银行手中。而庞大的中国银行和交通银行就占有这个总数的40%左右。吴承禧的这个统计数字是根据52家银行的报告而来的。这52家银行持有用于投资的证券24712万元,还有7360万元的证券作为银行通货储备金。这些数字多是以其在公债市场上的价值基础而统计的,并不是以票面价值来估算的。12家最大的证券持票人(不包括政府控制的中央银行)的持有债券数,如表20。

#### 表20  1932年12家银行持有证券数

单位:万元

| 银行名称 | 数额 | 银行名称 | 数额 |
|---|---|---|---|
| 中国银行 | 9000 | 大陆银行 | 1320 |
| 交通银行 | 4137 | 中南银行 | 1242 |
| 四行储备基金联合储蓄会 | 3190 | 浙江实业银行 | 1091 |
| 金城银行 | 1480 | 浙江兴业银行 | 1053 |
| 盐业银行 | 1440 | 四明商业储蓄银行 | 1052 |
| 中国实业银行 | 1430 | 上海商业储蓄银行 | 650 |

资料来源:吴承禧:《中国的银行》,商务印书馆1934年版,第69、71页。

这 12 家银行除大陆银行外,总行都设在上海(大陆总行设天津),并且除四行联合储蓄会是金城、大陆、中南和盐业等 4 银行(这 4 家银行通常称为"北四行")的一个联合企业外,其余这 11 家银行都是上海银行公会银行。而四行储蓄会正副主任是浙籍的"吴鼎昌、钱新之这些浙江财阀的巨头"[64],其业务重点也在上海,"与浙系财界结着密切关系"[65]。由于在这些主要银行中有连锁董事会的存在,所以这些具有领导地位的大银行家在对政府的财政上起着极端重要的作用。相反,1928 年成立的、由南京国民政府直接控制的中央银行只持有 760 万元的证券,[66]所以相对而言,中央银行在公债市场上还不能发挥重要作用。

南京国民政府在上海发行大量债券的成功,彻底改变了政府与江浙财团的关系。因为上海资本家吸收了 1/2—2/3 的政府公债,仅上海 27 家重要银行 1931 年的公债投资额就占政府所发行公债总额的 47.19%[67]。因此,他们就把自己的命运与南京政府联系在一起,必须支持南京政府。而南京政府通过发行内债不仅解决了财政困难,弥补了财政亏空,而且还把资本家拉到自己的船上"同舟共济",获得了维持统治的社会经济基础。公债就是这样把江浙财团"拖着"向南京政府更加靠拢。正如有位研究者写道:资本家与政府的合作"不仅解决了这个政权财政上的困难,而且加强了政府对商业界的控制力量。当各个银行的保险柜里塞满了政府的债券时,也就是它们在政治上积极参与了这个政权的表现。"[68]事实也正是如此,1930 年和 1931 年度有价证券占银行总资产的 15% 以上[69],银行的收益资产至少有 1/3 是和政府相关联的(这是 1934 年的比例,考虑到银行资产的扩大与债券发行的正相关关系,1931 年也不会低于这个比例)。这使江浙财团的银行家及其他资本家除了跟着南京政府走之外,没有其他的选择。

## 三、江浙财团与 1932 年的公债风潮和公债整理

　　1927—1931 年国民政府发行的 30 种、10 多亿公债有 82. 39%
用于军政费用[70]，这类"财政公债"债务自身无法担负还本付息的
资金，致使大量的中央税收被用于偿还债务，从而使关税、盐税等
依次都作了公债的担保。当时，中国的关税，几乎占国家总税收的
半数，担保着无数的公债。但这项税收在当时国内外经济恐慌的
影响下，已逐渐减少。其余各项中央税收，也均有下落之势。这对
于公债基金的影响极大。以中央有限的税收，为无限发行的公债
作担保，南京政府日渐不堪重负。在此前后，中国社会、政治局势
发生重大变化。1931 年 5 月始，长江、淮河发生百年不遇大水灾，
灾区达 7 省 32 万平方公里，灾民达 4000 余万，财产损失 15 亿元
以上，金融机构大量放款无法收回。同月，国民党内胡汉民派、汪
精卫派、孙科派、西山会议派和广东陈济棠、广西李宗仁等军事首
领实行反蒋大联合，在广州成立国民党中央执、监委员会非常会议
和国民政府。9 月初，宁粤战争爆发。而当国民党内部纷争不休
之际，日本发动了"九一八"事变，侵占东三省，不仅在政治上、军
事上威胁着南京政府，而且使南京政府失去了东北大笔税收收入
（约为每年 8000 万元至 1 亿元左右）。原来由东北税收维持的张
学良的几十万军队，这时也要由南京政府负担开支。政治军事危
机、自然灾害和政府财政捉襟见肘的困境，使公债行情持续暴跌。
1931 年 12 月 1 日，上海交易所的主要公债行情跌至票面价格的
一半。12 月 23 日，公债跌至低谷，公债市价小于票面值的 40%，
只及 9 月 1 日时的一半左右。[71] 以裁兵公债为例，1930 年 7 月最高
市价为 80. 6 元，最低为 74 元;1931 年 12 月最高为 57 元，最低为

51 元;1932 年 1 月,最高仅为 51 元,最低竟至 36. 6 元。[72]

公债价格的持续下跌,使江浙财团蒙受重大损失;同时,债价暴跌、债信动摇也使国民政府依靠发行内债维持财政的做法陷入困境。维持债市的稳定,尽快恢复债价成为政府和江浙财团的共同需要。政府方面认为,必须采取措施维护公债价格,"以直接恢复公债信用,间接安定全国金融"[73]。财政部长宋子文在力主限制军政费、采用预算制度的同时,认识到了对内债进行整理的必要性,其内债整理的目的主要是想延长债务偿还期限,以避免信用发生危机。为此,他曾要求甘末尔顾问团成员杨格拟具整理债务计划。[74]江浙财团在表示愿意同政府合作的同时,也对由日本侵略东北、宁粤纷争而带来的国家动荡状态极表担忧。特别是对 1931 年 10 月 26 日宁粤双方"和平统一"会议在上海举行后进展缓慢表示非常不满。11 月 5 日,上海银行公会召开了执行委员临时紧急会议,通过了宣言稿和财政方针建议案各一件,当日即推张公权、陈光甫、李馥荪、吴鼎昌、胡孟嘉 5 人,分别面谒宁粤代表,陈述相应主张。宣言指责南京国民政府成立后的执政"成绩",说"自民国十六年国民政府成立,全国人民无不认为破坏之日告终,建设之期开始。举凡党国措施,罔不竭诚拥护,以期政治之稳固,藉谋经济之发展。不意五年来,兵祸不能息,匪患不能止,天灾不能防,甚至党国自身亦复不能保持完整。卒为外患所乘,占领辽吉,震撼世界,国无以自存,民无以聊生。凡为国民,自问对党国之信仰,已五年如一日,而其成绩乃至如斯,实不能不感觉无穷之悲愤。尤为我金融界同人,此五年中,追随国民之后,不断的在社会上提倡尽力协助党国政府,至此更不能不抱万分之惭疚。"宣言敦促宁粤会议双方尽快达成一致,息争御侮:"窃以为在此时局之下,此次代表会商中,无论任何条件,双方皆应立即互让,克期合作。万不得已,则亦宜立由双方推定第三者,本互让精神,迅予调处。双方尤皆应承受其调处,以期统一于必成。"宣言对和平会议破裂提出警告:"诸公须知训政之权在诸公,而授训政之权于诸公者犹是国民。……国民迫于今日党国统一最后之机会,已不能听任诸公之自行破裂。……现在政治军事外交危险之状况,当为诸公所深知,勿待多言。同人等专就国民经济一点而论,认为此次和议若不成,统一再绝望,则嗣后社会之经济能力,决不能应政府之政治需要,实属毫无疑义,无论任何人当局,想均无以善其后也。"[75]

银行公会这一宣言表明江浙财团对蒋介石集团的不满与失望,对于长时期地承受政治分裂所带来的不利影响已失去耐心,明确表示将凭借所掌握的金融力量和经济影响力,向当政者施加压力,以捍卫其自身利益。次日该宣言在《申报》刊出后,引起各方广泛关注。随后,江浙财团派出代表人物陈光甫、李馥荪、张嘉璈、吴鼎昌等赴南京与宁粤双方代表会谈。江浙财团代表要求宁粤和议达成后,政府应即成立全国财政委员会,缩减军政费用,以后再发行公债应将债票交财政委员会及基金保管委员会保管,以维债市稳定。国民政府非常重视江浙财团代表的意见,仅几天后国民党中执会临时全体会议就通过国民政府财政委员会组织大纲及委员人选,委员除了政府中重要军政人员外,有金融工商界委员8人[76]。11月13日,财政部长宋子文就设立财政委员会发表谈话,称"财政委员会之设立,实开吾国财政界之新纪元,盖自此预算得以成立,国库收支得以公开也",并说此后军政各费须经财政委员会审核,政府收支两星期公布一次,公债发行须由委员会稽核。[77]两天后,南京国民政府财政委员会即举行第一次会议,以安抚江浙财团,恢复全国金融工商界对政府财政政策的信心。财政委员会第一次会议通过国难时期紧缩临时预算,将军费缩为1800万元,政费除中央教育费不减外,其余各机关一律核减,每月不超过400万元,对已发公债,财委会宣言政府将负责保持信用[78]。

为了谋求与江浙财团合作,国民政府财政部随即制定了多项措施维持公债。但这种努力随着11月7日宁粤和谈告成而顿挫。1931年12月15日,国民政府主席兼行政院长蒋介石提出辞呈,5天后宋子文呈请辞去行政院副院长兼财政部长职务。12月22日,国民党四届一中全会选任林森为国民政府主席,孙科任行政院长,负实际责任。同日,南京市长石瑛针对内债还本付息的沉重负担向国民党四届一中全会提交"拟维持公债信用案",建议政府与金融界切实商洽,在兼顾财政困难和维持公债范围内,设法将公债应还本付息的一部分展期拨付。[79]此议一出,全国震惊。全国商会联合会、上海银行公会、上海钱业公会、江海关二五库券基金保管委员会、上海市商会等团体即分别致电四届一中全会,坚决反对该项提案,要求政府维持债信,不得变更。[80]如上海银钱业公会、交易所联合会在联合致国民政府电中指出:公债持票人已遍及全国,公债与全民生计、社会安定关系极大。国家信用一旦失去价值,全国财产皆同失其价值,"其损失非仅在国债持券人,其关系更非仅在财政金融。即固有之主义与政策均非根本推翻不可",要求千万不要采纳此议,并请政府声明,"以定人心而挽债信"。上海160余个工商同业公会也发表宣言,分电全会,坚决反对此议。12月23日,由上海金融界发起的"中华民国内国公债库券持票人会"在上海银行公会成立,并致电国民党中央执监委员会,"谣传此次会议,将有展期拨付公债库券本息提案,人心惶惑,达于极点,仅有此种提案,已使债券信用,一落千丈。如果竟成决议,国家信用,根本无存,公司经济完全破产,任何政府无以为继",请求政府明白表态,以安群情而定国信。[81]该会实际上成了江浙财团应对公债危机的组织形式。面对来自江浙财团等全国各方的强烈抗议,石瑛于24 日收回提案。这场由公债展期拨付提案引发的抗议风潮反映了江浙财团为主体的持票人对公债问题的高度敏感和为捍卫自身利益的坚决态度,是 1932 年停付债券本息风潮的预演。

孙科出任行政院长后,面临着严重的财政危机。当时国库空空如也,而军政费开支每月即达 2200 万元,但每月能筹集到的款项只有 700 万元。[82]为获得江浙财团等的支持以便继续发行公债解决财政困难,1932 年 1 月 5 日,孙科向报界发表谈话,保证"政府为巩固金融起见对还本付息必尽力维持。如此而不能,则债信破产,金融恐慌,困难愈增。现政府为应付困难,解决办法,财政绝对公开",并称已修正财政委员会组织条例,"使财委会负责行监督之责,财政部仅有执行之权"[83]。同日,行政院通过财政委员会大纲修正案及委员人选名单,将财委会委员扩大至 35 人,同时缩减政府委员至 5 人,大大增加了金融界、实业界委员,而其中的"有经验之专家"也多为金融界人士[84],这是对江浙财团抛出的橄榄枝。

但孙科政府并没有得到江浙财团的信任和支持,每月仍然短缺 1600 万元。在发行公债无望的情况下,孙科于 1 月 12 日在国民党中央政治委员会上海特别紧急会议上提出:停止偿还政府公债本息 6 个月,每月提用原指定为内债基金担保的关税、盐税1500 万元作政府开支[85]。停付公债本息立即遭到江浙财团的极力反对。当晚,上海银钱业公会、二五库券基金保管委员会等各团体代表开会商议对策,决定由银钱业商定抵抗办法,各界一致主张。上海银钱两业于 13 日下午召开紧急会议,决议推胡笔江起草致国民政府电稿,要求打消此意;由银钱两业联名致函二五库券基金会表示誓为其后盾;推李馥荪即与上海各界接洽,以打消此议为目的[86]。同日,二五库券基金会召开会议,决议致电国民政府、行政院,请求打消挪用基金提议,并函请总税务司保留备抵债券基金之税款。二五库券基金会并于当天发表宣言,称"顷闻政府有挪用公债库券基金之提议,群情惶惑,市面为之动摇。……历年所发公债库券,已达九万万余元。此种债券,所以能流通市面、调剂金融者,以还本付息从未衍期,故能坚人民之信用。万一停付本息,立成废纸,政府之信用扫地,经济之恐慌立生,在人民将演成国民经济破产之惨祸,在政府亦失却救济财政之财源。此种杀鸡求卵政策,于国于民,为害均烈。以政府诸公之明达,当不出此下策。……万一有此提议,请即毅然打消,明白宣示,以安人心"[87]。上海市商会、全国商会联合会等沪上工商金融等团体纷纷致电国民政府、财政部,坚决反对政府停付公债本息。市商会主席、二五库券基金会委员王晓籁坚决表示:"头可断,公债基金之用途,绝对不能移动"。公债基金持票人会是反对停付的最重要的团体,随着公债风潮的发生,其成员迅速扩大。上海银行公会的会员银行纷纷加入持票人会,而杜月笙、徐寄庼、徐新六、张文焕等知名人士,则以个人身份加入持票人会[88]。持票人会发展成为以上海金融业为主导的具有广泛代表性的持票人组织,几乎成了江浙财团的组织形式。1月15日,持票人会致函二五库券基金会:"顷于本埠一月十四日各报诵读贵会宣言及致国府电,上保国信,下顾民生,义正词严,语忠言切。窃思自称以救国救民为责任之国民党,其指导下之政府,当能从善如流,打消此种自害害民、自杀杀民之妄举。万一政府背弃国信,蔑视民生,务请贵会同人均抱王委员晓籁头可断、公债基金之用途绝对不能移动之决心,任何暴力必无所施其技。敝会同人誓做后盾,甘同生死。"[89]上海各路商界总联合会致银钱两会的电文引人注意,电文说:"敝会忝为商人集团之一,有会员四十万,绝对追随贵会之后,援助一致态度为债券基金委员会之后盾。……贵会深知财政与政治绝对相连,则种种办法之中,请当道还政于民,俾自解救国难亦其法"[90]。在江浙财团的直接推动下,一场范围广大的反对停付公债本息的风潮,已在国内主要城市全面展开。

由停付公债本息拟议而引发的抗议风潮,其声势之浩大超出了孙科等人的预料,政府内部一时不知所措。在这种情况下,与蒋介石及江浙财团都有密切联系的张静江请前任上海市市长张群一同出面斡旋。经过政府与江浙财团的反复谈判,最终达成协议,孙科政府撤销停付公债本息的决定,而上海银行界则答应每月贷给政府800万元。

公债风潮平息后,孙科政府旋即辞职,蒋介石重新上台,担任军事委员会委员长,汪精卫为行政院长,宋子文为行政院副院长兼财政部长。孙科政府仅仅维持了三个多星期就垮台,其主要原因之一是没有的得到江浙财团的认可和支持。"孙的努力之所以没有成功是由于他没有取得像上海银行家和宋子文这样的重要人物的支持"[91]。这次公债风潮的发生固然与1931年的"九一八"事变、宁粤之间的政争新结局直接有关,但从公债史和金融史的角度来分析有关的资料,所得出的结论是:南京国民政府的内债政策与江浙财团为主体的国内金融工商界基本利益之间矛盾的长期积蓄演化成了这次风潮,江浙财团所涉及的利害关系最大,因而站在了这场全国性抗议风潮的最前列。

蒋介石和宋子文复职不久就爆发了"一二八"事变,国民政府再次面临着严重的财政危机。战争使上海的工商业陷于瘫痪,而当时全国半数左右的税收来自上海,这样,中央"财政情形,已陷山穷水尽之境"。再借债是不可能了,而战争又急需款项,政府除

了厉行节约外,就只有整理公债一途。为此,削减了当年达 21000
多万元的内债支付(加上外债的债务支付共约 3 亿元)。[92]

　　1932 年 2 月中旬,宋子文在上海召开有银行公会代表张嘉
敖、钱业公会代表秦润卿、二五库券保管委员会代表李馥荪、市商
会代表王晓籁、上海华商证券交易所代表张慰如等江浙财团头面
人物参加的会议,将初步拟定的公债整理方案交与代表讨论,宋氏
说明了公债整理的缘由和具体方案。宋氏方案主要内容是:
(1)每月应付公债本息 1600 余万元减为 860 万元;(2)还本付息
年限除民国十七年金融公债不变外,其余公债库券一律折半偿付,
库券息金减为月息 5 厘,公债一律改为年息 6 厘;(3)设立国债保
管基金替代二五库券保管基金,全权管理库券基金。(4)国民政
府明令公布自此次减息展本后,无论如何困难不再牵动基金,及变
更此次所定办法;(5)政府应彻底整理财政,在收入范围内,确定
支出概算[93]。各团体代表表示事关重大,应分别召开各自团体会
议,才能表示正式意见。2 月 18 日,上海银钱两业召开紧急联席
会议,讨论宋子文提出的公债整理方案。银行公会主席、二五库券
保管委员会主任李馥荪首先报告说:2 月到期本息基金分文未拨
至保管委员会。秦润卿随后报告说:钱业对此事讨论后,认为国难
当头,对政府的公债整理方案原则上同意,但提出应以此后政府不
发公债、不再向银钱业借款为前提。贝祖诒、胡孟嘉、徐寄庼、王伯
元、王志莘等都发表了意见,会议根据胡笔江的意见,议决"由持
票人以国难关系自动建议延本减息,若由政府强制执行,则以后基
金随时有动摇之虞"。会议决定向财政部提出包括财政公开、确
定预算、不再向银钱界借款并不再发内债等八项条件[94]。在国难
当头、正常还本付息事实上已不可能的情势下,作为江浙财团核心
的上海金融界有条件地同意了政府的公债整理案。1932 年 2 月

24日,国民政府正式颁发《关于变更债券还本付息令》,该令说:"自辽变发生以来,各种债券价格,因之暴跌,国家财政,社会经济,多受其困。政府丁艰屯之会,对于还本付息,从未愆期。迨上海事变继起,债市骤失流通,金融亦陷停滞。政府与民众本是一体,休戚相关,安危与共。际滋国难当前,财政奇绌,与其使债市飘摇,无宁略减利息,稍延偿还日期,俾社会之金融得免枯竭,御侮之财力藉可稍纾。迭饬财政部与各团体从长讨论,就原颁之条例,重拟适当标准,并经决定每月由海关税划出八百六十万元,作为支配各项债务基金,其利息长年六厘,还本期限按照财政部拟定程表办理。仰由行政院饬部转令拨发基金之征收官吏及总税务司,每月按期将各项债券本息如数拨付,至本息还清之日为止,不得稍有延误。此乃政府与民众维持债信调剂金融之最后决定,一经令行,永定为案,以后无论财政如何困难,不得将前项基金稍有动摇,并不得再有变更,以示大信。"[95]两天后,持票人会代表上海金融界等各界发表一项声明,表示接受公债整理。

南京国民政府第一次公债整理能够实现,一个很重要的原因是财政当局与以上海金融界为核心的江浙财团达成了妥协,获得了江浙财团的支持。当2月中旬宋子文首次与上海银钱业商议公债整理案时,就得到上海银钱业的原则同意,并提出了财政公开、设立预算等要求,希望以整理公债为契机得以实现。作为江浙财团组织形式的上海持票人会,不仅明确宣言要不惜牺牲自己利益,支持政府巩固债信,并号召所有持票人与政府密切合作。这种态度与一个月前对待孙科政府完全不同,内中原因主要有二。一是"一二八"事变的影响。"九一八"事变固然对上海的社会经济、对江浙财团带来很大影响,但毕竟相距尚远,而"一二八"事变给上海以直接的、巨大的影响,直接危及国民政府、危及江浙财团的根本利益,"抗日救国"已是包括江浙财团在内的全国各界的共同呼声,保障中央政府正常运作,已是当务之急。对于持有大量政府库券的江浙财团来说,维护国民政府即维护自己的债权。二是宋子文与江浙财团的固有关系和复出后实行的主要财政措施的影响。在南京国民政府中,宋与江浙财团的关系最密切也最融洽。北伐"成功"后,身为财政部长的宋子文开始筹划建立预算财政,克服北伐战争期间蒋介石的高压手段和财政的混乱状态。另外,他力图在政治上予江浙财团以一定的参政机会,邀其参加一些财政经济会议,并网罗其头面人物出任财政经济方面的官员;在财政上,宋子文改变以前摊派募集垫款和发行内债的做法,以高利率、大折扣方式发行内债,给予江浙财团以十分有利的认购公债条件。这些都密切了与江浙财团的关系。宋子文复出后,于 2 月 7 日致电各省军政当局要求各省立即停止截用国税收入;2 月 10 日又如期进行赈灾公债的抽签,并宣布月底还本 150 万元。这些与孙科政府决然不同的举措,又使江浙财团看到了希望。

## 四、江浙财团与南京国民政府 1933—1937 年的公债

在 1932 年公债整理案实施时,南京国民政府曾信誓旦旦表示将保证遵守各债券条例,不再有所变更。持票人会在宣言中也明确向国民政府提出不得再向各商业团体举债为内战及政费之用等要求,而宋子文则有"深表赞同"和"自当尊重而履行之"的承诺。但不到一年,宋子文就自食其言。从 1933 年起,南京政府又大举借债,不得不依赖发行内债来支撑财政。1933 年 2 月 23 日,国民政府财政部以华北烟酒印花税收入为担保,发行"民国二十二年爱国库券"2000 万元,年息 6 厘[96]。1933 年 10 月、11 月,财政部又

发行"民国二十二年关税库券"1 亿元和"华北救济战区短期公债"400 万元。1934 年伊始,国民政府即发行"民国二十三年关税库券"1 亿元,月息 5 厘,以关税为担保。1935 年 3 月,为充实银行资金拨还垫款,发行"二十四年金融公债"1 亿元。1935 年 6 月,为弥补 1934 年度总预算收支不敷,归还银行借款,发行关税公债1 亿元。除公开发行债券外,国民政府财政还越来越多地直接向银行借款和透支,其中最主要的有 1934 年 2 月以意大利退还庚款担保向上海各银行借款 4400 万元;1935 年 1 月以俄国退还庚款为担保,发行俄退庚款凭证 12000 万元;1935 年 2 月发行统税国库证 12000 万元;1936 年 1 月发行短期库证 10000 万元。上列所举各债计 38400 万元,大都是用作归还政府向银行的短期借款和透支的。在此时期内,国民政府也进行了一些国防建设,表现在公债政策上,就是有少量公债是直接为筹措铁路、公路、电气、电政建设费用而发行的,如 1933 年 7 月的"续发电气事业公债"600 万元、1934 年 5 月的"第一期铁路建设公债"1200 万元、1934 年 6 月发行的"玉萍铁路公债"1200 万元和"六厘英金庚款公债"150 万英镑、1935 年 10 月发行的"电政公债"1000 万元,计 5011 万元(英镑按 1 镑 =6.74 元计),占这一时期公债总额的 5% 弱。另外,还有个别公债是为补助地方金融、善后事宜及救济水灾而发行的,如 1935 年发行的"四川善后公债"7000 万元和"整理四川金融库券"3000 万元,及 1935 年 11 月发行的"水灾工赈公债"2000 万元。

在 1932 年公债整理后,公债发行利息一般只有 6 厘或月息 5 厘,折扣也基本上取消了,且整理之后一年多时间里公债价格一直低落。那 1933—1937 年的 15 亿多公债是如何发行的呢? 主要是1933 年以后,国内的政治和经济情况发生了很大的变化,特别是白银价格波动的经济后果使江浙财团的银行家们对投资购买公债

产生了新的兴趣。在 1932—1934 年这段期间,白银储备开始迅速
向上海各银行聚集,上海的存款和存银迅速地增加,由 31200 万
元,增至 59400 万元;[97]加上农村经济萧条,物价低落,工商业生产
不景气,上海银行界认为对这些领域投资将无利可图,而从政府公
债上找到了资本的出路。从 1933 年起,公债价格有所回升,公债
价格在 1932 年只相当于 1931 年 7 月时的 61.3%,1933 年提高到
78.48%,1934 年 7 月起公债价格已超过 1931 年 7 月的水平。这
样,江浙财团又把资金投向政府公债。从表 21 可以看出,中国、交
通及其他银行公会会员银行,1931 年的有价证券持有额为 23920
万元,1932 年为 23890 万元,1933 年增至 27480 万元,1934 年达
32020 万元。1934 年 12 月,上海重要银行为投资而持有的有价证
券创占总资产 12.36% 的记录,而 1930 年的最高记录也不过
9.57%。[98]到了 1934 年中期,上海各家银行已经前所未有地落入
到非依附于南京政府不可的境地了。上海各银行大约三分之一或
多一些的赚取收益可能完全依赖于它们与南京政府的关系。

#### 表21　上海主要银行持有证券额

单位:万元

| 年份　　　　银行 | 1931 | 1932 | 1933 | 1934 |
|---|---|---|---|---|
| 中国银行 | 7200 | 6450 | 3200 | 2540 |
| 交通银行 | 2140 | 2600 | 2990 | 2930 |
| 其他银行公会会员行 | 14580 | 14840 | 21290 | 26550 |
| 合计 | 23920 | 23890 | 27480 | 32020 |

资料来源:刘大钧:《上海工业化研究》,1940 年长沙版,第 300 页。

但上海主要银行持有有价证券增加额主要来自中国银行外的

其他银行。上述统计时段内,当时规模最大的中国银行对政府公债并不积极,而且对政府的财政和公债政策多有批评,它曾呼吁其他同业,"处此局势,似亦不可不转移方针,资金不再限制在金融和商业中心,应以集中资金,投诸内地"。[99]这样的态度对正在扩大推销公债的南京政府来说,无疑是非常刺耳的。在此思想指导下,中国银行从 1932 年起便着手抛售政府公债,使其持有的以投资为目的的有价证券从 1931 年的 7200 万元减少到 1934 年的 2540 万元,减少了 60% 以上(详见表 21)。随着上海等城市进入经济萧条,在中国银行的带动下,上海银行界从 1934 年下半年起,又开始有意识地抵制政府公债,减少对公债的投资。银行界对政府公债的抵制,使南京政府的公债发行面临困难,财政政策面临危机。因此,南京政府感到有必要加强对银行界的控制,以便使全部银行界和工商业资本家像中央银行一样积极支持政府的公债政策和财政政策。

其实,早在 1928 年国民政府就开始着手对中国银行和交通银行进行渗透和控制。所谓"渗透",就是在中国银行中强行加入官股,改变其股份的成分。中国银行有资本 2000 万元,1928 年南京政府将该行总管理处由北京迁往上海时即修改其银行条例,将资本额定为 2500 万元。这新增的 500 万元就是强行加入的"官股"。由于中央银行的设立,中国银行在北京政府统治时期曾经享有的代理国库的特权被取消后,南京政府就接受了张嘉璈的建议,将中国银行改为专事国际汇兑的银行,但仍享有发行兑换券之特权,此外并经理国内外汇兑及货物押汇、商业期票及汇票贴现等业务,其组织由总裁制改为总经理制,由临时股东会选举张嘉璈为总经理,由国民政府任命李铭为董事长。经过这一改造,南京政府的国家资本就渗透到了中国银行。这时,中国银行虽有 20% 的官

股并接受财政部的管理,但并没有完全被政府所控制。在张公权
的主持下,除设立国外机构、开展国际汇兑业务外,主要仍是按一
般商业银行经营,业务有很大的发展。它的存款逐年增长,由
1917 年的 14871 万元(定、活期存款合计,下同)增加到 1933 年年
底的 40997 万元。放款也有相当的增长,1933 年年底,同业放款、
活期放款和定期放款共达 45345 万元[100]。1930—1932 年,放款总
额中机关放款由 50.0% 减为 43.8%,商业放款由 20.1% 增为
22.4%,工业放款由 6.6% 增为 11.5%,其余的为同业放款等。工
业放款比重虽然仍很低,但在同业中属数量最大者,尤其是对纱厂
放款,1934 年达 3424 万元,占其工业放款的 62.9%[101]。鉴于农村
金融枯竭,经济危机笼罩中国,1932 年张公权在股东会上提出资
金下乡的主张,中国银行也成为最早提倡农贷的商业银行。

　　1928 年 10 月,南京政府在将中国银行改组为国际汇兑银行
的同时,于 11 月颁发交通银行条例,特许该行作为"发展全国实
业的银行",受政府或中央银行委托,可以代理部分国库,可以经
募政府公债库券及经理偿还本息事宜、代理公共实业机关发行债
票及经理还本付息事宜、代理交通事业之公款出入事项,等等[102]。
同时将该行资本扩股为 1000 万元,内有官股 200 万元,总行由北
京移于上海。财政部长宋子文指派卢学溥为董事长,总经理一职,
原拟由唐寿民充任,以银行界钱新之等人力荐、经蒋介石同意,由
董事会选胡祖同担任。因为胡原为上海交通银行经理,曾使该行
在政治变革中保持一定的独立性,所以被银行界同仁所看重。他
任总经理后,使交通银行向商业银行发展。1928—1933 年,交通
银行存款由 15000 万元增至 21299 万元;放款也有较大的增长,
1933 年达到 17909 万元[103]。

　　应该说中交两行经第一次改组后,仍对国民政府的财政给予

巨大的支持。当时金融界的心态正如李馥荪所说的"现在革命将要成功,财政最为棘手,政府一方面要办军务,一方面又要谋建设,都是非钱不行的,不得不取于人民,而人民一方面除拥护南京政府拥护总司令(指蒋介石)之外,已无别种生存的方法,所以无论精神上的辅助、物质上的辅助断不敢推诿。一方面又希望政府能切实维护金融界的利益,维护公债的信用。"[104] 因此,中交两行与南京国民政府之间既有合作又有矛盾。这一时期,中交两行在帮助国民政府缓解财政困难、协助整理公债、支持废两改元、稳定金融市面等方面,所发挥的作用颇为明显。反观中央银行,当时无论在财政问题还是在金融领域,都不能真正起到央行的作用。在中国银行被改组为国际汇兑银行后,时任总经理的张公权一心致力于建立一个有国际地位的专业银行,反对政府的赤字财政政策,抵制接受更多政府公债库券,不愿把银行当国库。

1934 年下半年,由于市场情况的变化加之张嘉敖反对,使得孔祥熙处在窘境之中。随着城市萧条的恶化,江浙财团购买政府公债的热情又迅速低落下来。整个江浙财团都开始支持张嘉敖抵制接受更多的公债的立场。[105] 所以到 1935 年年初,孔祥熙和蒋介石决定把张嘉敖撤换掉,以使南京政府把中国银行抓在手中。对此孔祥熙也直言不讳:"政府举措之最重要者,莫如改组中、交两行,增加政府资本,俾于救济改革币制之设施上得与中央银行通力合作,借收事半功倍之效。"[106] 而 20 世纪 30 年代的金融恐慌只不过为政府增加中交两行官股提供了借口。1935 年年初,由于美国的白银政策,导致中国的银价暴涨,白银外流,经济萧条,金融萎缩,工商业要求银行增加贷款、要求政府救济,同时银行也开始向政府求援。南京国民政府乘此机会,以救济金融恐慌、克服经济萧条为名,决定对中国银行和交通银行进行增资改组,取得对中交两行的控制权。3 月 23 日,孔祥熙宣布,政府要对中交两行实行管制,要求该两行增发股票,而且要把两行的控制权交给政府。与索取控制权相配合,南京政府同时发行了 1 亿元以关税为担保的金融公债,作为购买新股的资金。起初,孔祥熙企图使中国银行的资本股额比例变为官三商二,使官股压倒商股,但遭到中国银行商股势力最大的江浙资本集团的反对,不得不改为官商各半,使资本总额达到 4000 万元[107]。随即政府就对中国银行进行改组,董事长李铭、总经理张嘉璈辞职,由财政部长派宋子文为董事长,由宋子文提聘宋汉章为总经理,又改为董事长负责制,总经理秉承董事长之命办事。

至于交通银行,南京政府已于 1933 年 4 月再次对之进行了改组,终于将胡祖同调离交通银行,以唐寿民任总经理,胡笔江任董事长,把总行与上海分行合并,设总行业务部和发行部,由唐兼业务部经理。唐为宋子文的亲信,自中央银行建行以来即为该行的董事及经理。1935 年,财政部长孔祥熙在接管中国银行的同时,接管了交通银行。由 1 亿元金融公债中,拨 1000 万元作为交通银行的政府官股。这样,交通银行资本总额增为 2000 万元,分为 20 万股,其中官股 1200 万元(12 万股),商股 800 万元(8 万股)[108]。由于已有 1933 年的人事改组,交通银行的接管径直进行,原董事长胡笔江、总经理唐寿民继续留任。

经过第二次改组,中国银行中的官股比例已达 50%,交通银行中官股比例更达 60%,国民政府完全掌握了控股权,这是南京政府攫取中交两行的关键一步。中交两行已成为国营银行,南京国民政府要清除不听命的障碍,以便利用中、交两行的财力,弥补政府的财政赤字,实现其金融统制的目的已初步达到。1935 年经最后修订了的中交两行条例与 1928 年的条例相比,其变化集中表现在以下几个方面：官股增加，投票权扩大，中行官股比例达到50％，交行则达60％，股东总会会员投票权的修改更使官股有了绝对优势的发言权和投票权。这是国民政府夺取中交两行领导权的关键所在。大大削弱了商股董事的作用，董事会中的商股董事人数，经过斗争，虽然保持12人不变，但在董事会中所占比例已由80％降为57％，商股监察人人数在总监察人人数中的比例亦由80％降为57％，商股董事在董事会中已失去绝对优势，董事会议案的通过已不能决定于商股的意愿。总经理的产生由常务董事互选改为由董事长从董事中聘任，总经理或临时代理的总经理都必须由董事长选定。这就决定了总经理一职必须由能与董事长"合作"的人担任，要屈从于董事长的意志。1928年，中国银行组织大纲规定总管理处由总经理商同董事长、常务董事处理全行事务，总管理处设稽核4人，承总经理之命稽核全行业务，其任免由总经理提出。1935年改组后，由于总经理要经过董事长聘任，董事长变成综理全行事务的主宰，总经理由直接执行董事会议决事项，变成秉承董事长之命办事。这就为南京政府直接控制中行提供了便利。同年6月，政府又通过类似的办法对四明商业银行、中国通商银行、中国实业银行进行改组，把这三行置于政府的控制之下。所有对这些银行的增资都来自当年发行的一亿元金融公债中。经过这样的改组，到1935年6月，连同政府的中央银行以及早就为政府支配的中国国货银行，政府已取得了对以"大三行"（中央、中国、交通）和"小四行"（四明、中国通商、中国实业，中国国货）为代表的银行界的控制，随后又控制了钱庄业。对银钱业的控制，使政府在推行各项财政金融政策颇感顺畅。1935年11月4日国民政府实行币制改革，以中央、中国、交通（后于1936年1月加进中国农民银行）三大行所发行的钞票为法币，禁止银元和生银的使用，禁止其他银行发行钞票,并由三大行(后也加进农民银行)无限制地买卖外汇,垄断外汇市场。法币改革还利用了白银升值的有利时机,大规模买进外汇,把法币价值通过稳定的对外汇价稳定下来,即 1 元法币 = 1 元银元 = 0.715 规元 = 0.295 美元 = 14.375 便士。法币政策实施以后,南京国民政府通过中央、中国、交通、农民等四行垄断法币发行权的手段,已经牢牢地抓住对中国通商、中国实业、四明、中国国货、农商、广东、新华信托等银行以及北四行和南三行等银行的控制权。

国民政府接管中国的银行业,产生了广泛的反响。银行界在 1935 年以前所享有的相对自由发展的权力,几乎丧失殆尽。江浙财团已失去作为独立的经济和政治力量的地位。

南京国民政府过去历年所发三十多种公债库券,多数都由关税担保,但此关税并非关税收入全部,而是关余,即关税收入清偿外债、赔款后的剩余部分。故关税收入如有短少,首先受影响者即为内债。自 1931 年以后,由于国内外经济不景气,国际贸易衰落,复因日本侵华加剧,国土被占,关税收入年年减少[109]。华北事变后,此种现象更为突出,"内债本息基金,平均每月短少约四百万元,悉由政府临时筹垫足额。"[110]所谓"由政府临时筹垫",无非是向银行短期借款,但银行借垫是不能毫无止境的,否则,会危害银行自身的安全。公债发行日见膨胀,而税收均形减色,以致基金不敷,南京政府不得不再一次进行公债整理。

这次公债整理是以一种特殊的形式出台的。1936 年 1 月,上海证券市场关于减低债息换发新债票以及延长还本期限的种种传说已很甚,在一些大户的带头下,持券人纷纷脱售,债价因此遂落。上海市商会电询南京行政院和财政部,要求表明态度。财政部的答复含糊其辞,市场更为怀疑,卖风加甚,跌风更烈,有些公债跌到停板。[111]这就是整理案出台前的"公债风潮"。2月1日,国民政府财政部长孔祥熙与持券人公会代表杜月笙、俞佐庭、林康侯、周作民等座谈[112],孔在会上提出了他的内债整理方案。当日深夜,由"持券人会"发表宣言,表示拥护公债整理[113]。财政部于1936年2月16日公布了《民国二十五年统一公债换偿旧有各种债券办法》五条:

(1)国民政府历年所发的三十多种债券及北京政府遗留的少量公债券,按实欠债额,各依原定清偿年限,分为五类,以统一公债甲、乙、丙、丁、戊五种债票,分别换偿。

(2)统一公债发行总额为146000万元,其中以6000—7000万元调换北洋政府遗留的旧债,其余140000万元用来调换南京政府前9年中所发各种债券。

(3)统一公债本息基金仍照旧有债券规定,由关余支付,由总税务司依照各种债票还本付息表所列应还本息数目,按月平均拨交中央银行,收入国债基金管理委员会户账,专款存储备付。

(4)统一公债每6个月还本付息一次,其还本一律改用抽签办法。

(5)统一公债利率一律为年息6厘。

统一公债政策的实施,显然是国民政府为应付财政上的困难,带有很大的被动性和消极性。然而,客观地看,它也使债券化零为整,大大简化了债务结构。同时,此次整理,对旧债利息,虽不减轻,但各债偿付期限大约平均延长了6年左右,因此,国民政府的负担可减轻不少,使政府获得暂时财政上之平衡。与1932年公债整理一样,此次公债整理也使以江浙财团为主的持票人的利益蒙受了一定损失。但在1932年的公债整理中,江浙财团在支持政府整理案的同时,还提出了如"财政彻底整理,完全公开"、"政府不再向各商业团体举债为内战及政费之用"等要求,显示了它在经济上、政治上尚有一定的抗衡力量。而到此次整理案发生时,由于此前国民政府已实现了金融垄断,控制了中、交两行和"小四行"等其他银行,江浙财团已无力抗衡,只能乖乖接受政府的整理计划,显示其已丧失政治上的独立性,沦为南京国民政府的附庸。

由于延期偿付旧债腾出了基金,使南京政府有了继续发行新债的可能。几乎与统一公债发行的同时,南京政府立即使用该基金发行了 3.4 亿元的复兴公债,接着又相继发行第二期、第三期铁路建设公债,以及 1936 年四川善后公债和整理广东金融公债等等。总计从 1933 年到 1937 年 7 月,南京政府共发行公债法币151400 万元、英金 420 万镑、美金 200 万元(这个数字尚不包括统一公债 146000 万元在内)。另外又向银行短期借款、透支等总计44500 万元[114]。

从 1927 年到 1937 年 7 月,南京国民政府共发行内债 55 种,总额为法币 255900 万元、英金 420 万镑、美金 200 万元。1932 年公债整理前的五年发行了 10 亿多元,整理后发行了 15 亿多元,同期借入外债 7960 万美元。[115]从债务规模上看,1928 年 6 月南京政府推倒北洋政府之时,是 18 亿多元,约合 8.9 亿美元;1937 年 7 月时,总债务是 42 亿元,约合 12.6 亿美元。[116]国币表示的负债额的巨大增加,一方面固然是南京国民政府在此期间发行了大量的内债,但另一方面也是中国货币对美元汇率下跌的反映。1928 年 6月底 1 元(银元) =0.47805 美元,1937 年 6 月底,1 元法币(等于 1银元) =0.29655 美元。因此,美元所表示的债务规模更准确一些。如果当时中国人口以 4 亿多计,人均债务负担约 3 美元左右,比起欧美等发达国家来说是一个较低的数字(战前美国人均负担国债 275 美元左右),[117]然就中国当时的情况而论,这巨大的债务无论是对中国政府还是对中国人民来说,都已经是一个沉重的负担。如果以南京国民政府 1934 年度全部的税收收入 6.38 亿元计算的话,即使这些收入全部用来还债,也要六年半才能还清;如果以 1928 年的全部税收 3.3 亿元来计算,则需要 12 年半时间才可偿付完毕。毫无疑问,这些债券的发行在弥补政府赤字、维持财政平衡方面发挥了重要作用,内债与税收一起成为南京政府财政的主要挹注,以 1927—1931 年为例,内债收入占到政府全部债款收入的 80%—90%,与政府总收入(包括债款收入)相比而言,各年平均也占到 23%—24%,而同期军务费和债务费在国民政府财政支出中的比例平均每年高达 75% 以上,最高年份达到 80% 以上。[118]

　　国民政府这十年内债的债权方,最大者自然是江浙财团经营的上海的银行,在国民政府的"废两改元"和"法币"政策实施之前,上海的钱庄业也是投资政府公债的积极分子,综计自 1927—1937 年的 10 年间,钱庄贷给政府和购买政府所发行的公债共达 2900 余万元[119],上海成了南京政府的"财政金融宝库"[120],而筑就"宝库"的正是江浙财团。控制着上海金融经济命脉的江浙财团通过内债这一中介与南京国民政府紧紧地联系在一起。以江浙财团为代表的中国金融资产阶级为求得发自身的发展,需要有一个稳定的政治环境,而北洋军阀的连年混战和无视经济规则,使得金融资产阶级彻底失望,他们就选择了蒋介石政权作为新的靠山,给这个政权以巨大的财政支持,希望以此换取自由发展的空间。以中国银行为例,从 1930—1934 年的 5 个年度里,中国银行对政府机关的放款一直是中国银行的放款重点,占放款总额的比例分别是 48.93%;47.19%;42.61%;43.90%、41.91%。[121]这大体上也代表了同时期上海地区金融业放款的基本情况。如果考虑到金融业对公债库券的巨大直接投资,那么完全可以认为,上海金融业对国民政府的财政支持力度大大超出了对工商业的扶植。另外,在1932公债整理案实施以前,江浙财团也确实在政府的公债上分享了巨大的利润。但由于国民政府在1932年以前所发公债、库券的利率均高于市场的普通投资率,以此吸引投资者购买。这样的债券发行结构及其不合理的债券利率,也成为政府日后债务负担的最初原因。加上国民政府所发债券大部分用于非生产性的军政费支出,导致债务负担日益严重,国民政府的财政状况严重恶化,终于无法维持债信,江浙财团的希望再度落空,与南京政府的关系紧张到极点。1932年年初反对政府停付公债本息风潮正是两者利益冲突激化的集中表现。

其实,早在1927年前后,江浙财团就对蒋介石以敲诈勒索来筹款的做法(如蒋介石对中国银行上海分行经理宋汉章、中国通商银行总经理傅筱庵及上海著名实业家荣宗敬等人的行动)有所不满,但他们仍寄希望于全国统一后,随着国家财政经济逐步走上轨道,这种情况会发生改变。但1928—1931年间持续不断的内战,使军费支出居高不下,国民政府的财政状况濒临崩溃,直至1932年江浙财团不得不面对政府整理内债的要求。由于江浙财团作出重大让步,国民政府的公债整理案得以顺利实施。但通过这一事件,也使江浙财团意识到,要维护金融界在公债库券方面的根本利益,就必须严格限制政府的军费开支,以减少举借新债。为此,上海市商会、全国商会联合会、上海银行业同业公会和上海钱业公会于1932年5月,组织了废止内战大同盟会,其宗旨就是制止内战,以限制反共战争经费。同盟的成立也许是江浙财团在南京政府统治的10年内规模最大也最有冒险精神的一个政治行动。在国民政府统治的前5年,江浙财团给政府的军事行动资助了经费,而当政府无力支付公债的本息时,他们又承担了损失,同盟就是他们结束这种过程的一个武器。但由于中国民族资产阶级所固有的软弱性和妥协性,废止内战大同盟根本不可能实现它的宗旨。废止内战大同盟的失败说明了江浙财团的政治力量的局限性。他们可以发表一些公开声明,或是虚张声势,但是南京政府绝不会容忍那些会严重地改变它的政策的行动。

上述情况说明,在国民政府统治的前 5 年,在内债问题上,江浙财团和政府之间并非单纯的合作关系,蒋介石的高压政策与江浙财团的商业原则之间也发生过纠纷乃至冲突。

至于南京国民政府 1932 年内债整理以后所发内债,主要是通过改组银行和币制改革逐步控制金融界,从而以较低的利息和较小的折扣顺利地发行了大批债券,使得债务规模有较大扩展。随着政府公债规模的再度膨胀和经济形势的恶化,江浙财团开始抵制接受政府的更多公债,以对南京政权财政进行监督。但这个政权是不会轻易接受来自金融、工商业界的监督的,它自身发展的逻辑必然导致对金融业的统制。这就引发了与试图走独立经营发展道路的江浙财团的矛盾,国民政府对中交两行的两次改组,就是这类矛盾演变的结局之一。当然,在当时的社会条件下,这一结局无论对中交两行还是其他银行的商股而言,都是十分无奈的。通过 1935 年政府对银行业的接管和统制,江浙财团作为独立的经济、政治力量已不复存在,以致在 1936 年发生第二次公债风潮时,上海金融资产阶级无丝毫的反抗就乖乖接受了政府的整理计划,显示其已丧失政治上的独立性,沦为南京国民政府的附庸。

**注　　释**

1　孙怀仁:《中国财政之病态及其评判》,上海生活书店 1937 年版,第 9 页。

2 潘国琪:《国民政府 1927—1937 年的国内公债研究》,经济科学出版社 2003 年版,第 83 页。

3 吴景平主编:《上海金融业与国民政府关系研究》(1927—1937 年),上海财经大学出版社 2002 年版,第 16 页。

4 在光复上海和江浙联军进取南京中,朱葆三、王一亭亲自前往对清军警策反,王还督师攻打制造局;李平书与虞洽卿等首创的商团、李征五组织的沪军光复军,都直接参与战斗;方樵苓组织军事募捐团,虞洽卿发起成立节费助饷会,朱五楼、谢蘅窗等组织国民自助会(劝募粮饷组织);李云书成立中华民军协济会,并出任都督府兵站总监,筹划粮饷军械接济民军;张嘉璈等组织国民协会,杨信之、沈仲礼等发起组织共和建设会,朱葆三、吴登瀛、陆维镛、吕耀庭等发起组织商界共和团,均以赞助共和、扶持民军为主旨。上海光复后,虞洽卿出任都督府首席顾问官兼任闸北民政长;王一亭出任都督府交通部长(后改任农商部长),李平书任民政部长,叶惠钧、俞凤韶任都督府参谋;沈缦云、朱葆三先后出任财政部长,张静江任财政部次长,傅筱庵、钱达三任财政部参议。孙中山就任大总统后,赵家蕃出任全国造币厂厂长。

5 《上海商业储蓄银行史料》,第 29、44 页。

6 魏伯桢:《上海证券交易所与蒋介石》,《文史资料选辑》第 49 辑,见吴景平:《上海金融业与国民政府关系研究》,第 26 页。

7 虞洽卿任理事长,闻兰亭、赵士林、郭外峰、沈润挹、盛丕华、邹静斋、周佩箴任常务理事,张乐君、李柏葆、李云书、张澹如、薛文泰、魏伯桢、吴漱圜、洪承祁、冯友笙任理事,其中除邹静斋(旅沪商帮协会会长)为赣籍外,余均为江浙籍,其中浙商 12 人。上海市档案馆编:《旧上海的证券交易所》,上海古籍出版社 1991 年版,第 63—65 页。

8 1919 年广州护法军政府曾要求粤海关税务司摊拨关余,表示"如分拨之议不成,则该政府不问公使团是否同意,将执总税务司以负此项失败之责。"在军政府的强烈要求下,经北洋政府和公使团同意,按关余 13.7% 分拨给军政府。见陈诗启:《中国近代海关史》,人民出版社 2002 年版,第 551 页。

9 上海市档案馆藏上海银行公会档,S173 - 1 - 42。

10 《广州民国日报》1923 年 12 月 25 日。

11 上海市档案馆藏上海银行公会档,S173 - 1 - 42。

12 姚崧龄:《张公权先生年谱初稿》,台湾传记文学出版社 1982 年版,第 67 页。

13　姚崧龄:《张公权先生年谱初稿》,第 69 页。

14　中国银行总行等:《中国银行行史资料汇编》第 1 册,档案出版社 1991 年版,第
　　370 页。

15　毛知砺:《张嘉璈与中国银行的经营与发展》,第 264 页。

16　吴景平主编:《上海金融业与国民政府关系研究》(1927—1937 年),上海财经大学
　　出版社 2002 年版,第 40 页。

17　台湾"国史馆"藏"蒋中正总统档案",见卓遵宏:《从台湾典藏档案管窥上海金
　　融》,载吴景平等编:《上海金融的现代化与国际化》,上海古籍出版社 2003 年版,
　　第 23 页。

18　《孙传芳张宗昌致上海银行公会训令》(3 月 2 日),《一九二七年的上海商业联合
　　会》,上海人民出版社 1983 年版,第 43 页。

19　台湾"国史馆"藏"蒋中正总统档案"(1927 年 1 月 16 日),见卓遵宏:《从台湾典藏
　　档案管窥上海金融》,载吴景平等编:《上海金融的现代化与国际化》,第 23—
　　24 页。

20　台湾"国史馆"藏"蒋中正总统档案"(1927 年 1 月 24 日),见卓遵宏:《从台湾典藏
　　档案管窥上海金融》,载吴景平等编:《上海金融的现代化与国际化》,第 24 页。

21　参见上海市档案馆编:《一九二七年的上海商业联合会》,第 7—13 页,上海人民出
　　版社 1983 年版。

22　《一九二七年的上海商业联合会》,第 29 页。

23　《一九二七年的上海商业联合会》,第 48 页。

24　《江苏省兼上海财政委员已发表》,《申报》1927 年 3 月 31 日;《财委会主席已指
　　定》,《申报》1927 年 4 月 1 日。

25　《一九二七年的上海商业联合会》,第 49 页。

26　《一九二七年的上海商业联合会》,第 57—58 页。

27　《一九二六年汉口浙江实业银行致上海总行函件选辑》1926 年 11 月 6 日、16 日,
　　《档案与史学》1999 年第 1 期。

28　千家驹:《旧中国公债史资料》,中华书局 1984 年版,第 138—140 页。

29　中国人民银行上海市分行金融研究所:《上海商业储蓄银行史料》,上海人民出版
　　社 1990 年版,第 291—292 页。

30　千家驹:《旧中国公债史资料》,中华书局 1984 年版,第 146 页。

31　《国民革命军总司令部布告》,《申报》1927 年 4 月 9 日。

32　《上海银钱两业欢迎宋子文》,《申报》1927 年 4 月 14 日。

33　《宋部长向金融业商借款》,《申报》1927 年 4 月 16 日。

34　《一九二七年的上海商业联合会》,第 61 页。

35　《一九二七年的上海商业联合会》,第 62 页。

36　《一九二七年的上海商业联合会》,第 62 页。

37　《国闻周报》第 4 卷,第 17 期,"大事述评"。

38　《武汉禁止各银行兑现》、《汉口金融潮中之沪财政声》,《申报》1927 年 4 月 19 日。

39　《一九二七年的上海商业联合会》,第 58—59 页。

40　上海满铁调查资料第 6 编:《浙江财阀》,满铁上海事务所昭和四年十月,第 2 页。

41　《上海商业储蓄银行二十四年初稿》(二),《档案与史学》2000 年第 2 期。

42　《上海商业联合会宣言》,《一九二七年的上海商业联合会》,第 14 页。

43　《上海商业联合会 4 月 29 日会议录》,《一九二七年的上海商业联合会》,第 69—70 页。

44　《荣家企业史料》上册,第 192 页。

45　严谔声:《上海总商会和商界各联合会的若干活动》,见黄逸峰等:《旧中国的民族资产阶级》,江苏古籍出版社 1990 年版,第 348 页。

46　千家驹:《旧中国公债史资料》,中华书局 1984 年版,第 147—148 页。

47　上海市档案馆:《一九二七年的上海商业联合会》,上海人民出版社 1983 年版,第 85 页。

48　《江苏兼上海财政委员会关于蒋介石电令摊派各大公司认购库券数目函》,《一九二七年的上海商业联合会》,第 100 页。

49　吴景平主编:《上海金融业与国民政府关系研究》(1927—1937 年),上海财经大学出版社 2002 年版,第 68 页。

50　满铁调查资料第 6 编:《浙江财阀》,满铁上海事务所 1929 年版,第 2 页。

51　千家驹:《旧中国公债史资料》,中华书局 1984 年版,第 164 页。

52　参见潘国琪:《国民政府 1927—1937 年的国内公债》,经济科学出版社 2003 年版,第 89 页。

53　吴景平认为:"直接发售(购买)债券与作为抵押品的债券之间是有区别的。作为抵押品的债券所有权尚在国民政府,政府方面按实际获得的押款支付利息,其利息率与作为抵押品的债券并不完全相同。如果国民政府清偿押款本息,债券即需归还政府。通常押款届期或逾期而又无法以现款偿付本息,国民政府便会委托银行钱庄在市面上出售债券以抵付借款本息,或以债券按市价折抵。"见《中国社会科学》2001年第5期,第178页。笔者从此说,以"押借"来代替"购得(买)"一词。

54　金普森、王国华:《南京国民政府1927—1931年之内债》,载《中国社会经济史研究》1991年第4期,第101页。据杨格计算1931年以前为14.8%—19.3%,1932年为24.4%,1936年为11.6%;参见[美]杨格:《1927—1937年中国财政经济情况》,中国社会科学出版社1981年版,第107页。

55　金普森、王国华:《南京国民政府1927—1931年之内债》,载《中国社会经济史研究》1991年第4期。

56　千家驹:《中国的内债》,北平社会调查所1933年,第67页。

57　千家驹:《中国的内债》,北平社会调查所1933年,第68页。

58　潘国琪:《国民政府1927—1937年的国内公债研究》,经济科学出版社2003年版,第76—79页,第93页。

59　上海市档案馆:《一九二七年的上海商业联合会》,上海人民出版社1983年版,第75页。

60　参见吴景平主编:《上海金融业与国民政府关系研究》(1927—1937年),上海财经大学出版社2002年版,第92页。

61　吴承禧:《中国的银行》,商务印书馆1934年版,第72页。

62　章乃器:《中国货币金融问题》,第68、69页。

63　李紫翔:《中国的银行之特质》,载《东方杂志》第30卷,第21号,第35—36页。

64　[日]山上金男:《浙江财阀论》,日本评论社1938年版,第127页。

65　《中国资产阶级的分析》,《时事月报》第7卷,1932年第1—2期,见陈真编:《中国近代工业史资料》第1辑,第323页。

66　吴承禧:《中国的银行》,商务印书馆1934年版,第69、71页。

67　莫湮:《上海金融恐慌的回顾与前瞻》,《东方杂志》第33卷,第22号,1936年11月。

68　[美]小科布尔著,蔡静仪译:《江浙财阀与国民政府1927—1937》,南开大学出版社1987年版,第48页。

69　李紫翔:《中国的银行之特质》,载《东方杂志》第30卷,第21号,第35—36页。

70　潘国琪:《国民政府1927—1937年的国内公债研究》,经济科学出版社2003年版,
　　第88—90页。

71　[美]小科布尔著,蔡静仪译:《江浙财阀与国民政府1927—1937年》,南开大学出
　　版社1987年版,第59页。

72　朱契:《中国财政问题》,上海商务印书馆1934年版,第235—236页。

73　《宋财长召集维持全国金融会议》,《钱业月报》第11卷,第11号,1931年11月
　　15日。

74　[美]杨格:《1927—1937年中国财政经济情况》,中国社会科学出版社1981年版,
　　第110—111页。

75　《银行同业公会重要会议》,《银行周报》第15卷,第43号,1931年11月10日。

76　后参加委员会的金融界委员为张嘉璈、李馥荪、吴鼎昌、周作民,工商界委员是荣
　　宗敬、刘鸿生、范旭东、虞洽卿,基本是江浙财团领袖人物。

77　《申报》1931年11月14日。

78　《财政委员会第一次会议纪要》,中国第二历史档案馆编:《中华民国档案资料汇
　　编》第五辑,第一编,财政经济(一),江苏古籍出版社1995年版,第48—51页。

79　《内债展付本息声中各方之呼吁》,《银行周报》第15卷,第50号,1931年12月
　　29日。

80　《内债展付本息声中各方之呼吁》,《银行周报》第15卷,第50号,1931年12月
　　29日。

81　《申报》1931年12月24日。

82　《国闻周报》第9卷,第5期,1932年1月25日。

83　《申报》1932年1月7日。

84　《财政部为设立财政委员会并拟定组织大纲与各方往来文件》,《中华民国档案资
　　料汇编》第五辑,第一编,财政经济(一),第231—233页。该财政委员会有金融界
　　委员:张嘉璈、李铭、吴鼎昌、周作民、陈辉德、钱永铭、胡祖同;实业界委员:荣宗
　　敬、刘鸿生、范旭东、虞洽卿、王晓籁、王云五、郭乐;有经验之专家:陈锦涛、林康
　　侯、孔祥熙、邓召荫、卢学溥、叶恭绰、胡笔江、谈荔孙。

85　《一周国内外大事述评》,《国闻周报》第9卷,第4期,1932年1月18日。

86　上海市档案馆藏上海银行公会档案,S173-1-68。

87　《江海关二五附税库券基金保管委员会请打消挪用公债基金提议电》,《中华民国

档案资料汇编》第五辑,第一编,财政经济(三),第96—97页。

88　《申报》1932年1月16日。

89　《中华民国内国公债库券持票人会为使公债基金不被挪用愿为后盾函》,中国第二
　　　历史档案馆编:《中华民国史档案资料汇编》第五辑,第一编,财政经济(三),第
　　　98页。

90　吴景平主编:《上海金融业与国民政府关系研究》(1927—1937年),上海财经大学
　　　出版社2002年版,第147页。

91　[美]小科布尔著,蔡静仪译:《江浙财阀与国民政府》(1927—1937年),南开大学
　　　出版社1987年版,第68页。

92　[美]杨格:《1927—1937年中国财政经济情况》,中国社会科学出版社1981年版,
　　　第112页。

93　《国内要闻》,《银行周报》第16卷,第8号。

94　参见吴景平主编:《上海金融业与国民政府关系研究》(1927—1937年),上海财经
　　　大学出版社2002年版,第175页。

95　《中华民国史档案资料汇编》第五辑,第一编,财政经济(三),江苏古籍出版社
　　　1995年版,第103—104页。

96　《中华民国史档案资料汇编》第五辑,第一编,财政经济(三),第126页。

97　余英杰:《我国内债之观察》,载《东方杂志》第30卷,第14号,第80页。

98　[美]小科布尔:《江浙财阀与国民政府》(1927—1937年),南开大学出版社1987
　　　年版,第118页。

99　参见邓宜红:《试析1935年以前中国银行对待政府内债态度之演变》,载《民国档
　　　案》1993年第1期。

100　国民政府财政部财政年鉴编纂处:《财政年鉴》(下),上海商务印书馆1935年版,
　　　第1625页。

101　许涤新、吴承明主编:《新民主主义革命时期的中国资本主义》,人民出版社1993
　　　年版,第77页。

102　交通银行总管理处编:《各国银行制度及我国银行之过去与将来》,交通银行总管
　　　理处1943年版,第424页。

103　国民政府财政部财政年鉴编纂处:《财政年鉴》(下),上海商务印书馆1935年版,
　　　第1629—1630页。

104　《银行周报》第 11 卷,第 26 号。

105　[美]小科布尔著,蔡静仪译:《江浙财阀与国民政府》(1927—1937 年),南开大学
　　　出版社 1987 年版,第 125 页。

106　张郁兰:《中国银行业发展史》,上海人民出版社 1957 年版,第 108 页。

107　秦孝仪主编:《中华民国经济发展史》第 1 册,近代中国出版社 1983 年版,第
　　　404 页。

108　交通银行总管理处编:《各国银行制度及我国银行之过去与将来》,交通银行总管
　　　理处 1943 年版,第 422 页。

109　参见潘国琪:《国民政府 1927—1937 年国内公债研究》,第 111 页。

110　千家驹:《旧中国公债史资料》,中华书局 1984 年版,第 251 页。

111　寿充一:《孔祥熙其人其事》,中国文史出版社 1987 年版,第 50 页。

112　李茂盛:《孔祥熙传》,中国广播电视出版社 1991 年版,第 77 页。

113　《财政部关于颁发布告、民国二十五年统一公债条例及持票人会宣言的训令》,
　　　1936 年 2 月 17 日,《中华民国史档案资料汇编》第 5 辑,第 1 编,第 204—210 页。

114　潘国琪:《国民政府 1927—1937 年的国内公债研究》,第 116—117 页。

115　许毅主编:《民国历届政府整理外债资料汇编》第 2 卷,1990 年内部印行本,第
　　　498 页。

116　[美]杨格:《1927—1937 年中国财政经济情况》,中国社会科学出版社 1981 年版,
　　　第 120—121 页。

117　朱斯煌著:《民国经济史》,银行学会 1948 年版,第 202 页。

118　杨荫溥著:《民国财政史》,中国财政经济出版社 1985 年版,第 60—61 页。

119　中国人民银行上海市分行编:《上海钱庄史料》,上海人民出版社 1960 年版,"序
　　　言"第 13 页。

120　王承志:《中国金融资本论》,上海光明书局 1936 年版,第 19 页。

121　中国银行总行、中国第二历史档案馆合编:《中国银行行史资料汇编》上编(三),
　　　档案出版社 1991 年版,第 2036、2063、2100、2175 页。

# 第　五　章

# 江浙财团与国货运动

中国近代国货运动从 20 世纪初开始兴起，到 20 世纪 40 年代末结束，在近代中国持续了近半个世纪，遍及众多城镇乃至穷乡僻壤。这一运动积极倡用国货，振兴实业，有力地推动了中国民族工业的发展。这是一场主要由民族资产阶级倡导，有众多社会阶层参加的以振兴民族工业为目的经济自强运动，也是近代中国人民反帝爱国斗争的一个重要组成部分。作为近代中国经济贸易与金融中心的上海，是近代国货运动的主要基地，很多重要的国货企业与团体以及国货活动都产生于上海，并影响于全国。而作为近代中国最大的民族资本集团，江浙财团及其组织形式上海总商会、上海银行公会、钱业公会、华商纱厂联合会、面粉业公会等社会团体与国货运动关系密切，并经历了一个从早期参与者到 20 世纪 20 年代末以后成为运动主导者的角色变化过程。同时，国货运动的广泛开展对江浙财团的发展变迁与存在方式也产生了诸多影响。

## 一、此起彼伏的国货运动

近代国货运动的产生有其特定的社会背景和历史条件。鸦片战争以后,西方列强凭借其强权和不平等条约使洋货畅销中国市场,造成中国白银外流,利权丧失。为了挽救民族危机,反对西方列强的经济侵略,以王韬、郑观应为代表的早期民族资产阶级代表人物提出了"商战"思想,要求国家保护和扶植本国商业,以此来发展民族工商业,抵制外国的经济侵略。

甲午一战,中国惨败于"蕞尔岛国"日本,使朝野为之震惊。《马关条约》签订后,外国列强在中国掀起了投资设厂的狂潮,随之又夺取中国的铁路权和矿权。面对这种"经济亡国之祸"[1],商界人士痛心疾首。张謇在其大生纱厂的《厂约》中说:"花往纱来,日盛一日。捐我之产以资人,人即用资于我之货以售我,无异沥血肥虎,而祖肉继之。利之不保,我民日贫,国于何赖?"[2] 在此种情况下,"设厂自救"、"实业救国"的主张应运而生,并为随之而来的国货运动提供了思想条件。

20世纪初广泛开展的抵货运动则直接催生了国货运动。1905年,为了抗议美国政府长期歧视乃至迫害旅美华工,各地掀起了轰轰烈烈的反美爱国运动。1905年5月10日,上海商务总会召开会议,决议"以2个月为期,如美国不允将苛例删改而强我续约,则我华人当合全国誓不运销美货以为抵制"。[3] 同时通电各省商务总会,要求一致行动。由此,该运动迅速扩展至全国,其中上海表现得尤为激烈。一时,美货成了过街老鼠。

1905年的抵制美货运动开创了以抵制洋货作为反对侵略、维护国权斗争形式的先例。此后,各地抵货运动时有爆发。1908年2月,因日本"二辰丸"偷运军火被中国海关辑获,广州人民开展了抵制日货运动。码头工人罢运日货,上海、广西及香港、马尼拉、新加坡侨胞也奋起响应,致使1908年日货进口总值比1907年减少约30%。[4] 同年,青岛德国租界当局实行商业附加税,本地商民一致反对,发动抵制德货运动。1909 年,因日本强迫中国政府承认其在日俄战争中私设的安奉军用轻便铁路,东北人民掀起抵制日货运动,为时约 3 个月。

20 世纪初抵货运动的不断开展,在一定程度上遏制了洋货倾销的势头,刺激了民族工业的发展,并开始引发国人对国货的关注,"提倡国货之主张益形发展"。[5] 由抵货运动引发而来的国货思想开始在部分先进人士的头脑中涌动。"年轻的中国资产阶级出于阶级本能,已开始注意到国货的制造和销售关系到中国的命运,更联系着自己的切身利益。"[6] 随后爆发的辛亥革命引发的社会变革则直接促成了国货运动的产生。

辛亥革命后成立的南京临时政府颁布了一系列除旧布新、移风易俗的政令,改易服饰就是其中之一。随之产生的改易服饰浪潮,对衣帽业有关的工商业产生了重大影响。1911 年 12 月,为了推动国产衣帽的生产和销售,上海绪纶公所、农业公所、典业公所等 10 个团体发起成立中华国货维持会。由于当时临时政府提交参议院的《服制案》中有"主张绸呢并用"的提法,中华国货维持会对此提出了不同看法:"吾国织呢,均在幼稚,物品之美、物质之坚远不逮东西各国。此制一行,势必舍绸缎而用呢绒。虽爱国之心人所同有,未必尽人皆用呢绒,然而多用一份呢绒,即少用一份国货,少用一份国货即损我国家一份利源。"[7] 在中华国货维持会的力争下,1912 年 10 月参议院通过的《服制法》明确规定各种大礼服、常礼服、大礼帽等"料用本国纺织品"。中华国货维持会的成立以及《服制法》有利于国货界的规定,表明国货运动已由思想酝酿阶段进入实际展开阶段。

第一次世界大战以后,由于民族工业的发展以及包括"五四"和"五卅"在内的民族运动的不断高涨,国货运动此起彼伏,进入了有组织的蓬勃发展时期。

　　第一次世界大战的爆发使中国民族工业的发展进入了难得的"黄金时期",而且这样的黄金时期持续到 20 年代中后期。据杜恂诚统计,从 1840—1911 年的 72 年中,中国历年创设的资本在万元以上的公矿企业共约 953 家,创办资本总额 20380.5 万元,而从 1912—1927 的 16 年中,中国历年创办的资本在万元以上的工矿企业总数达 1984 家,创办资本总额达 45895.5 万元,无论就创办企业家数或创办资本额,这后 16 年都超过前 72 年的一倍以上。具体分时段考察,1914—1918 年世界大战的 5 年间,新设资本额万元以上的企业 539 家,创业资本 11934 万元;第一次世界大战后的 1919—1922 年这 4 年间,新设企业达 673 家,创设资本 21235.3 万元,远超前 5 年;1923—1927 年的 5 年中,虽然有北伐战争的影响,新设企业仍公达 608 家,创办资本共约 10322.7 万元,新设企业数超过第一次世界大战期间的 5 年,创业资本也与第一次世界大战间 5 年基本持平[8]。一些新兴工业更是获得了长足的发展。如食品工业新设的企业达 216 家,其新设企业数超过了面粉工业,行业中还出现了一批规模较大的企业。造纸、印刷工业也是如此,在 1912—1927 年间,新设立的资本额在 1 万元以上的企业达 69 家。民族机器工业在同期共设新厂 63 家[9]。民族工业的发展,壮大了民族资产阶级的力量。一大批依靠近代实业起家的工业资本家在社会上开始崭露头角,从而有力地推动了国货运动的开展。

　　与此同时,五四运动以后,中国人民的反帝运动一浪高过一浪,爱国热情空前高涨,而抵制洋货成为历次反帝爱国运动的重要组成部分。在此背景下,民族资产阶级倡导的国货运动空前活跃。这集中表现在两个方面:一是以机联会为代表的众多国货团体的产生和壮大;二是一批国货品牌应运而生,家喻户晓。由于民国以来影响最大的国货团体——中华国货维持会一直由商业资本家控制,20 世纪 20 年代崛起的一批工业资本家遂于 1927 年发起成立上海机制国货工厂联合会(简称机联会),成为 20 世纪二三十年代最富活力的国货团体。期间,上海市民提倡国货会、上海国货团(1928 年改称上海市工厂联合会)、天津国货售品所等一大批国货团体也先后成立。同时,一次世界大战后还产生了一大批著名的国货企业和国货产品。如上海三友实业社及其"三角"牌毛巾,中国化学工业社及其"三星"牌蚊香和"三星"牌牙膏,天厨味精厂及其生产的"天厨"味精、荣氏企业及其"绿兵船"牌面粉,等等。这些名牌国货产品与同类洋货在市场上展开激烈的竞争,不少产品以其优良的品质将洋货挤出中国市场,并在海外打开一定的销路。

　　另外,1927 年成立的国民政府对国货运动也表现出积极的姿态。1928 年 4 月 20 日,国民政府发布通令提倡国货。通令指出:"海通以还,外货充斥,经济压迫,源涸流枯。国人怵目惊心,咸思补救,权衡厉害,应以倡导国货为先。"[10]同年 6 月,工商部"咨请财政部,通令所属各征收机关,如关卡税局等,对于国货查验放行,不得巧立名目,勒索规费,如违法令,从严究办"。[11]随后,各地方政府对国货运动也加以支持,如上海市规定 1928 年 7 月 7 日至 7 月 13日为国货运动周,举行上海特别市国货运动大会。[12]此外,国民政府还用各种形式宣传国货,如创办国货陈列馆、创设国货展览会与国货银行等。1928 年年初在工商部长孔祥熙提议下,工商部中华国货展览会在上海积极进行筹备并于同年 11 月 1 日正式对外展出。参加展览的省市有江苏、上海、河北、广东、江西、福建、湖南、山西、山东、浙江等,共计陈列品达 13271 件。[13]在举办中华国货展览会的同时,工商部还颁布了《国货陈列条例》,鼓励各地筹办国货陈列馆。这种由政府参与倡导的国货运动在 1930 年 11 月实业部召开的全国工商会议上达到了一个新的高潮,提倡和发展国货成为这次工商会议的中心议题之一。

进入 20 世纪 30 年代后,国货运动进一步推向社会各个阶层。1929 年爆发的世界经济危机迫使各国加强对中国市场的争夺。尽管国际市场上金贵银贱的趋势对以银为本位的中国民族资本企业的国货生产有一定的刺激作用,但是,"九一八"事变后日本帝国主义的野蛮入侵不仅使中国丧失了广阔的东北市场,而且民族危机一步步加深。而 30 年代农村经济的持续萧条,更使国货产品的销路受到严重影响。为了求得生存与发展,在民族危机的刺激下,波澜壮阔的国货运动掀起了一个又一个高潮。这一时期国货运动的倡导者由原来的工商资产阶级扩大到部分银行金融家,参与的社会阶层进一步扩大到妇女界、学生界和普通市民,其中江浙财团全方位地介入国货运动引人注目。

抗日战争时期,国货运动遭受严重挫折。"七七"事变后,大批国土沦丧,国货运动成为日军打击的重要目标,不少国货团体被迫解散或停止活动。"八一三"事变后,上海等国货运动曾蓬勃开展的东南沿海城市遭到日军蹂躏,以上海为中心的国货运动受到重创。尽管如此,以国货联营公司为代表的一批国货企业在艰难困苦的条件下,仍在大后方坚守阵地,为国货事业和全民抗日作出了重要贡献。

抗战胜利后,国货运动曾一度有所恢复,但规模与影响已大不如前。不久,内战的炮声使国货运动备受摧残。1952 年,作为国货运动主要象征的机联会停止业务活动,国货运动至此无形结束。

## 二、江浙财团对国货运动的倡导与推动

### 1. 江浙财团的国货倡言

进入 20 世纪以后,在危机四伏的民族危机中激荡起来的国货运动,一开始就受到江浙财团的关注。置身其间的江浙财团成员不仅身体力行,积极从事民族工商业,而且还在各种场合努力倡导国货事业,并就如何保护与发展国货事业积极建言献策。

早在 1911 年 12 月最早的国货团体——中华国货维持会成立时,后成为江浙财团重要成员、时任上海军政府商务总长的王一亭即在为此发布的政府通告中表示了对国货运动的支持态度。他在通告中说:"国货销场日滞,银洋输出外洋,……凡我同胞注意,其各猛省毋忘"。[14]而在同一年发表的《商业进行说》一文中,王一亭对国货事业的关注已不仅仅在于维持原有的传统国货,而在于振兴实业的一些根本问题上,如提出大办商业或实业学堂,培养各类技术、经营管理人才,开展商情调查,兴利除弊以及"众志成城"联合制胜于商场等。[15]

上海总商会当时也自勉"负提倡实业、振兴商务之天职"。[16] 1912 年 10 月,由北京政府工商部召集的全国临时工商会议召开。上海总商会认为,这是工商界向政府请愿的好机会而高度重视,专门为选派代表召开会议,最后派出以王一亭为首席代表的 3 名代表与多名"特邀代表"赴会,并向会议提出了"请愿"重点。其主要点就是"维持国货","提倡商品陈列所","讲求制造新法"等。[17]会后,在上海总商会主持下,上海各业代表又举行一次以"维持国货"为中心议题的大会。会议提出改变"洋货充斥,国货滞销"的

局面,唯有"振兴实业",并提出"自编浅近白话,切实劝用国货"的办法。[18]

期间,主要由江浙工商资本家组成的中华国货维持会致力于国货宣传,创办《国货调查录》《国货月报》,举办宣讲会等,并提出了发展国货事业的许多主张,如要求改良国货产品,提倡国货外销。

五四运动后风起云涌的民族运动使不少江浙财团成员进一步认识到国货运动不仅事关国家民族大业,也与个人利益休戚相关;国货运动不应只是愤于列强强权政策而兴的被动、一时的运动,而应成为"国是",成为自动的持久运动,运动之中尤应改良国货。1924年5月,《上海总商会月报》刊文指出:既往国货运动多愤于列强强权而兴,"因时而提倡之,因地而提倡之,遇纪念之节,则奔走恐后,迨时过境迁,则淡焉若忘,结果非抑甲而扬乙,即顾此而失彼,……难得彻底之设施,充分之效果"。因而提出,提倡国货应"以吾国民之命脉,吾国家之生存为根据,认为吾国百年之大计,一定之国是,既非动于一时之刺激,即不以外界对我之感情为转移。质言之,为自动而非被动,认为目的而不作为手段"。文章又指出:提倡国货绝非易事,"以产业幼稚之国,而与先进国并立,其货物之品质体裁及耐久力等,自不免皆有逊色,以此售诸国外,故无推销之望,即欲供给国内,亦恐难投需要,诚以经济之事,实际之利害为先。若实际要件不充,而徒以'国货'相炫耀,以'爱国心'相号召,纵可敷衍一时,决不能维持永久。故'提倡国货'中,大部分应含'改良国货'之意,果能于提倡之中,尽改良之事,则国货将有不胫而走、不翼而飞者"。[19]"五卅"运动时期,荣宗敬已创办纺织、面粉等厂家16处,拥有职工1万人以上。"五卅"惨案发生后,荣宗敬发表"提倡国货宣言",表示"爱国不在宣言而在实践,御侮不在一朝而在平时。现在家常日用与夫个人生活所必需,实以舶来品占居多数,每年流出之金钱,何可胜计。漏卮不塞,困穷立待"。为此,他要求"凡在本公司范围以内之同仁,一律不购买舶来品。苟能持以恒心,守以毅力,庶几舶来品绝迹市廛,而国货得以推行尽利,借以作五月卅日之纪念"。[20]虞洽卿于五卅运动时在上海提倡国货会创办的第一商场开幕式上也说"提倡国货原为鄙人素志,十余年前发起南京劝业场,当时拟将此场连续开会,为永久提倡国货之机关。适端方离宁,不幸中止。至今耿耿",并表示"此后(关于)国货有需要帮忙者无不乐为效力"。[21]

　　20世纪20年代末特别是30年代以后,面对咄咄逼人的日本侵华态势与萎缩的国内市场,江浙财团加大了对国货事业的鼓吹力度,其中抵制日货得到重点倡导。1928年5月12日,上海总商会、县商会、闸北商会等团体为抗议日军在济南制造"五三"惨案发出紧急通知:即日起,各商号应一律停止定购日货,所有已购未售之日货,各店应自行检出登记,静候处置办法。[22]1931年8月6日,市商会通告各业同业公会:抵制日货目前虽有牺牲,实为子孙争生存,为保证抵货运动取得实效。同月15日,市商会又通告各业公会,抵制日货期间,各业不得抬高国货价格。次日,市商会以抵制日货须全国一致厉行,方能收最大效果,通电各地请一致奋起。同时推王晓籁等4人晋京请愿,要求中央通令各地一致抵货。同月22日,市商会又通函各业公会,检举同业中售卖日货者。[23]当时上海市商会抵制日货的态度可谓坚决。

　　"九一八"事变后,江浙财团更是积极行动起来致力于抵制日货,提倡国货。这从以下事例,即可见一斑。

　　9月24日,在王晓籁、林康候、方椒伯等主持下,上海抗日救国会拟具彻底对日经济绝交计划。

10月初,上海市商会召开国货厂商代表大会上,到会厂商共300多人。会议要求国货工厂力谋改良,速图进步,把抵制日货提倡国货的运动进行到底,并决议组织国货工厂抗日救国会。

1932年6月18日,上海市商会代表大会发表宣言,呼吁提倡国货,废止内战等。不久市商会又通告各行业,以多销国货为天职。[24]

与此同时,对于如何促进国货运动和振兴民族经济,许多江浙财团成员也纷纷提出自己的看法并为此作出诸多努力。他们强烈要求取消不平等条约,实行保护关税,废除对华商的不平等税厘,以为国货的发展创造良好的外部环境。1925年"五卅"运动时,虞洽卿在一个公开讲话中提出"国货之障碍有二:(一)关税不自由;(二)交通不便利。关税不自由之原因在不平等条约,欲关税之自由须自修改不平等条款始"。[25]机联会发起人之一、著名国货企业家陈蝶仙也指出:"国内工厂之不易存在,其第一困难处,即在关税不能自由"。"治本之策,则唯关税自主"。[26]早在1917年,"纺织大王"荣宗敬与穆藕初等人联合发起华商纱布联合会。他们两人多次联名呼吁北洋政府废除对华商的不平等税厘,禁止原棉外流,但一直未能见效。南京政府成立后,他们继续为此奔走呼号。1928年6月,全国经济会议在上海召开,虞洽卿、王晓籁、荣宗敬、秦润卿、李铭、穆藕初、吴蕴斋、林康侯、钱新之、张嘉璈、陈光甫、宋汉章、徐新六等江浙财团重要人物几乎全部与会。有学者称,"参加会议的120名委员中约有70人是银行界和实业界的头面人物及财经专家学者,而银行实业方面的委员有70%属于江浙资本集团"。他们在会上希望"今日以前为军费的财政时期,今日以后为经济的财政时期",为实业界解除困苦。[27]所提议案除要求迅速收回关税主权,保护国内物产和整顿金融、减低息率及恢复交通,便利商运外,还特别提出"请政府免除国税之苛捐杂税,一税之后遍行全国,不再重征,并畀以国有铁路减费运输之利益",以切实保护和提倡国货。[28]

1930 年 11 月,由南京国民政府工商部召集的全国工商会议在南京召开。虞洽卿、秦润卿、陈光甫、钱新之、方椒伯、荣宗敬、王一亭、林康候等所谓"商界领袖"均与会。[29]提倡国货是本次会议的主题,虞洽卿、荣宗敬、王晓籁、方椒伯、刘鸿生等都向会议积极提交有关发展国货事业的建议。其中荣宗敬提交了推广西北地区植棉、缓行棉花特税、规定政府工作人员制服采用国货案等。他还与王晓籁、方椒伯、叶惠均、徐永祚等 12 人于会议召开后临时提议:海关歧视国货请予救济以维工商业案。[30]虞洽卿要求当局免除国货出口税,撤销洋货免税及返税办法,实行关税保护工商政策。[31]穆藕初则在会议期间举办的棉业展览会上再次呼吁"提倡国货仍是今日最紧要的事",希望国人"都效英美德日爱用国货的热忱,来提倡国货,来服用国货,那么中国经济方有挽回希望"。[32]

对于历届政府对国货事业保护不力的状况,一些江浙财团企业家深表不安。刘鸿生说:"西人安居乐业,百业由政府提倡及保护,万事易成。回视我国,内争不已,关税不得自处,为各国销货之市场。"[33]1931 年 11 月,蒋介石在南京召开会议,"征求对日外交意见,及讨论有关时局之各问题"。刘鸿生针对会上侈谈进出口贸易具体问题,直截了当地提出:"此时不必唱高调",必须从实事做起,例如整顿交通,保护国货业。不然民族工业缺乏"政府出面提倡,很难有发展希望"。[34]20 世纪 30 年代后,由于国货产品市场环境趋恶,上海市商会、地方协会、银行公会等频频向当局请愿,以纾商困。仅 1935 年 4 月 4—13 日十天时间内,上海市商会为此三次呈文或电请财政部"裁撤国货转口税"、"酌增进口税以资抵补"、

"退还工业酒精统税"等。[35]1936 年 5 月 22 日,鉴于日本在华走私日趋严重,国货工业受到致命打击,上海市商会、地方协会、银行公会联名电请政府严行缉私,并拥护不减低关税的主张。[36]

在呼吁改善国货工业外部环境的同时,对于国货企业内部如何加强与改善企业经营,提高国货质量和竞争力,不少江浙财团成员也提出许多真知灼见,并付诸企业实践。

针对当时国货企业势单力薄、"势必不能与外人抗"的状况,一些江浙财团成员十分重视企业的合作与联合。穆藕初指出:我国的企业"莫不人自为谋,各不相顾。而日人业此者,类皆联成一气,各业如各联队然"。若"以我国涣散之商情",面对日本各种企业"联队"之"长驱猛进",必然"无一不摧枯拉朽然",最终难免"入破产之穷境"。为此他多次呼吁"将各大埠纱厂,联合成三数大公司"。[37]正是基于这一思想,1917 年他与荣宗敬等发起创办华商纱厂联合会,1921 年,又发起创办上海华商纱布交易所。1921年 1 月,他在《组织华商纱布交易所之释疑》一文中表示:"纱业系我国最大之实业,去年棉织品进口竟达二万万有零。本国纱业,在近若干年中,虽稍稍发达,而事业之拓展,尚需群策群力,庶能有谱。我国纱业买卖之实权,万不能落于蓄意倾覆我国棉业之外人手中,遂有华商纱布交易所之组织。小之为本业前途计,大之为国家经济计,此项组织实所必要。"[38]

刘鸿生也是 20 世纪二三十年代以倡导国货企业联合和合并而著称的企业家。早在 1928 年,他就倡议鸿生、荧昌和中华三大国货火柴公司的合并,以联合的形式对抗外国产品的竞争。他认为:"火柴一物,为家常日用品……顾国人自设之厂,虽有多家,然均规模简陋,不足以言发展。遂令眈眈外商得日事侵略,攫我巨利以去。"[39]为此,他表示"因外来火柴充斥,营业竞争,危机潜伏,再三思维,惟有合并数厂为一,以厚集资力才力,籍图竞存"。[40]1928
年他在告同业书中列举了国货企业联合合并的六大好处:一、可减
少对内竞争,以免自相残杀之害;二、可调剂出产数量,以期供求之
适合;三、各种经费均可通盘筹算,最合经济原则;四、可直接定购
大宗原料,可省洋行佣金,并可得廉价利益,每年为数不赀;五、各
厂合并后,新公司规模宏大,即可聘请专门技师,改良出品,与外货
竞争;六、新公司负担力较强,一切改良事宜,均可次第实现,前途
光明,不可限量[41]。

　　在注重国货企业联合合并的同时,江浙财团企业家还强调改
进国货企业管理,重视人才,提高产品质量。穆藕初认为,举办实
业需要两类人才,即科学人才和管理人才,两者相比,"管理人才
在事业管理上所占地位尤为重要"。[42]近代西方企业管理制度——
"泰罗制"就是由穆氏最早从美国引进的。这一制度在其创办的
德大、厚生两纱厂实施后,不久即收到很好的效果,工厂"出品之
佳,为上海各纱厂之冠"。[43]特别是1918年开工的德大纱厂进行科
学管理后,因其"办理益见完善,因而国人欲新办纱厂者,皆自参
观先生之厚生纱厂为入手,且多派员至厂实习"。[44]

　　对于改进企业的经营管理和组织方法,刘鸿生同样重视。他
认为"凡百业实如欲抵御外侮与改良货品,非具有相当之资力与
'适法'之组织,决难获得良好之效果"。[45]显然,所谓的"适法"之
组织,就是有效的科学的管理。正是由于国货企业家以上的认识
和积极倡导,在20世纪二三十年代,上海相当一批国货企业都逐
渐建立起合理的企业管理制度和组织机构。

　　重视人才的使用与设备的更新,也是当时江浙财团谋求提高
国货企业竞争力的一个重要方面。早在1924年,上海总商会化学
工艺展览会组织的讨论会即对国货生产中引进外国技术与人才持

积极肯定态度。提出"利用客卿(指外国技术人才)不足耻,有客卿不能用或用之不得其道,乃可耻耳"。强调:由于中外技术上的差距,特别是国货工业的创办时期,"不得不利用他人数十年之经验"。[46]从而把提倡国货与利用外国先进技术及人才结合了起来。著名江浙财团企业家荣德生曾深有感触地说:"我国数十年来贫弱,所以无新事业发展,则缺乏人才启发之故耳。"除了重视人才的引进与使用外,为使产品质量能在市场竞争中立于不败之地,荣氏企业还始终不断地添置各种国外新式机械设备。正如当年荣宗敬所说,他"造厂力求其快,设备力求其新,开工力求其足,扩展力求其多,因之无月不添新机,无时不在运转"。[47]曾留学美国的蔡声白熟悉资本主义经营管理,出任美亚绸厂总经理后,他"不事因袭,独创一格",立即着手引进更新设备,罗织人才,厉行科学管理。他引进了国内同业中尚未使用的、当时世界上最先进的美国"阿脱屋特"(Atwood)式络丝机、并头机、打线机,以及克劳姆登(Crompton)式全铁电力丝织机,以欧美最新式绸缎为基础,研制出许多堪与欧美最新产品媲美的新产品,如单绉、双绉、绉缎、乔其纱、派立斯、软缎、华绒葛等产品,令国产绸缎业耳目一新。1928年,他"购置世界最精良之机械,建筑最完美之厂房"在南市设立的美亚第七厂,成为全国绸厂样板,美亚发展因此呈"一日千里之势"[48]。

　　为了在市场竞争中取胜,当时江浙财团企业家非常重视产品质量问题。即使在抵制外货、爱用国货的热潮中,他们也以"国人愈爱国货,国货愈宜精良"自勉,而从不稍息。刘鸿生说,"自由竞争,优胜劣汰"是自然法则,因此企业必须不断提高产品的质量。为此,即使在"九一八"事变后国货产品供不应求而不得不"加紧制造"之时,他仍反复告诫所属各厂,"提高品质,以增进社会之信誉"。[49]中国化学工业社创办之日起,就十分重视产品质量,其创办人方液仙常说,"一支不合格的牙膏出厂,不仅断送了买主,而且还会影响全厂的信誉"。他认为"我社所以能够立于不败之地,一是靠社会上的信誉;二是靠产品的优质廉价"。[50]经营中国国货公司和上海萃众毛巾厂的李康年也提出"产品质量问题,是一个企业是否能长期存在的一个关键"。[51]

上述江浙财团人士的国货倡言,对于推动国货运动的发展以及提高国货企业市场竞争力显然都发挥了重要作用。

### 2. 江浙财团与国货团体

国货团体是宣传与推进国货事业的基本组织形式。从早期国货团体的重要参与者到 20 世纪二三十年代发起与组织多个重要国货团体,江浙财团与国货团体关系密切,是近代国货团体得以兴起并发展的重要力量。

成立于 1911 年的中华国货维持会是早期国货运动的重要团体。该维持会由上海绪纶公所、衣业公所、典业公所、云锦公所、钱江会馆、盛泾公所、湖绉公所、京缎公所、绣业公所、帽业公所等团体发起筹设,以"提倡国货,发展实业,改进工艺,推广贸易"为宗旨[52]。该会利用各种形式宣传国货,积极组织国货产品展览和陈列,开办国货公司和国货商场,呼吁为国货产品裁免捐税,对国货运动的兴起和发展起了重要的促进作用。成立伊始即得到上海闻人王一亭的大力支持。时为沪军都督府商务总长的王一亭发布通告,表示对中华国货维持会的支持态度。成立之初,该会拥有团体会员 10 家,个人会员 458 人,其中绝大多数为江浙籍人士。后来许多工业资本家成为该会会员并在其中担任重要角色,如刘鸿生、沈九成、项松茂、陈蝶仙都是中华国货维持会的活跃分子。

1919 年五四运动爆发后,上海的冯少山、王晓籁、刘鸿生等发起组织"上海市民对日外交大会"。在此基础上,1921 年,虞洽卿、王晓籁、陈翊庭、冯少山、霍守华以及上海总商会、绍兴旅沪同乡会、宁波旅沪同乡会等 48 个团体改组成立"上海市民提倡国货会"。该会以"提倡国货、振兴实业、改进工艺、推广贸易"为宗旨,并提出"消极的抵制外货、积极的提倡国货"的口号,一面提倡市民使用国货,挽回利权,一面督促工厂增加生产,抵制外货。到 1929 年时,该会已有会员工厂 142 家,个人会员 482 人。虞洽卿、王晓籁、刘鸿生、陈光甫、方椒伯、方液仙、胡西园、陈翊庭、王志莘、方剑阁等江浙财团重要人物都名列其中。期间,上海市民提倡国货会积极开展各项活动,除领导组织会员工厂在各地举办各种国货流动展览会外,还在上海的老西门、南京路、小东门等处创办国货商场,推销国货产品,这些国货商场成为 20 世纪 30 年代上海创设大型国货公司的先声,其中的一些重要人物如方液仙成为后来大型国货公司的创设者与主持人。

1925 年 5 月五卅运动爆发后,6 月 19 日,在虞洽卿的主持下,上海总商会与各工商团体联席会决定成立"上海提倡国货会",负责提倡国货,抵制英日货。在 6 月 24 日五卅委员会会议上,虞洽卿提出"提倡国货会应从速筹备"。[53] 随后由总商会五卅事件委员会主持起草提倡国货会组织章程。上海银行公会、等 80 多个团体还为此在报上公开发表组织提倡国货会的缘起。强调:"五卅事件交涉之所以迄未得宜,症结所在,厥唯贫弱"。"经此巨痛,应奋自策勉,因而集合同志,组织提倡国货会"。提出"外交成败,未可逆睹,而根本救国,始终勿渝"。[54] 在总商会出面组织下,提倡国货会于 6 月 28 日正式成立。7 月 5 日,由总商会会员霍守华创办的第一国货商场开业,并着手筹建第二国货商场。

　　1927年5月成立的上海机制国货工厂联合会(简称机联会),是由上海民族资本主义工业企业主倡导成立的、以指导工业企业国货运动为主旨的社会团体,它以组织健全、活动范围广、作用大著称于国货界,是上海公认的国货运动中坚力量。20世纪20年代后,中华国货维持会内部虽然有些工业会员担任重要会务工作,而领导权长期由商业人士主持,不能充分反映工业界特别是机制国货企业主的要求,他们希望成立一个能充分反映自己意志的独立的国货团体,以进一步倡导国货运动。1927年5月2日,上海三友实业社沈九成、五洲大药房项松茂、家庭工业社陈蝶仙、胜德织造厂顾兆祯等邀集上海47家国货工厂主讨论国货工业问题,议决筹备成立机联会。6月15日,召开机联会正式成立大会,中国化学工业社、三友实业社成、五洲大药房、家庭工业社、胜德织造厂、上海玻璃厂、中国建新公司、达丰染织厂、中华第一针织厂、振丰棉织厂、荧昌火柴公司、三星棉织厂、天厨味精厂等72家国货工厂代表参加。决定以"谋求实业发达,国货进步,挽回外溢利权,增进社会公益"为宗旨,以推进国货运动。<sup>55</sup>会议选举三友实业社、五洲大药房、化学工业社、胜德织造厂、上海玻璃公司、中国建新公司、三星棉铁厂等21家工厂代表为执行委员,选举三友实业社等7家为常务执行委员,并通过了成立宣言和会章以及向政府请愿保护工商业的十大事项。

　　机联会工作范围相当广泛,计有代办商标注册及登记、参与赛会、发展国外贸易、征集货品展览、改进工厂管理、请求改革捐税、研究工作进步、证明国货产品、申请保护权益及其他事项。该会还编印了《国货日新录》、《机联会刊》、《国货新声》,用以宣传和沟通产销信息;同时举办各种专项研究会、演讲会和讲习班,受到了广大国货企业的欢迎。据统计,到1937年,机联会会员计有309

个,分属于当时 59 个国货企业,是一个成员涵盖整个机制国货工业的社会团体。[56]刘鸿生、蔡声白、方液仙、张逸云、吴蕴初、王启宇、项松茂、陈蝶仙、沈九成、顾兆桢、方剑阁、任士刚等一批江浙财团工业界著名人士在 20 世纪二三十年代曾多次担任机联会常委。

进入 20 世纪 30 年代,为全面介入国货运动,以张嘉璈为代表的江浙财团人士积极出面组织国货团体。1931 年"九一八"事变发生时,时任中国银行总经理的张嘉璈正好在东北。目睹大片国土沦丧,广阔市场陷入外人之手,促使他产生了"决心提倡农村贷款与提倡国货两事,以补偿东北出口之损失"的念头。[57]同时,针对我国国货运动"由来已久,仁人志士,呼号不绝。然其成效,或限于一时,或限于一地,其不能行之远而宏其效者"的现状,张嘉璈认为原因即在于"产销金融各方,未能打成一片,各行其事,力量分散"。所以他提出"欲求国货运动之有效,非先从各方团结,集中力量不可"。[58]于是,张嘉璈邀集上海部分实业界人士在 1932 年3 月间开始举行"星五聚餐会",以共同进餐的形式讨论改进国货产销事宜,以后每逢星期五中午,固定进行聚餐,参加的人员也由20 人增加到百余人,还邀请有关人士到会演讲。在此基础上,张嘉璈联合国货产销及金融界人士并在中华职业教育社黄炎培的支持下,于同年 8 月间成立了中华国货产销协会,张嘉璈任理事长,杜重远为总干事。

中华国货产销协会"以利国货之制造与推销为宗旨,以指导完成全国推销网为业务"。[59]推进国货宣传是协会基本工作之一,为此,协会在上海设立国货介绍所,在其他一些主要城市设立分所,又在各地进行国货展览和推销、设立国货公司等事宜。该会以中国银行为核心,吸收上海各业的著名国货企业为会员,影响迅速扩大。

　　1932 年 9 月 18 日是"九·一八"事变发生一周年纪念日。上海国货界爱国人士为了纪念这一屈辱的日子,由中华国货产销协会会员工厂——中国化学工业社、美亚织绸厂、五和织造厂、中华第一针织厂、三友实业社、中华珐琅厂、胜德织造厂、一心牙刷厂、华福制帽厂等 9 家企业联合组建"九厂临时国货商场"。即由 9 家企业每家出两种国货商品,共计 18 种商品来寓意"九·一八",不忘国耻,振兴中华,举行为期一周的大甩卖。这次活动受到了各界人士的欢迎,展销活动相当成功。

　　"九厂临时国货商场"的成功举办使上海国货界人士深受鼓舞。以方液仙为代表的中华国货产销协会的部分人士萌生了运用民众爱国热情组建国货公司的想法,并积极加以实施。1933 年 2 月,在张嘉璈、黄炎培、史量才等人的支持下,中国国货公司在南京路原大陆商场(今东海大楼)开业。由方液仙、蔡声白、任士刚、方剑阁、叶友才、王志莘、史量才、黄延芳、李康年等江浙籍工商人士任董事,王性尧、潘仰尧为监察。方液仙出任董事长兼总经理,李康年任副经理,主持公司日常工作。中国国货公司是一家大型的专门经销国货商品的商业企业,号称"全国最伟大最完备的国货总库"。[60]期间,邹志豪等在"九厂临时国货商场"原址登记开设"上海国货公司"。一时号称"集中全国名厂优美出品,供应爱国同胞日用需要"。[61]这两家国货公司的成功开办,使上海国货商场开设成风,连向以售卖洋货著称的永安、先施、新新"三公司亦各辟其一部,以陈列国货"。[62]

　　由于有中国银行的支持,中国国货公司的经营模式是一种"由工厂供给货物,银行调剂金融,国货公司从事推销"的合作方式,生意颇为兴旺。中国国货公司经营取得初步成功后,为了进一步推广国货事业,中华国货产销协会将原来的国货介绍所改组为

中国国货公司、国货介绍所全国联合办事处（简称国货联办处），
负责各地中国国货公司的筹建，并由张嘉璈聘请王性尧为国货联
办处主任。在国货联办处的努力和中国银行的大力支持下，到
1935 年年底，已有 11 个城市相继建立中国国货公司，由此有力地
推动国货事业在各地的开展。

　　1935 年年底张嘉璈离开中国银行后，国货联办处关于自筹资
金建立企业实体的计划，得到时任国民政府"国民经济建设运动
委员会"主任吴鼎昌的支持，随即由该委员会发起，国货产销协会
和国货联办处共同策划创立中国国货联合营业有限公司（简称国
货联营公司）。国货联营公司采用官商合办的方式，成为促进国
货运销的总机构。1937 年 4 月，公司在南京召开成立大会，选出
官股董事 5 人，银团董事 2 人和商股董事 10 人。吴鼎昌被推为董
事长，张轶欧、程志颐、史久鳌、方液仙、蔡声白、任士刚、方剑阁等
7 人为常务董事，黄炎培、郭顺、王志莘为常务监察。[63]蔡声白为总
经理，王性尧为副经理。

　　国货联营公司成立后即开始在各地筹办国货公司，但不久抗
日战争爆发，该机构遂把工作重心转移到了内地特别是西南地区。
在战火纷飞的年代，国货联营公司不懈努力，相继成立香港、桂林、
广州湾、新加坡中国国货公司，并苦心经营赢得了很高的声誉。
1945 年 8 月，抗战胜利，国货联营公司迁回上海。在第三届董事
会上，吴蕴初出任董事长，王志莘任总经理，王性尧、陆乾惕和寿墨
卿担任副总经理，各地国货公司也开始恢复业务工作。但不久内
战的炮声使国货联营公司举步维艰，乃至无形停顿。

　　除中华国货产销协会以及后来的国货联办处、国货联营公司
外，江浙财团还在 20 世纪 30 年代前后发起组织其他一些国货团
体，以推进国货运动。如 1929 年 11 月虞洽卿与顾馨一、陈翊庭等

发起成立国货消费合作社。1935 年 9 月，王晓籁、林康候、虞洽卿
等人发起成立上海市民服用国货会，并发表通电及告市民书，积极
倡用国货。[64]

### 3. 江浙财团与国货企业

　　国货生产是国货运动得以开展的前提。实力雄厚的江浙财团
是当时国货企业的主要创办者和经营者。进入 20 世纪以来、特别
是第一次世界大战爆发后，许多江浙财团企业家抓住机遇，借助上
海得天独厚的有利条件，创办了一大批国货企业，并利用五四以后
蓬勃兴起的国货运动，取得很大的成功，其中不少企业发展成为行
业中的佼佼者。同时，20 世纪 20 年代以后，江浙财团金融企业加
大对国货企业的支持力度，从而有力地推动了国货运动深入持久
地开展。

　　荣氏集团是近代中国民族工业中规模最大的一个企业集团。
出生于江苏无锡的荣宗敬、荣德生兄弟始终以振兴民族工业为己
任，努力创制名优国货产品，并在国货运动中发展迅速，成为全国
闻名的"面粉大王"和"棉纱大王"。

　　19 世纪末 20 世纪初，荣氏兄弟开始走上实业道路。1895 年
中国甲午战败后，帝国主义加紧侵华，"实业救国"、"设厂自救"的
呼声日益高涨。荣氏兄弟在这股爱国思潮的影响下，逐渐认识到
为抵制洋粉、洋纱，挽回利权，替中国百姓"解决衣食问题，莫如多
办面粉厂和纺织厂"。[65]于是，1900 年荣氏兄弟在无锡筹设保兴面
粉厂。该厂 1902 年建成开工，1903 年改组为茂新面粉厂。之后，
他们又涉足纺织业，开办振新纱厂。辛亥革命后，荣氏向上海发
展，成功地创办福新面粉一厂，从而在上海站稳了脚跟。同时，充
分利用第一次世界大战的有利时机，迅速扩展势力。第一次世界

大战期间,荣氏福新各厂生产的"绿兵船"面粉,畅销国内以及欧洲、澳大利亚和东南亚各国,获利丰厚。在1914—1918年的5年之中,上海福新一三两厂赢利超过90万元,为荣氏面粉工业进一步扩展奠定了基础。[66]1913—1919年间,上海福新接连新办或租办收买的面粉厂有8家。与此同时,荣氏兄弟在无锡创办的茂新面粉厂也新增了3家分厂。以上各厂在1921年都先后投产。这时,荣氏兄弟经营的面粉厂共拥有粉磨301部,日产面粉能力达76000袋,占全国民族资本面粉厂生产能力的31.4%,成为名副其实的"面粉大王"。[67]

在大力扩展面粉工业的同时,荣氏兄弟又在上海创建申新棉纺织厂,问鼎棉纺织业。1915年年底申新一厂开车投产,额定资本30万元,拥有纱锭12240枚。1918年赢利达22.25万元。在申新一厂成功的基础上,1917年荣氏盘进了恒昌源纱厂(原日资日信纱厂),资本40万元,纱锭10000枚,1919年3月正式更名为申新二厂。随后,申新一厂增资扩充,接着又在无锡和汉口创办申新三厂、四厂,并于1922年同时开工投产。其时申新系列企业资本总额已达983.5万元,纱锭总数为134907枚。[68]荣氏也因此成为当时有名的"棉纱大王"。

为了对日益扩大的企业进行有效管理,1921年,荣氏兄弟成立茂、福、申新总公司,荣宗敬任公司总经理。总公司成立后,企业生产与管理进行分工,总公司各职能部门则由总经理全权控制。"这是以无限责任、统一管理、总经理集权控制的一种组合方式。……使所属各工厂在资金、原料、设备以至人才等各方面,互相呼应,互为声援,形成了集团优势。"[69]从而使荣氏企业在20世纪二三十年代困难的条件下继续得以发展。1919—1921年间,荣氏企业除了成立总公司外,还先后与他人发起成立上海华商面粉交易所、上海华商纱布交易所，以取得民族资本对面粉、纱布市场的控制权，联合应对外商的竞争。

荣氏企业经过不断扩展，到 1931 年，以上海为中心，在无锡、汉口、济南等地共创办了面粉与棉纱纺织厂 21 家，计茂新一至四厂、福新一至八厂和申新一至九厂。总计日产面粉近 10 万包，约占当时全国（除东北地区外）民族面粉工业总生产能力的 1/3；拥有的纱锭和布机分别占全国民族棉纺织工业设备总数的 1/5 和 1/4 以上，成为民族轻工业的杰出代表。[70]

除荣氏企业外，刘鸿生企业集团也是江浙财团中著名的企业集团，它合轻重工业、运输业、金融业、商业于一体，行业遍及码头、火柴、水泥、毛纺、煤矿、煤球、搪瓷及银行、保险，在近代中国颇具规模和影响。

民国之初，刘鸿生迫于家道中落，从圣约翰大学英文系辍学。1909 年入英商上海开平矿务局谋生，并于 1911 年升任买办。期间，他回佣之外，又以职务之便推销煤炭，由此获得丰厚的收入。为扩大煤炭经销业务，从 1918 年起，刘鸿生先后设立多个码头与货栈。

1920 年，刘鸿生先后创办华商鸿生火柴公司和上海水泥公司，开始大步进军民族工业。刘鸿生所以选择火柴业作为步入工业的起点，一是因为国产火柴在第一次世界大战期间获得长足发展，市场已经打开；而且随着“五四”时期抵货运动的兴起，进口火柴数量锐减，销路迟滞，为民族火柴业发展创造了契机。二是刘氏认为火柴业所需资金少，制造工艺比较简单，容易筹设，而它又关乎国计民生，是大有希望的产业。三是刘鸿生的翁家是创办中国第一家火柴厂的叶澄衷之子叶世恭，刘氏本人也有小额投资，于火柴业相对比较熟悉。1920 年元旦，刘鸿生与人集资 12 万元在苏州创设鸿生火柴厂,并在上海设立事务所,刘鸿生任总经理。工厂开办之初,因质量较差,销路颇成问题。后聘请留美化学博士林天骥为总工程师,解决火柴头易受潮脱落等技术难题,提高了产品竞争力。1925年公司开始扭亏为盈,同年收购了倒闭的上海燮昌火柴厂及其苏州分厂。1928年赢利增至12.4万元。

上海水泥厂是刘鸿生在上海创办的第一家工业企业。20世纪20年代上海城市建设突飞猛进,作为重要建材的水泥多依赖进口,产品供不应求。刘鸿生依托煤炭贸易便于获得廉价煤屑原料的优势,在1920年9月与人筹资120万元筹建华商上海水泥股份有限公司,1923年建成投产。工厂占地200余亩,年产象牌水泥40万桶,投产当所就获利3.3万元。

刘鸿生利用第一次世界大战的有利时机,将巨额买办资本和商业资本转化为工业及公用事业资本,先后创办了码头堆栈、火柴、水泥等一批企业,并很快在激烈的竞争中站住脚,居于同业重要地位。他利用刘鸿生账房为各企业提供资金调度,发挥统一管理功能,形成了充满生机和活力的企业集团。

进入20世纪20年代后期,民族工业由"黄金时期"逐渐进入萧条期,但刘鸿生企业集团不仅渡过难关,还有所发展。首先是行业领域拓展至煤球、煤矿、毛纺织业、金融保险业等,通过投资与收购,先后设立中华煤球公司,中华煤球公司第二厂、第三厂,华东煤矿公司,章华毛绒纺织厂。到1926年,他投资的企业已达62家,315万余元。1931年,刘氏的企业投资总额已达740万元。[71]刘鸿生还在上海商业储蓄银行支持下,开办中国企业银行,后又增设苏州、西门支行。[72]其次是通过收购兼并等扩大原有企业规模,其中火柴业尤为突出。1930年,在刘鸿生倡导下,规模较大的华商火柴企业鸿生、荧昌、中华终于合并组建为大中华火柴公司,刘鸿生为总经理。大中华成立后,刘鸿生增添新设备,改进技术和管理,谋求把所有华商火柴制造及其有关企业合并在一个庞大的联合公司内,把火柴业发展成巨型民族工业,积极兼并长江中下游地区受瑞典等外资火柴打击处于停产半停产状态的华资企业,先后收买、承租兼并了汉口燮昌、九江裕生、扬州耀扬、芜湖大昌、杭州光华等火柴厂,又收买了拥有华昌梗片厂、协隆盒片厂、炽昌新制胶厂等火柴附属企业的昌兴公司,创设了东沟梗片厂。1930 年大中华公司的火柴产、销量均占全国的 22% 以上。[73]

上海三友实业社也是近代著名的国货企业,由浙江慈溪人沈九成、陈万运、沈启涌在 1912 年创办。企业名称含义为"三友合作,希望实业救国"。最初资本只有 450 元,厂房也只有小屋一间。当时各种洋货充斥上海市场,连普通日用品洋烛(现称矿烛)也为外商所垄断。其中制烛用的棉纱烛芯为日商所控制。三友实业社为了挽回利权,初创时决定生产以金星牌为商标的棉线烛芯。由于物美价廉,有一定的销路。特别是第一次世界大战爆发后,外货输入减少,日商借此哄抬烛芯价格,上海英美洋烛制造商转而向三友实业社订货。金星牌烛芯由此逐渐将日货烛芯挤出了中国市场。

在此基础上,三友积极开拓国货品种,尝试生产人们生活所必需的毛巾。20 世纪初,我国还没有掌握制造毛巾的工艺技术,国内市场为日货"铁猫"牌毛巾所占据。1915 年袁世凯与日本签订丧权辱国的"二十一条",国内掀起了提倡国货、抵制日货的爱国运动。三友实业社决定生产国产毛巾以抵制日货,以实际行动来响应当时的国货运动。但毛巾看似简单,掌握其生产工艺并非易事。为了解制造毛巾的工艺技术,沈九成东渡日本,到生产"铁猫"牌毛巾的日本工厂充当小工,得以熟悉制造毛巾的各项工艺。[74]后又经过不断试制和改进,三友实业社的"三角"牌毛巾终于问世,并广受用户欢迎。为继续与日货抗衡,"三友"决定增加资本,扩大生产规模,提高产品质量。1918年增资至10万元,在浦东引翔港新厂添置新设备,改进毛巾制造技术。经过努力,终于生产出手感柔软、质地牢固、吸水性能好的优质毛巾,并大力进行营销宣传,使三角牌毛巾家喻户晓,盛销不衰。随后,三友借助1919年爆发的五四运动,将日本"铁猫"毛巾逐步挤出中国市场。对此《申报》评价道:"三角牌毛巾打败了日货铁猫牌毛巾。"[75]

从1920年起,三友实业社又进一步拓展新产品,创制了永不褪色的爱国蓝布及自由布,独幅机制透凉罗,独幅彩条被单、彩花床单,六色提花阔幅毛巾被,各种提花锦地台毯、拷花床毯、门帘、窗帘以及床上装饰用的日用棉织品,有效地抵制了洋货的输入,成为著名的国货工厂。到1931年,三友实业社发展到资本200万元,拥有沪、杭两个大型工厂,上海郊区17个手工工场,一个总发行所,36个分发行所的大型民族轻工企业。总计拥有职工6000余人,赢利32.1万元,其"范围之广,声势之大,产品之多,营业之盛,贡献之巨,在当时实业界中是屈指可数的"。[76]

除了大力生产国货产品外,三友实业社还积极参与国货团体与相关活动,如与其他国货企业发起成立上海机制国货联合会,参加张嘉璈发起组织的星期五聚餐会和中华国货产销会,参与组织"九厂国货临时商场"等。此外,还参加其他国货团体举办的各种国货展览会、展销会和国货年组织的活动,积极提倡国货,成为20世纪二三十年代国货运动中一个有影响的企业。

与自办国货企业相比,金融实力雄厚的江浙财团对国货工业的金融支持更为引人注目。20世纪20年代以前,由于中国民族工业起步迟,底子薄,初具规模办有成效的企业并不多见,加之当时银行大多立足未稳,实力较弱,而商业放周转快,效益明显,工业放款周转慢,风险大,因而这一阶段江浙财团对民族工业放款较小。尽管如此,江浙财团对民族工业的关注由来已久。特别是在企业需要雪中送炭的时候,银行常施以援手。浙江兴业银行"为振兴实业之需"而设,创办后的业务重点也非常明确,浙兴汉口分行多次在营业报告会上指出:"银行创办本旨在振兴实业,汉镇又为工商业中心区域,出放款项以工厂、公司信誉较著者为首,利息务薄。"[77]所以,该行与国货企业关系密切,放款对象几乎包括轻重工业的各个行业,其中以纺织业、面粉业为重点。1909 年,浙江兴业银行对丝绸业放款(押款)90 万两,浙兴汉口分行清末对汉阳铁厂的放款也有 10 万两[78]。1910 年,浙江兴业银行与浙江实业银行联合向张謇等创办的海丰、赣丰两家面粉公司合放银 30 万两。由于两公司在辛亥革命期间遭受重大损失,至 1914 年底底共欠两行本息 34 万余两。但两银行并没有将工厂拍卖了事,而是对两公司进一步借垫生产营运资本,积极帮助两厂恢复生产,以生产盈利逐步归还本息。[79]对大生纱厂也仍经常"维持较大数额的放款关系"。所以,浙江兴业银行总行迁上海北京路时,张謇特地到行祝词:"余经营大生纱厂,艰苦百折,能慰藉而作余气者,樊君(即浙兴上海分行首任经理樊棻,引者注)其一。樊君主持银行时,南通实业稍稍振起矣。"[80]浙江兴业银行与江南造船所也久有贷款关系,准其透支 5 万两,1916 年在无押品的情况下,将透支额增至 10 万两以上。浙江兴业银行对范旭东的永利制碱公司、刘柏森的宝成一厂、聂云台的恒丰纱厂和大中华纱厂、穆藕初的豫丰纱厂、张毓渠的中兴煤矿、荣氏兄弟的茂新及福新面粉厂,以及商务印书馆、久大精盐公司等著名的工厂都予以放款支持[81]。1917 年,浙江兴业银行对工业放款 50 万元,占该年放款总额的 38.11%。[82]期间,陈

光甫、李馥荪还以个人身份投资上海维大纱厂,贝润生则投资上海
厚生纱厂。[83]

表22　浙江兴业银行上海总行1917—1936年工商业放款与总放款比较表

单位:千元

| 年份 | 放款总额 | 工业放款 | 占总额 | 商业放款 | 占总额 |
|---|---|---|---|---|---|
| 1917 | 1312 | 500 | 38.11 | 4 | 0.3 |
| 1918 | 2765 | 69 | 24.56 | 103 | 3.73 |
| 1922 | 4441 | 1434 | 32.29 | 557 | 12.54 |
| 1923 | 8655 | 2343 | 27.07 | 1164 | 13.45 |
| 1924 | 5376 | 1719 | 31.98 | 665 | 12.37 |
| 1925 | 8183 | 3040 | 37.15 | 581 | 7.1 |
| 1926 | 7154 | 3315 | 46.34 | 404 | 5.65 |
| 1927 | 6509 | 4027 | 61.87 | 540 | 8.3 |
| 1928 | 9933 | 3658 | 36.83 | 1109 | 11.16 |
| 1929 | 16023 | 7362 | 45.95 | 2101 | 13.11 |
| 1930 | 17247 | 8576 | 49.72 | 493 | 2.86 |
| 1931 | 21557 | 10300 | 47.78 | 1080 | 5.01 |
| 1932 | 19364 | 8943 | 46.18 | 963 | 4.97 |
| 1933 | 24848 | 12349 | 49.7 | 2151 | 8.66 |
| 1934 | 25948 | 12664 | 48.82 | 1279 | 4.93 |
| 1935 | 20887 | 12375 | 59.25 | 1684 | 8.06 |
| 1936 | 18793 | 11608 | 91.77 | 1471 | 7.83 |

资料来源:《一家典型的民族资本主义银行——浙江兴业银行》,上海档案馆藏,Q268-1-771,表中的放款总额为工业放款、商业放款、金融业放款、个人放款、财政放款和其他放款之和。

进入20世纪20年代后,江浙财团金融资本加大了对国货工业的支持力度。中国银行上海分行、浙江兴业银行、上海商业储蓄银行、浙江实业银行、四明银行等著名银行对民族工业的投资都有较大的增长,放款主要集中于国货工业比较发达的纺织、面粉、化工、丝绸等行业。中国银行在20年代"抱定辅助工商实业之宗

旨,凡可以增加国民生产,改进国民生活之事业,无不勉力赴之,以赞其成。"[84]所以机关放款、同业放款、个人放款逐渐减少,而工商放款逐渐增加。该行1930年的放款额中,机关放款、同业放款比上年减少250.42万元,而对实业放款增加116.49万元,对商业放款也增加11.09万元。[85]中行上海分行是其工业放款的重心,承做了大量对民族纺织关于的放款。以申新系统企业为例,进入1920年代,中行上海分行与申新纱厂的借款关系逐渐增多,中行上海分行与上海商业储蓄银行及若干钱庄合组放款银团,对申新各厂分别办理以厂房、机器作抵押的放款及以原料为担保的营运放款,仅至1924年3月底,银团放款申新各厂就达1440万元,其中中行上海分行承放1030万余元。[86]

上海商业储蓄银行对国货工业的支持尤其值得称道。陈光甫曾公开表示,上海银行从创办开始,就"不专以谋利为宗旨"。[87]他说自己服务金融业"向来抱定一个宗旨,就是帮助中国人,多创造生利的机会"。[88]据统计,到1926年年底,上海银行对工矿业的放款达360.8万元,占其放款总额的19.9%。其中放给纺织企业191.33万元,占53.03%;放款面粉企业137.78万元,占38.18%。而在纺织企业放款中,大生纺织公司一户即占59.12%;在面粉业放款中,福新、茂新、复新三户占98.5%[89]。上海银行还常与其他华商银行一起合放贷款。1922年1月,该行与中国银行合做申新一厂押款,两家各出25万两。[90]次年4月,该行又与中行、中南等6家华资银行合做茂新50万两放款。[91]进入30年代,上海银行的国货工业放款比重进一步提高,通常要占全年放款总额的1/3,其中1931年国货工业放款达2300余万两,占放款总额34.29%,其中投资于纺织业占42.78%。[92]

对于上海银行、中行沪分行对民族棉纺织业的支持,当时著名的纺织技术专家朱仙舫著文予以评价说："足证两行维护工业,而尤重视纺织业。良以棉织物为民生最低限度之要求,固有纺锭织机之总定额,距衣能自给程度甚远,固大有发展可能。二行能详悉底蕴,助纺织业至于广泛进展,足令敬佩其眼光之伟大矣。"[93]

还有一个事例可以说明当时江浙财团银企之间已建立互为依存与发展的关系。1933 年 10 月,荣宗敬以申新七厂作抵押,向英商汇丰银行借款 200 万元,并订明于年底到期偿还。但受长江水灾和世界经济危机影响,荣氏无力偿还,其缓偿债务的提议遭汇丰拒绝。汇丰蓄意将价值 500 万元的著名国货企业——申新七厂委托拍卖。此事引起社会各界包括江浙财团的广泛关注。1934 年 2 月 25 日,上海市商会、地方协会、华商纱厂联合会三团体电请南京政府,设法制止拍卖,2 月 27 日,市商会与国货工厂联合会等 30 多个团体开会商议援助方法,会后即向各界呼吁支持。在这关键时刻,申新七厂第二债权人——上海银行、中国银行及交通银行伸出援助之手——同意延期偿还债务,使申新得以保全。[94]进入 30 年代,交通银行、新华银行也开始积极参与国货产销活动。在筹设香港中国国货银行时,交通银行董事长钱新之明确表示,会后筹设各地国货公司时交通银行一律投资参加,投资额可根据国货联营公司的计划比例分担,无须事先商量,表示很坚决的投资意向。同样,新华银行也表示了对国货产销的合作参与姿态。从此,中国银行、交通银行和新华银行就成为中国国货联营公司的合作银行。在各地国货公司的投资中,出资比例一般均按联营公司出 1/3,中国银行、交通银行、新华银行合作出 1/3,其余再招募 1/3 的方式解决,从而有力地推动了国货公司在各地的筹办工作。[95]

长期以来,人们一直以为钱庄业很少对民族工业进行支持,其实不尽然。从中国银行业产生到 20 世纪 20 年代初,我国的金融中心操诸钱庄,银行资本微小,力量薄弱。而且银行以抵押放款为主,钱庄以信用放款为主,而当时人们的观念还没有完全更新,不少人以借款欠债为耻,贷款需抵押,更觉难堪,除抵押品外,银行借款还需保人签字盖章,手续烦琐,钱庄则无此手续,故国货工业多与钱庄保持融资关系,江浙财团经营的钱庄对棉纱业、丝绸业的扶植"不遗余力"。1924年7月,上海钱业公会在呈财政部、农商部、税务处救济棉业文中指出:"我钱业对于棉业,扶之翼之,不遗余力,约计各厂垫款,其数不下七八百万。在钱业亦可谓勉为其难,奈棉业颠沛流离,日甚一日,其全部停辍者,十已三四,其余虽勉力持,亦莫不岌岌可危。则我钱业垫放之巨大款项,无一不为搁滞,欲勉再维持,力有不迭。若听其倾覆,势更难堪。"[96]民国时期中国工业化问题研究专家方显廷也说"吾国丝厂之金融流通,恒唯钱庄是赖"[97]。江浙财团领袖人物秦润卿担任钱业公会会长后,一直倡导钱庄向国货工业放款,而其经营的福源及福康、顺康钱庄尤为突出。自1925—1941年间,福源庄放款一直以棉纺织业为主,1927年对鸿裕等6家纱厂的抵押放款总额达96万两,1932年对申新纱厂一家的放款就达46万,1933年对鸿章纱厂的放款更达银元237万多元,超过了当年福源庄原资本的4倍以上[98],同年对公利等丝厂的放款也达31.6万多元。上海鸿章纱厂曾有一个时期的流动资金全部由福源钱庄提供。从1925—1936年,福源钱庄对国货工业的放款计达102厂次,计达1336万元[99]。由宁波富商秦君安、徐庆云、孙衡甫创办,宁波帮陈子薰、林友三经理的恒隆庄对张謇的大生系统纱厂及余葆三、王启宇的达丰染织厂都有数额较大的放款,对大生的信用放款常在三五十万两,抵押放款也在一二十万两。恒隆庄对达丰的放款每年也常在二三十万两[100]。《上海钱庄史料》载有恒隆历年放款工业的企业名称与金额,从中可以看出该庄对民国工业发展的作用[101]。由著名浙商陈春澜创办，绍帮陈一斋、田祈原、李济生先后任经理的永丰庄也是上海钱业翘楚，信用"居第一流地位"[102]，该庄对于大生纱厂也有大量放款，至1927年，该庄与金城银行组成的永金公司（两金融组织对大生放款合组的专户）对大生的放款达32万元。永丰庄还派李济生的长子李陞伯任大生纱厂经理。由浙商李寿山经营的顺康钱庄也大量放款民族工业。从1925—1935年，顺康庄放款民族工业总计达108厂（次），总计412.75万元。该庄放款对象主要是面粉、纺织、丝绸企业，阜丰、长丰面粉厂都是该庄的放款大户。1925年、1926年，该庄放款长丰面粉厂30万两；1930年，又放款阜丰面粉厂30万两[103]。为支持民族工商业，1935年4月27日，上海银行公会成立由陈光甫等6人组成的信用放款小组。钱业方面立即予以响应，钱业公会于5月2日召开常委会，赞成加入信用放款，为数25万元[104]。

与此同时，20世纪20年代末以后，为挽救处于困顿之中的国货运动，江浙财团成员直接出面组织多个从事国货事业的企业实体，并通过各种途径呼吁政府对国货企业予以金融支持。如1928年7月间，上海市政府鉴于"国货提倡之需要，因发起中华国货公司"。对此，江浙财团诸人积极参与，予以响应。钱新之、王延松、秦润卿等担任中华国货公司筹备委员，其中钱新之、王延松为筹备委员会正副主席。虞洽卿、王一亭、陈光甫、林康候等均为发起人，并进行招股工作。穆藕初、徐庆云及华商纱厂联合会都纷纷表示"当竭力赞助"。[105]

1928年全国经济会议提出创办国货银行后，不少江浙财团人士参与筹备，1929年11月该行正式成立时，陈光甫、钱新之、刘鸿生、穆藕初等分别担任商股董事、商股监督人。[106]

　　1933 年 12 月,为"发展实业,实行国货产销合作以促进生产救国之实现",林康侯、王晓籁、邬志豪及虞洽卿、陈光甫、杜月笙、张嘉璈、刘鸿生、吴蕴斋等发起筹备中华国货产销联合公司。次年 1 月,该公司正式成立。以杜月笙为董事长,邬志豪为总经理。[107]

　　1934 年年初,为抵制外货,推销国货棉布,挽回利权并维护市郊机户之生机,王晓籁、荣宗敬与杜月笙、史量才等发起组织中华国产棉布股份有限公司,并于 4 月 21 日成立,董事长杜月笙,荣宗敬等担任董事。

　　在发起组织国货实体的同时,20 世纪 30 年代以后,为改善日趋艰难的国货工业困境,江浙财团频频向当局呼吁施以援手,有时几乎是集体行动。1933 年 6 月 2 日,为救济华商纱厂,上海市政府及财政、实业两部与银行界、厂商协商办法。李馥荪、陈光甫、林康侯等出席并在会上表示:此后对于厂家尽量押款放款,以利营运;原料缺乏,电请宋子文部长在美接洽办法。[108]

　　1935 年 2 月 22 日,上海市地方协会会长杜月笙、副会长钱新之以及市商会主席俞佐庭,中国银行总经理张嘉璈、银行公会主席陈光甫、钱业公会主席秦润卿等往见孔祥熙,请令中央银行指拨巨款投放工商业,以稳定市面。市商会还推定杜月笙、徐寄庼等 7 人组成专门委员会,拟订救济经济办法。[109]同年 11 月 22 日,虞洽卿、荣宗敬、刘鸿生等联名请求国民政府扶助实业,设立特种银行,进行企业贷款,减低市面利率,收回高利债券。[110]

## 4. 江浙财团与国货展览

　　举办商品展览是宣传与推销商品的一种有效方式,自清末引入中国以来,一开始就受到了江浙财团有关人士的重视。其后,许多江浙财团成员及其相关社会团体如上海总商会、上海市民提倡国货会及机联会等一直予以倡导,成为江浙财团宣传与推进国货运动的重要手段。

早在 1908 年,虞洽卿即以会办身份,参与近代中国第一个全国博览会——南洋劝业会的筹办工作。次年 6 月,南洋劝业会在南京开幕,虞任副会长。南洋劝业会陈列物品计 24 部,420 类,历时 3 个月,来自全国各地和南洋地区的观摩交流者达 20 余万人。[111]期间,刚从美国留学归来的陈光甫也参与劝业会会务工作。[112]据香港学者李培德先生研究,陈光甫由于早年向外人学习英语,1904 年随中国代表团参加美国圣路易斯博览会而成为一名留美学生。[113]

上海总商会对举办商品展览一直极为关注。早在 1902 年上海商业会议公所成立之际,即在其拟订的章程中明确提出要筹划"如何开设商物院、工艺所"事宜。在 1908 年开始的南洋劝业会筹办过程中,上海总商会积极予以响应并发挥了举足轻重的作用。上海商务总会不仅控制了南洋劝业会董事会 60% 以上名额,承担了事关劝业会成败的筹款与征集赛品工作,还先后成立南洋劝业会上海协赞会、上海出口协会,主持人李平书、王一亭为此奔走呼号,尽职尽力。1910 年 2 月间,上海商务总会又特地照会海内外各埠商会,招徕华商出口陈赛。显然,南洋劝业会的举办,"上海工商界的贡献功不可没"。[114]

1910 年 10 月间,上海商务总会在组织工商界参加南洋劝业会基础上精选货品,参加在比利时首都布鲁塞尔举办的国际博览会。次年又组织厂商参加在意大利都朗举办的工业博览会。"商品推陈出新,远胜历届会务",上海不少厂商(丝厂最多)获得"最优等"、"优等"和金银牌的奖励。[115]

受 1915 年北京举办国货展览会影响,同年 10 月 23 日即北京展会闭幕后的第 3 天,上海总商会即召开常会,决定立即着手设立商品陈列所。经筹集资金,兴工建筑,陈列所所屋三层终于在1920 年建成。同年 8 月组成的新一届上海总商会对商品陈列所高度重视,专门组成由会长聂云台、副会长秦润卿及田时霖、孙梅堂等 12 人组成的商品陈列委员会,并延聘虞洽卿等各界人士为顾问,"以资赞襄"。[116]同时组织募金团,先后募得工商界捐款 16 万元,以作开办费。

1921 年 8 月,上海总商会商品陈列所正式开办。由于商品陈列所的展品陈列以国货为限,所以实际上这是一个国货陈列所。同年 11 月 1 日,由该所主办的第一次展览会隆重开幕。本次展览会展品共 12 门类,包括上海在内的江苏、浙江等 17 个省市及香港、新加坡在内的 870 家民族资本厂商参加了商品陈列、展出品种达 33400 件。在一个月展期内,参观者甚为踊跃,累计达 61000 人次。展览会的成功举办得到了业内及社会各界人士的广泛好评。穆藕初认为此举"实属创举",开启了商人主持开办展览会的先河。[117]当时具体参与展览会筹备工作的秦润卿更是赞赏有加:"陈列所一比赛场耳。我工商业有出品陈列于斯者,上焉者,当业精于勤,勿自封故步,次焉者,当更改为贵,勿墨守成规。学有专门,理无止境,但能刻苦自求,何不可称雄海上。所幸工商界顺时应势,急起直追,为中华民国特放异彩。"[118]

1922 年,商品陈列所举办蚕茧丝绸专门工艺展览会,次年又举办化学工艺展览会。展览会闭会期间,商品陈列所仍对外开放。由于坚持定期更换展品制度,使商品的陈列始终保持一定的新鲜感和对社会的吸引力。为改进国货工商业,"谋国货之发达,并予国人以便利",商品陈列所还设立商品调查专部与商业图书馆,编译实业书报。特别是"设立销售机关,以推广国货之销路"。试办以后,颇著成效。各地国货厂商"各自选择优良货物酌减廉价送所代销,洵属优待国人之盛意。而采用国货者亦由于爱国心重,竞购价廉物美之华产"。[119]到1930年,上海总商会商品陈列所开办10年之际,它颇为自豪地表示:"本所创设已历十载,定名虽为商品陈列所,而其实则为国内唯一之国货陈列馆,布置完善,保管保密,逐日开放,任人参观,来宾有所咨询,无不答复,对于出品家则竭诚介绍,询为工商界公众之宣传机关"。[120]

1921年由虞洽卿、王晓籁、冯少山等人发起成立的上海市民提倡国货会,把国货展览作为推进国货运动的重要途径而竭力进行。1925年6月5日下午,该会第一商场在上海民国路开幕,虞洽卿、冯少山、董杏生、沈田莘等上海工商等界200余人参加开幕式。该会委员长曹慕管致辞说"提倡国货不自今日始,集国货于一室而成一较有规模之国货商场,则始自今日";"提倡国货之效用,内足以充裕经济,外可以抵制外货,实为救国根本之要素。国民之用国货,原为人人当尽之天职,不必加以提倡,既提倡国货而组织商场,则国民之购用自当踊跃,逾恒人尽天职,庶不负提倡之至意"。虞洽卿也发表演说,谓"提倡国货为鄙人素志,十余年前发起南京劝业场,当时拟将此场连续开会,为永久提国货之机关,适端方离宁,不幸终止,至今耿耿",今后凡提倡国货事业,无不乐为效力[121]。从1921年该会成立至1933年,该会组织国货工厂成员,成立国货旅行团,先后赴南京、长沙、镇江、无锡、苏州、杭州、蚌埠、定海、温州和上海的沪南、闸北、沪西、中区等处举办各种流动展览会达34次,引导国民认识国货,培养购用国货的习惯。[122]

主要由江浙籍国货企业家组成的上海机联会自1927年5月成立以后,也把组织和协调各国货工厂参加各种国货展览会,作为机联会的经常性工作。仅1927—1932年5年间,经其组织参与的较大的国货展览会就有 1927 年智利及阿根廷华产展览会、1928年上海夏秋国货用品展览会、南京国货流动展览会、槟榔屿中华国货陈列所的国货陈列、1930 年巴达维亚中华总商会国货展览会、新加坡中华总商会国货流动展览会、1932 年上海市国货展览会、铁道部全国铁路沿线出产货品展览会、福建省促进国货公会的国货陈列等。该会发起人之一陈翊庭在 1928 年 11 月称已办理国货展览会 18 次，国货公司 3 次。[123]这些陈列展出和国货推销活动，都为国货产品的宣传和市场开拓作出了贡献。

20 世纪 20 年代末以后，江浙财团加大对国货运动的参与力度，其中一个重要方面就是积极倡导国货展览以促进国货的生产与销售。如在穆藕初积极推动下，1930 年 11 月全国工商会议期间举办了棉业展览会。1932 年 6 月初，经王晓籁等人发起，上海市商会联合上海市民提倡国货会等 4 个国货团体，举行国货展览会。[124]在此基础上，主要由江浙财团重要人物组成的上海市民提倡国货会、上海市地方协会等团体于同年年底倡议将 1933 年定为国货年，随后又在地方协会、市商会等社会团体建议下，将 1934 年定为妇女国货年、1935 年定为学生国货年。组织各种国货展销活动是这些国货年的主要活动方式，如 1933 年国货团体在上海本地即组织开设 7 个国货展览会，还举行国货汽车游行大会。1932 所 8月，在张嘉璈倡导下成立以其为理事长的中华国货产销协会，该会的一项重要工作就是进行国货宣传，即在各地举办国货展览会、组织国货流动推销团、设立国货样品陈列室。

期间，许多江浙财团成员还积极参与南京政府组织的国货展览活动。如 1928 年孔祥熙出任南京政府工商部长后，提出在上海筹办工商部中华国货展览会。虞洽卿、王晓籁、林康侯、穆藕初、钱新之、王一亭、徐寄庼、徐庆云、孙梅堂、项松茂、沈九成等江浙财团代表人物 52 人为筹备委员,虞洽卿还担任筹备委员会主席委员。[125]由于各界重视与广泛参与,于 1928 年 11 月 1 日正式对外展出的中华国货展览会相当成功,陈列展品共计 13271 件,申新纱厂、无锡丽新染织厂、商务印书馆、江南造纸厂等大企业还辟有专门的陈列室进行陈列展览。

为开拓国货产品的海外市场,江浙财团还重视国货海外展览工作,这方面除上海总商会积极组织国货厂家参加国外赛会与各类陈列外[126],一些江浙财团成员也不辞辛劳,力所能及地开展相关工作。如 1929 年,由时任南京政府工商部次长的穆藕初领队,携带上海、天津、汉口、福州等国货工厂的产品赴菲律宾参加当地嘉年华会的陈列展出。"其物品之丰富、质料之精美,开菲岛华侨眼界不少",受到当地人士与南洋侨胞的欢迎。[127]

## 三、国货运动对江浙财团的意义

如上所述,从早期国货运动的参与者到 20 世纪 20 年代中后期特别是 30 年代以后成为国货运动的主要发起者与组织者,江浙财团与这一场 20 世纪上半叶影响深远的进步社会经济运动关系密切。江浙财团借助其广泛的社会号召力与雄厚的经济实力,是推动国货运动得以持续发展的重要力量,进入 30 年代后更成为运动的领导者与中坚力量。与此同时,这场历时长久、影响波及社会各阶层的国货运动对江浙财团的形成与发展也产生了多方面的作用与影响。

首先,实业救国思潮和国货运动的影响推动大批江浙财团成员踏上工商实业之路,并勇于追求企业规模的扩大和利润的增长,由此奠定江浙财团日后发展的基础。清末民初以来,灾难深重的民族危机打破了农本商末的传统经济伦理,特别是国货运动的广泛开展,使实业救国思想深入人心。"工商立国"这一新型经济伦理的确立使人们从事工商业有了强大的精神动力。从此,"工业家在理论上不再被人看不起了,相反的,却被看作是爱国者"。[128]

正是在"实业救国"思潮激励下,一批后来成为江浙财团重要成员的江浙籍人士纷纷投身实业之路,如"企业大王"刘鸿生早期从事洋行买办业,收入十分丰厚。但他"感到外国人瞧不起中国人。我觉得中国之所以受气,是因为没有工业,没有科学。因此就想利用口袋中的现钞做点事"。[129]20 世纪 20 年代起,他连续创办了一系列工商企业,被称为"火柴大王"、"水泥大王"和"企业大王"。同是买办出身的虞洽卿很早就曾表示"生平志愿,能拥有五百万资金,举办实业"。[130]为此,他相继创办四明银行、宁绍轮船公司、三北轮船公司。其目的即在于"杜斯漏卮","挽已失之利权,扩未来之航业"。[131]著名民丰、华丰造纸厂创办人竺梅先也曾明确表示:自己办企业,一不谋名位,二不图享福,只是要为"生产救国"而竭尽全力。[132]早年在美国研习金融的陈光甫认识到金融业对国家社会的重要性,认为"一国工商业之发展,全恃金融机关为之枢纽",而当时外国在华遍设银行,不能不对民族工商业造成威胁。为此,他于 1915 年集资创办上海商业储蓄银行。其目的就是"服务社会,辅助工商实业,抵制国际经济侵略"。[133]

其次,此起彼伏的国货运动为江浙财团的发展创造了良好的市场环境与社会条件。在近代相当恶劣的社会经济条件下,许多江浙财团国货企业正是由于国货运动的发展和推动,才赖以生存并取得一定程度的发展。刘鸿生在晚年回顾往事时说:"真正使我第一个企业成功的原因,是那时的爱国运动推动了这个企业的发展,因为当时每个人都愿意买国货。"[134]1930 年他创办章华毛纺织厂后企业一直处于亏损状态。"九·一八"事变后,企业推出了名为"九一八"的薄哔叽产品,引发顾客踊跃购买,营业额迅速增加,相继在南京、汉口、杭州设立门市部,在天津设分厂。1936 年,"章华"盈余达 50 万元。[135] 荣氏企业从创办到 30 年代初进入鼎盛时期,期间经历了三次大规模的发展,几乎每一次发展都集中在国货运动的高潮时期。第一次发展是在民国政府建立以后的1912—1915 年间,当时北京政府颁布了一系列保护和奖励实业的政策,提倡制造国货、使用国货,并组织商品陈列所,参加国际博览会,在国内掀起了一股"实业救国"的热潮。1915 年袁世凯与日本签订"二十一条",由此掀起了一股抵制日货的浪潮,国货运动进入了一个新的高潮。荣氏抓住这一时机,积极推动企业发展。第二次发展是在"五四"爱国运动之后的 1919—1921 年。五四运动时期,全国各地掀起了声势浩大的抵制日货运动,后来发展成为全国性的抵制外货、提倡国货的群众运动,外货进口明显减少。荣氏企业产品——绿兵船牌面粉畅销全国,茂新、福新面粉系统的企业规模达到了顶峰。第三次发展是在"五卅"和"五三"两次反帝斗争的国货运动之后,即 1925—1931 年间。"五卅"后广泛开展的抵货运动迅速改变了国货产品滞销的局面,民族工业重新获得了喘息发展的机会。荣氏的申新纺织系统也是在历次抵货运动中有了进一步的发展。

　　国货运动对江浙财团发展的推动作用不仅体现在其工业企业上,同样也表现在金融企业上。而这方面除了因国货工业发展而产生的间接好处外,还在于国货运动的广泛开展直接为包括江浙财团银行在内的华资金融机构的发展创造了有利条件。20 世纪 20 年代以后,民族运动的高涨使外资银行特别是一些侵华国家在华银行成为众矢之的。如"九·一八"事变后,民众抵制日货运动蓬勃兴起。当年 10 月 2 日,因外间谣传中国实业银行有日本股东,致使该行及其在沪各处分行都发生挤兑风潮。尽管当晚事态平息,全日已兑出五六十万元。[136]正是在二三十年代民族运动不断高涨的背景下,华资银行实力有了长足发展,其中 1927 年较 1920年增长了 6 倍多。而作为华资银行杰出代表的上海银行更是创造了"金融奇迹"。该行 1932 年较 1915 年存款增加 56 倍,总收入增加 114 倍,净利增加 108 倍。尽管其中的原因很大程度上在于该行主持人陈光甫的开拓进取、奋发有为,但与期间风起云涌的国货运动也不无关系。

最后,国货运动有力地推进了江浙财团的近代化进程。国货运动的兴起使江浙财团的国货企业得到了很大的发展,工业资产阶级的力量迅速壮大,产生了一些大资本集团。其中尤以荣氏企业集团、刘鸿生企业集团、大生企业集团、以及航运业中虞洽卿三北集团、制药工业中项松茂五洲集团、丝绸业中的元成集团和美亚集团、化工业中方液仙中国化学工业社和吴蕴初的天厨化工集团等,较为著名,从而使江浙财团产融进一步结合,更具财团的实质内涵。资本主义工业如此大规模与迅速的发展,必然对金融资本产生影响。姚会元称:"产业资本的增大与发达将有力推动信用范围的扩大及银行业的发展,也必然影响到工业资本与银行的关系,使该期间工业资本和银行之间相互渗透与结合。"[137]这样,一方面,一些工业企业资本家参与银行投资,并且在银行中担任董事、理事;另一方面,民族工业在国货运动中的丰厚利润,诱导着银行资本向工业企业进行放款,从而密切了江浙财团银行与国货工业的关系。浙江兴业银行 1917 年工业放款为 50 万元,1926 年增大到 331 万元,占各项放款总额的 46.3%。上海银行的工业放款1926 年占全部放款的 19.9%,20 世纪 30 年代后上升到 1/3 左右,最高年份达 4200 多万元,作为其放款对象的工业企业多达 200 多家。1927—1937 年,该行工业放款利息收入达 2300 万元,占到总营业收入的 50%,这不仅有力地支持了国货工业的发展,也为该行的发展奠定了坚实的基础[138]。工业资本与银行资本的相互渗透和结合,表明江浙财团的经济活动在当时是有益于民族经济发展的。

国货运动的发展不仅深刻地影响了江浙财团的内部结构,而且有力地推动江浙财团企业的近代化。在国货运动的推动下,许多有远见的江浙财团企业家纷纷引进国外先进技术,采用国外先进管理方法包括西方近代企业的组织制度从而推动了中国企业的近代化进程。

这方面,除上述刘鸿生、荣氏兄弟等表现相当突出外,陈光甫、张嘉璈、李馥荪等金融企业家的作为也毫不逊色。如陈光甫在企业用人上一改传统社会注重地缘、血缘关系的陋习,全面引入西方企业人事管理体制,订立各种规章,使人事管理规范化、制度化。张嘉璈早在 1914 年担任中国银行上海分行副经理时,即致力于建立新式银行制度,采用西式簿记、注意为顾客服务、加强人事管理、提拔新式人才等。1916 年,为使上海华资银行联合对外,他发起由各行经理参加的星期五聚餐会,借以交流信息,联络感情,后来颇具影响的上海银行公会就是在此基础上成立的。

## 注　释

1　许涤新、吴承明主编:《中国资本主义发展史》第二卷,人民出版社 2003 年版,第643 页。

2　《厂约》,张謇研究中心等编:《张謇全集》第 3 卷,江苏古籍出版社 1994 年版,第17 页。

3 《近代史资料》1956 年第 1 期,第 17 页。

4 《中国资本主义发展史》第 2 卷,第 649 页。

5 工商部中华国货展览会编辑股:《中华国货展览会纪念特刊》,第 1 页。

6 潘君祥:《近代中国国货运动研究》,上海社会科学院出版社 1998 年版,第 5 页。

7 《国货维持会代表吕立基呈参议院文》,《申报》1912 年 7 月 19 日。

8 杜恂诚:《民族资本主义与旧中国政府》(1840—1937 年),上海社会科学院出版社 1991 年版,第 106—108 页。

9 杜恂诚:《民族资本主义与旧中国政府》(1840—1937 年),上海社会科学院出版社 1991 年版,第 122 页。

10 《中华民国政府公报》第 17 卷,第 65 期。参见吕建云:《论中国三十年代的国货运动》,《浙江社会科学》1991 年第 6 期。

11 《工商部咨请优待国货》,《申报》1928 年 6 月 18 日。

12 《国货运动周之第一日》,《申报》1928 年 7 月 8 日。

13 潘君祥主编:《近代中国国货运动研究》,第 30 页。

14 《辛亥革命在上海史料选辑》,上海人民出版社 1981 年版,第 534 页。

15 王震:《商业进行说》,《沪南商务分会报告题名录》,辛亥年(1911 年)刊印。

16 上海市工商业联合会等编:《上海总商会议事录》,1913 年 2 月 15 日全体大会记录,上海古籍出版社 2006 年版,第 61 页。

17 徐鼎新、钱小明著:《上海总商会史》,上海社会科学院出版社 1991 年版,第 190 页。

18 《维持国货之大会议》,《申报》1912 年 12 月 28 日。

19 《提倡国货之我见》,《上海总商会月报》第 4 卷,第 5 号,1924 年 5 月。

20 上海社会科学院经济研究所编:《荣家企业史料》上册,上海人民出版社 1980 年版,第 185—186 页。

21 《虞洽卿在上海提倡国货会第一商场开幕式上之演讲》,金普森编:《虞洽卿研究》,宁波出版社 1996 年版,第 344 页。

22 任建树主编:《现代上海大事记》,上海辞书出版社 1996 年版,第 361 页。

23 任建树主编:《现代上海大事记》,第 474 页。

24 任建树主编:《现代上海大事记》,第 322 页。

25 《虞洽卿在上海提倡国货会第一商场开幕式上之演讲》,金普森编:《虞洽卿研究》,

宁波出版社 1996 年版,第 344 页。

26 天虚我生:《国货前途之我见》,《上海特别市国货运动大会纪念刊》1928 年。

27 《1928 年全国经济会议史料》(一),《档案与史学》1995 年第 2 期。

28 林徐建生:《民国时期两次全国工商会议与经济政策》,《中国经济史研究》2002 年
第 1 期。

29 《工商会议第一日》,《申报》1930 年 11 月 2 日。

30 《工商会议第二日》,《申报》1930 年 11 月 3 日。

31 任建树主编:《现代上海大事记》,第 47 页。

32 《工商会议之第三日》,《申报》1930 年 11 月 10 日。

33 《刘鸿生企业史料》上册,第 229 页。

34 《刘鸿生企业史料》中册,第 25—26 页。

35 任建树主编:《现代上海大事记》,第 609 页。

36 任建树主编:《现代上海大事记》,第 640 页。

37 穆藕初:《藕初文录》(上),商务印书馆 1926 年版,第 43—44 页。

38 《申报》1921 年 1 月 14 日。

39 《刘鸿生企业史料》上册,第 103 页。

40 《刘鸿生企业史料》上册,第 103—104 页。

41 《刘鸿生企业史料》上册,第 104 页。

42 《穆藕初五十自述·文集》,商务印书馆 1926 年版,第 199 页。

43 潘君祥主编:《近代中国国货运动研究》,第 153 页。

44 陈真等编:《中国近代工业史资料》第 1 辑,第 454 页。

45 《中国民族火柴工业》,中华书局 1963 年版,第 60 页。

46 《上海总商会商品陈列所报告书》下编,1924 年版,第 73—74 页。

47 许维雍、黄汉民:《荣氏企业发展史》,人民出版社 1985 年版,第 78 页。

48 蔡声白:《本厂十五年回顾》,《美亚期刊》第 163 期,1935 年。

49 《刘鸿生企业史料》中册,第 146—147 页。

50 王遂今:《宁波帮企业家的崛起》,浙江人民出版社 1989 年版,第 114 页。

51 《工商经济史料》第 3 辑,第 192 页。

52 《会史》,见《中华国货维持会廿周年纪念刊》,1931 年。

53 上海市档案馆编:《五卅运动》第一辑,上海人民出版社 1991 年版,第 449、455 页。

54 《提倡国货之进行》,《申报》1925 年 6 月 28 日;徐鼎新:《上海总商会史》,第 347 页。

55 《本会成立时宣言》,上海机联会编:《十年来之机联会》,1937 年。

56 机联会编:《十年来之机联》,1937 年版,第 213 页。

57 《中国国货联合营业公司十周年纪念刊》,见张公权序,1947 年 5 月。

58 《中国国货联合营业公司十周年纪念刊》,见张公权序,1947 年 5 月。

59 王志莘:《中国国货联合营业公司概述》,见《中国国货联合营业公司十周年纪念刊》,第 19 页。

60 《国货工商大观》,1934 年版,该公司广告宣传。

61 《国货工商大观》,1934 年版,该公司宣传广告。

62 《国货工商大观》,1934 年版,三公司宣传广告。

63 潘君祥主编:《近代中国国货运动研究》,第 130 页。

64 任建树主编:《现代上海大事记》,第 414、620 页。

65 黄汉民:《国货运动中的荣氏企业》,全国政协文史办等合编:《中国近代国货运动》,中国文史出版社 1995 年版,第 54 页。

66 徐新吾、黄汉民主编:《上海近代工业史》,上海社会科学出版社,1998 年版,第 137 页。

67 上海社会科学院经济研究所编:《荣家企业史》上册,第 84 页。

68 上海社会科学院经济研究所编:《荣家企业史》上册,第 104 页。

69 徐新吾、黄汉民主编:《上海近代工业史》,第 138 页。

70 黄汉民:《国货运动中的荣氏企业》,《中国近代国货运动》,第 61 页。

71 《刘鸿生企业史料》上册,第 283—286 页,"前言"第 1 页。

72 《刘鸿生企业史料》下册,第 479—481 页。

73 《刘鸿生企业史料》上册,第 154 页。

74 孙善根、陆志濂:《陈万运与他的三友实业社》,《商海巨子——活跃在沪埠的宁波商人》,宁波文史系列丛书第一辑,中国文史出版社 1998 年版,第 235 页。

75 李道发:《全力参与国货运动的三友实业社》,《中国近代国货运动》,第 66 页。

76 孙善根、陆志濂:《陈万运与他的三友实业社》,《商海巨子——活跃在沪埠的宁波商人》,第 237 页。

77 《一家典型的民族资本主义银行——浙江兴业银行》,上海档案馆藏,Q268 - 1

－771。

78　浙江兴业银行第1—8届营业报告,见汪敬虞编:《中国近代经济史》(1895—1927
　　年)下册,人民出版社2000年版,第2284页。

79　杜恂诚:《上海金融的制度、功能与变迁》,上海人民出版社2002年版,第147页。

80　张謇:《上海浙江兴业银行迁居新屋颂词》,《银行周报》第2卷,1918年2月。

81　汪敬虞主编:《中国近代经济史》(1895—1927)下册,人民出版社2000年版,第
　　2286—2287页;朱镇华:《一家典型的民族资本银行——浙江兴业银行》,《档案与
　　史学》1995年第3期。

82　《一家典型的民族资本主义银行——浙江兴业银行》,上海档案馆藏,Q268—
　　1—771。

83　杜恂诚:《上海金融的制度、功能与变迁》(1897—1997年),第139页。

84　中国银行总行、第二历史档案馆:《中国银行行史资料汇编》上编,第3册,档案出
　　版社1991年版,第1998—1999页。

85　《中国银行行史资料汇编》上编,第3册,第1999页。

86　董昕:《中国银行上海分行研究》,上海人民出版社2009年版,第213页。

87　《陈光甫先生言论集》,上海商业储蓄银行1949年印行,第115页。

88　《陈光甫先生言论集》,上海商业储蓄银行1949年印行,第89页。

89　《上海商业储蓄银行史料》,第161—162页。

90　上海银行档案:《中国银行致上海银行函》,1922年1月12日。

91　上海银行档案:《上海交通银行致上海银行函》,1923年4月23日。

92　朱仙舫:《纺织业今后之出路》,《纺织时报》第952号,1933年1月1日;另见《上海
　　商业储蓄银行史料》,第504、513页。关于1936年上海银行的国货工业放款结构,
　　参见《上海商业储蓄银行史料》,第504—506页。

93　朱仙舫:《纺织业今后之出路》,《纺织时报》第952号,1933年1月1日。

94　任建树主编:《现代上海大事记》,第606页。

95　潘君祥:《近代中国国货运动研究》,第132—133页。

96　《钱业公会呈请救济棉业》、《银行周报》第8卷,第27号,1924年7月15日。

97　方显廷:《中国工业资本问题》,商务印书馆1939年版,第54页。

98　《上海市钱业调录录》第34号;《上海钱庄史料》,第171页。

99　根据《上海钱庄史料》第802—805页表计算,其中银两按1银元=0.715两换算,

法币与银元同。

100　《上海市钱业调查录》第33号；《上海钱庄史料》，第170—171、802页。该庄对工业的放款详细情况见：《上海钱庄史料》第842—845页该庄对工业放款详表。

101　参见该书第842—845页。

102　《上海市钱业调查录》，第4号。

103　参见《上海钱庄史料》，第820—822页，原表缺1931—1934年四年的工业放款数；换算时原表中银两按1银元＝0.715两换算。

104　任建树主编：《现代上海大事记》，第610页。

105　《中华国货公司发起人会议》，《申报》1928年10月4日；《中华国货公司招待各厂纪》，《申报》1928年11月8日。

106　任建树主编：《现代上海大事记》，第413页。

107　《中华国货产销联合公司筹备处敬告全国工业界》，《申报》1933年12月，星期增刊；《现代上海大事记》，第571页。

108　《上海市政府举行救济棉纱业会议》，《纺织时报》第992号，1933年6月5日。

109　任建树主编：《现代上海大事记》，第606页。

110　《刘鸿生企业史料》下册，第481页。

111　金普森主编：《虞洽卿研究》，第295页。

112　《上海银行昨日之盛会——孔部长演说辞》，《申报》1928年11月19日。

113　李培德：《论中国金融企业家精神——以陈光甫为例》，《档案与史料》2000年第2期。

114　徐鼎新、钱小明：《上海总商会史》，第106页。

115　《意国都朗会议审查中国丝绸争奖获胜记》，《上海总商会报告录》，1913年刊印。

116　《总商会商品陈列所开幕纪盛》，《申报》1921年11月2日。

117　《上海总商会商品陈列所开幕》，穆湘玥序，1921年编印。

118　《上海总商会商品陈列所(第一次)报告书》，秦润卿序，1921年编印。

119　徐鼎新、钱小明：《上海总商会史》，第269页。

120　《章华毛纺厂档案》，全199，目133，卷279，上海市档案馆藏。

121　《上海提倡国货会第一商场开幕记》，《上海总商会月报》第5卷，第9号，1925年9月。

122　潘君祥主编：《近代中国国货运动研究》，第330页。

123　《中华国货公司招待各工厂纪》,《申报》1928 年 11 月 8 日。

124　《市国货展览会昨行开幕典礼》,《申报》1932 年 6 月 7 日。

125　《积极筹备之中华国货展览会》,《申报》1928 年 8 月 3 日。

126　如 1923 年春夏之交,荷属巴达维亚(今印尼雅加达)致函上海总商会要求配合侨
　　胞抵制劣货,"征集国货样品运往该会陈列,俾便代用"。上海总商会积极响应,
　　当即向国货厂商征得大批赠品和国货样品,送往巴达维亚展出陈列。见《上海总
　　商会月报》第 3 卷,第 8 号。

127　潘君祥主编:《近代中国国货运动研究》,第 183 页。

128　[美]侯继明:《外国投资和经济现代化》,见张仲礼编:《中国近代经济史论著选
　　译》,上海社会科学院出版社 1987 年版,第 61 页。

129　《刘鸿生企业史料》下册,第 462—463 页。

130　浙江省政协文史资料委员会:《宁波籍资本家的兴起》,浙江人民出版社 1986 年
　　版,第 112 页。

131　《补录宁绍商轮公司呈请立案文》,《申报》1909 年 5 月 3 日。

132　《工商经济史料丛刊》第 3 辑,第 174 页。

133　袁熙鉴:《陈光甫一生与上海银行》,参见《陈光甫与上海银行》,中国文史出版社
　　1997 年版,第 106 页。

134　上海社会科学院经济研究所编:《刘鸿生企业史料》下册,上海人民出版社 1981
　　年版,第 462 页。

135　黄汉民:《国货运动中的荣家企业》,《中国近代国货运动》,第 58—60 页。

136　任建树主编:《现代上海大事记》,第 481 页。

137　姚会元:《江浙金融财团研究》,中国财政经济出版社 1998 年版,第 60 页。

138　上海市政协文史委:《旧上海的金融界》,上海人民出版社 1988 年版,第 111 页。

# 结　　语

　　研究江浙财团的学者大都认为江浙财团形成于第一次世界大战前后,然而江浙财团形成的标志是什么? 其组织形式又是什么?已有的相关研究成果都没有展开充分论述[1]。

　　江浙财团是随着辛亥革命后至 20 世纪 20 年代初中国民族资本主义"黄金时期"的到来而逐渐形成的,产业资本、金融资本的集中,金融资本与产业资本的渗透与融合,上海银行公会、上海钱业公会、上海水火险公会和华商纱厂联合会等近代上海几个最重要的同业组织的成立,是江浙财团形成的主要标志。

　　在资本主义发展的"黄金时期",中国特别是以上海为重心的江浙地区的产业资本获得较快发展,并出现资本集中现象,出现如荣家企业集团、永安企业集团、刘鸿生企业集团、简氏企业集团、孙氏企业集团、久成缫丝集团、张謇企业集团、三北航运集团、朱葆三企业群体等企业集团。这些企业集团在发展、形成过程中都先后把触角伸向金融业,或者是新式金融业中的银行、保险、证券、信托等,或者是旧式金融业的钱庄,从而使这些企业具有产融结合的特点,本身就具有财团的特征。当然,笔者文中所说的江浙财团不是这类具有财团性质的单个企业或企业集团,而是以上海总商会、上海银钱业公会等为主要组织形式,以上海为基地、以江浙籍资本为主包括其他外籍资本的大资本集团,它的产融结合是以上海为中心的江浙区域范围内的结合,而不仅仅指某一企业集团的产融结合。

在"黄金时期",中国的金融业、特别是银行业的发展也呈"一日千里"之势,经济中心的上海逐渐取代北京而成为全国金融中心,并且金融资本也出现资本集中的趋势。其主要表现:一是以中国银行上海分行、交通银行上海分行、浙江兴业银行、浙江实业银行和上海商业储蓄银行即南五行和宁波系的四明银行、中国通商银行、中国垦业银行三行为核心联合起来,经营趋于集团化,主要是在经营上相互声援、相互支持,包括相互对开往来户、相互代理收解、在头寸紧缺时相互存款以通融支援,银行间建立领券关系、联合准备、联合承租栈房、联合放款,银行间相互投资兼职等等,这使得这些沪上主要银行虽无联营之组织而有联营之实。二是表现在保险、证券、信托业资本的发展与集中和银行资本与保险、证券、信托资本的相互融合,不但形成了若干大型骨干保险公司、证券公司和信托公司,而且银行附设保险公司、信托公司,或信托公司附设保险公司,银行、信托、保险、证券业之间的相互投资与兼职。三是钱庄业的发展及钱业资本与银行、保险、信托、证券等新式金融资本的融合,包括出现若干实力雄厚、信用卓著的大钱庄及若干钱业资本家族集团,钱业经理人员间的相互投资及银行等新式金融业与钱业之间的相互投资等。

不但产业资本与金融资本都出现资本集中现象,而且以上海为中心的江浙地区产业资本与金融资本相互渗透、相互融合。这种渗透、融合主要有两种形式:一是实业家投资于金融业。例如,据1922年的《银行年鉴》,有张謇、荣宗敬、穆藕初、徐静仁、王一亭、叶鸿英、顾馨一、姚紫若、朱葆三、傅筱庵、贝润生、朱吟江、孙景西、石运乾、吴麟书、张兰坪等一批沪上著名的工商企业家投资于银行业[2]。二是金融业人士投资工商业。金融业者认识到："银行与实业,其关系极为密切。银行固须赖实业之进步而始发达;实业又必须银行之扶助,始得振兴"[3],逐渐加大对金融业的投资。以上海为核心的江浙地区产业资本与金融资本相互渗透、融合是江浙财团形成的显著标志。

在组织形式方面,除了以宁波帮为核心的上海总商会作为江浙财团的主要组织外,在第一次世界大战期间,上海金融界成立了上海银行公会和钱业公会,华商纱厂业也于上海成立了华商纱厂联合会,该组织名义上虽是全国纱厂业的同业组织,但实际主持会务的是上海地区纱厂业巨头。这些组织的成员主要是江浙籍人,尤其是浙江籍人,这种情况在上述工商组织的领导层更明显,使之成为江浙财团的组织形式。

除了上述同业团体外,纯粹的同乡团体宁波旅沪同乡会也是江浙财团的主要组织形式之一,因为由于宁波帮在上海的强大经济实力,宁波帮同乡组织的影响已远远超出了一个地域同乡团体的范围,宁波帮以在江浙地区"掌握着金融上的权力,而无可与匹敌者"的超然地位,在经济社会领域的辉煌业绩,成为其在上海及全国工商界占据重要一席之地的基础,也使其雄踞江浙财团的领袖地位。宁波帮的"钱"以及其中包含的"意义",不仅使他们在人们眼中具有了实在的性质,更奠定了宁波帮在江浙财团中的经济基础和核心地位。

在以往的江浙财团研究中,研究者大都认为江浙财团的出现是在第一次世界大战前后,但在他们的论著中,很少涉及江浙财团在北洋政府时期的发展情况,该财团在北洋政府时期社会经济发

展中的地位和作用,江浙财团与北洋政府的关系等问题,这显然是
个很大的缺陷。

北洋政府时期是江浙财团的形成时期,也是江浙财团实力迅
速发展时期,它在全国工商金融航运等领域已具有举足轻重的地
位和作用。这种地位和作用表现在与北洋政府的经济关系方面,
就是竭力以自身的力量,影响政府的财政经济政策,为自身的发展
创造良好的环境。作为江浙财团组织形式的上海总商会、上海银
行公会、上海钱业公会和华商纱厂联合会等团体在做好政府咨询、
工商统计、商事习惯调查等的基础上,还提出了一些关于税收、海
关、财政、金融等方面的要求和建议,影响政府的相关政策。江浙
财团一方面积极承销北洋政府的内债,是政府各类公债库券的最
主要承担者,并因此而获得发展;但另一方面,因北洋政府时期军
阀连年混战,政局动荡不已,政府更替频繁,也使江浙财团经营公
债承受巨大风险,因此江浙财团又竭力要求政府切实保障公债基
金,保证已发公债按期还本付息,并对无担保的内债进行整理,同
时又竭力反对滥发公债,吁请全国商民在政府对财政有切实整理
之前,拒绝一切内债库券。

关税对于一国经济发展关系至重,对于工商者都影响巨大,江
浙财团也给予非常关注。关税特别会议筹备工作提上议事日程
后,上海总商会、上海银钱业公会、华商纱厂联合会等团体力图出
席关会,以对会议直接施加影响,而使关税能真正保护本国工商业
的发展。在未能获准出席会议后,他们仍以极大的热情,关注关
会,并通过多种方式对会议施加影响:如会前设立组织,积极研究
关会相关问题,征询关于关税问题的意见,进行相关准备工作;会
议期间积极建言献策,向关会、政府当局发表关税问题的意见和建
议,对会议施加积极影响,力图使会议结果有利于工商金融各业经

营和中国经济的发展。虽然关税会议因时局影响及各列强间的矛盾无结果而散,但他们的不少建设性意见,曾对会议产生一定影响,对南京国民政府初期的外交和财经政策也有积极的影响。

关于南京国民政府时期的江浙财团,以往研究者的着重点都在江浙财团如何支持蒋介石集团发动政变,如何支持国民政府的建立,如何支持蒋介石"统一"中国,以及江浙财团与蒋介石政权的矛盾、特别是蒋"统一"全国后的矛盾上,也即主要着力于江浙财团与国民政府的关系问题。这方面,形成具有代表性的三种观点:一是江浙财团投靠了蒋介石国民政府,但他们什么好处也没有得到,他们所得到的是破产与半破产的境地;二是江浙财团是南京国民政府的城市社会阶级基础;三是蒋氏国民政府是"自为"的政府,他不代表任何阶级,江浙财团对南京政府无足轻重,没有多大影响[4]。

笔者以为,上述观点都是有失偏颇的。江浙财团与国民政府之间的关系是极其复杂的。从财政金融方面来考察,由于江浙财团一些代表人物与国民党有渊源关系,随着北伐战争的推进,江浙财团主体支持北伐的倾向日益明显。北伐军进入江浙地区后,江浙财团的主体在客观分析全国政治军事局势后,在南北军事对立中已公开倒向国民革命军一边,更确切地说把寻找新靠山以便保护工商金融业发展的"宝"压在了蒋介石身上,因此在财政上支持蒋介石发动政变、建立南京国民政府。在当时中国政治局势风云多变,蒋介石处于既要与军阀势力征战,又要与武汉国民政府对峙,还要建立完备蒋氏国民政府的关键时期,江浙财团的支持,对于南京政府的建立至关紧要。

南京国民政府建立初,蒋介石既要继续"北伐",又要进行排除异己的混战,还要进行"围剿"红军和苏区的战争,使得政府财政常

年入不敷出,不得不大举内债以资补苴。从 1927 年到 1937 年 7
月,南京国民政府共发行内债 55 种,总额为法币 255900 万元、英
金 420 万镑、美金 200 万元。上海的银钱业是政府内债的最大债
权方,上海成了南京政府的"财政金融宝库"[5],而筑就这个"宝库"
的是江浙财团。江浙财团通过内债这一中介与南京国民政府紧紧
地联系在一起,给这个政权以巨大的财政支持,希望以此换取自由
发展的空间,在 1932 公债整理前,江浙财团也确实在政府的公债
上分享了巨大的利润。但由于 1932 年以前国民政府所发公债、库
券的利率均高于市场的普通投资率,这种不合理的债券利率,加以
内债的非生产性和沉重的外债负担,导致国民政府债务负担日益
严重以至严重恶化,终于无法维持债信,使江浙财团的希望落空,
与南京政府的关系紧张到极点,1932 年年初反对政府停付公债本
息风潮正是两者利益冲突激化的集中表现。即使在 1932 年以前
的 5 年间,在内债问题上,江浙财团和政府之间也并非单纯的合作
关系,蒋介石的高压政策与江浙财团的商业原则之间也发生过纠
纷乃至冲突。

　　1932 年以后,国民政府通过改组银行和币制改革逐步控制了
金融界,从而能以较低的利息和较小的折扣顺利地发行了大批债
券,使得债务规模有较大扩展。随着政府公债规模的再度膨胀和
经济形势的恶化,江浙财团开始抵制接受政府的更多公债,要求对
南京政权财政进行监督。但这个政权是不会轻易接受来自金融、
工商业界的监督的,它自身发展的逻辑必然导致对金融业的统制。
这就引发了与试图走独立经营发展道路的江浙财团的矛盾,国民
政府对中交两行的两次改组,就是这类矛盾演变的结局之一。当
然,在当时的社会条件下,这一结局无论对中交两行还是其他银行
的商股而言,都是十分无奈的。通过 1935 年政府对银行业的接管

和统制,江浙财团作为独立的经济、政治力量已不复存在,以致在1936 年发生第二次公债风潮时,上海金融资产阶级无丝毫的反抗就接受了政府的整理计划,显示其已丧失政治上的独立性、沦为南京国民政府的附庸了。

## 注　释

1　只有姚会元在他的论著《江浙金融财团研究》(中国财政经济出版社 1998 年版)及其论文《江浙金融财团形成的标志及其经济、社会基础》(《中国经济史研究》1997年第 3 期)中,对江浙金融财团的形成标志及其基础做了探讨。

2　据《银行年鉴》,银行周报社 1922 年 8 月。

3　盛竹书在全国银行公会第一届联合会上之欢迎词:《历届银行公会联合会议汇记》,载银行周报社编:《经济类钞》第 2 辑,第 3 页。

4　参见[美]小科布尔著,蔡静仪译:《江浙财阀与国民政府》(1927—1937 年),第九章相关内容,南开大学出版社 1987 年版。

5　王承志:《中国金融资本论》,上海光明书局 1936 年版,第 19 页。

# 主要参考书目与资料

## 一、未刊、已刊档案

1. 上海市档案馆藏:上海银行业同业公会档,S173。

2. 上海市档案馆藏:上海市钱商业同业公会档,S174。

3. 上海市档案馆藏:上海市保险业同业公会档,S181、S182。

4. 上海市档案馆藏:上海市缫丝工业同业公会档,S37。

5. 上海市档案馆藏:上海市棉布商业同业公会档,S30。

6. 上海市档案馆藏:上海市航运业同业公会档,S149。

7. 上海市档案馆藏:浙江地方实业银行档,Q270。

8. 上海社会科学院中国企业史研究中心藏:刘鸿生企业史料、刘鸿生账房存卷等。

9. 中国银行总管理处:《上海市钱业调查录》(1934年打印稿),上海社会科学院中国企业史研究中心藏。

10. 上海市档案馆编:《一九二七年的上海商业联合会》,上海人民出版社1983年版。

11. 第二历史档案馆编:《中华民国史档案资料汇编》第三辑,金融,外交;第五辑,财政经济;江苏古籍出版社 1991 年版。

12. 陈旭麓、顾廷龙、汪熙主编:《中国通商银行》(盛宣怀档案资料选辑之五),上海人民出版社 2000 年版。

13. 中国银行总行、第二历史档案馆:《中国银行行史资料汇编》上编,第1—3 册,档案出版社 1991 年版。

14. 交通银行总行等:《交通银行行史资料汇编》,档案出版社 1988 年版。

15. 中国第二历史档案馆等编:《中华民国金融法规选编》上册,江苏古籍出版社 1990 年版。

16. 上海市档案馆编:《旧上海的证券交易所》,上海古籍出版社 1991 年版。

17. 上海市档案馆:《旧中国的股份制》,中央档案出版社 1996 年版。

18. 上海市档案馆编:《上海银行家书信集》,上海辞书出版社 2009 年版。

19. 上海市档案馆编:《陈光甫日记》,上海人民出版社 2002 年版。

20. 上海市工商业联合会编:《上海总商会议事录》(一至五册),上海古籍出版社 2006 年 10 月版。

## 二、资料汇集、年鉴、统计、调查等

1. 银行周报社:《银行年鉴》,1922 年。

2. 进步书局编:《交易所一览》,文明书局 1922 年版。

3. 上海银行周报社编:《经济类钞》,第1—4 辑,1923 年。

4. 《上海总商会商品陈列所报告书》,1921 年、1924 年本。

5. 陈光甫:《关税存放问题》,上海图书馆近代文献室藏。

6.《上海市保险业同业公会报告册》(1931年),上海市图书馆近代文献室藏。

7.《全国工商会议汇编》,实业部总务司、商业司1931年编印。

8. 交通部等交通史编委会:《交通史航政篇》第1、第3册,1931年。

9. 中国银行总管理处:《全国银行年鉴》,1934年。

10. 交通银行总管理处:《各国银行制度及我国银行之过去与将来》,交通银行总管理处1934年。

11. 上海市商会商务科:《上海市商会商业统计·金融业》(1931—1934年),沈云龙编:《近代中国史料丛刊》第三篇,第42辑,台湾文海影印本。

12. 财政部:《财政年鉴》,上海商务印书馆1935年版。

13.《保险年鉴》,中华人寿保险协进社1935年版。

14. 五洲大药房编:《五洲大药房三十周年纪念册》,1936年。

15.《中国国货联合营业公司十周年纪念刊》,1947年5月铅印。

16. 孙毓棠编:《中国近代工业史资料》第一辑,上、下册,科学出版社1957年版。

17. 汪敬虞编:《中国近代工业史资料》第二辑,上、下册,科学出版社1957年版。

18. 中国人民银行上海市分行编:《上海钱庄史料》,上海人民出版社1960年版。

19. 陈真等主编:《中国近代工业史资料》,第一至四辑,三联书店1957—1961年间出版。

20. 青岛市工商行政管理局史料组:《中国民族火柴工业》,中华书局1963年版。

21. 中国社会科学院经济研究所编:《上海民族机器工业》上、中、下册,中华书局 1966 年版。

22. 中国社会科学院经济研究所主编:《上海市棉布商业》,中华书局 1979 年版。

23. 上海社会科学院经济研究所编:《荣家企业史料》上册,上海人民出版社 1980 年版。

24. 上海社会科学院经济研究所编:《刘鸿生企业史料》上、中、下册,上海人民出版社 1981 年版。

25. 中国人民银行上海市分行金融研究室编:《金城银行史料》,上海人民出版社 1983 年版。

26. 千家驹:《旧中国公债史资料》,中华书局 1984 年版。

27. 中国人民银行总行参事室:《中华民国货币史资料》第 1 辑,上海人民出版社 1986 年版。

28. 上海社会科学院经济所等编:《上海对外贸易》,上海社科院出版社 1989 年版。

29. 人民银行上海市分行金融研究所编:《上海商业储蓄银行史料》,上海人民出版社 1990 年版。

30. 许毅主编:《民国历届政府整理外债资料汇编》第 2 卷,1990 年内部印行。

31. 张謇研究中心等编:《张謇全集》,江苏古籍出版社 1994 年版。

32. 乐农史料选编:《荣德生文集》,上海古籍出版社 2002 年版。

33. 上海市工商联等编:《上海总商会组织史料汇编》(上、下),上海古籍出版社 2004 年版。

## 三、方志、谱牒、大事记、文史资料

1. 光绪《鄞县通志》。

2.《镇海柏墅方氏族谱》，藏浙江省图书馆。

3.《叶公澄衷荣衰录》，光绪壬寅商务印书馆代印。

4. 周庆云:《南浔志》，民国九年线装本。

5. 民国《鄞县通志》，《中国地方志集成·浙江府县志集》第 17 册，上海书店 1993 年版。

6. 洪锡范修、王荣商纂:《镇海县志》，民国二十年上海蔚文印书局。

7. 陈训正、马瀛纂:民国《定海县志》。

8. 姚崧龄:《张公权先生年谱初稿》，台湾传记文学出版社 1982 年版。

10. 上海南市区商业志办公室:《南市区商业志》，上海社会科学院出版社 1995 年版。

11. 宁波金融志编纂委员会:《宁波金融志》，第一卷，中华书局 1996 年版。

12. 浙江省金融志编纂委员会:《浙江省金融志》，浙江人民出版社 2000 年版。

13. 政协上海市文史委员会:《旧上海的金融业》，上海人民出版社 1988 年版。

14. 浙江省政协文史委员会:《浙江籍资本家的兴起》，浙江人民出版社 1986 年版。

15. 浙江省政协文史委员会:《宁波帮企业家的崛起》，浙江人民出版社 1989 年版。

16. 政协上海市文史委员会:《旧上海的房地产经营》，上海人民出版社 1990 年版。

17. 浙江省政协文史委员会:《浙江近代金融业和金融家》，浙江人民出版社 1992 年版。

18. 浙江省政协文史委员会:《浙江文史集粹》第 3、4、5 卷,浙江人民出版社 1996 年版。
19. 政协温州市文史委员会:《温州文史资料》第 3、6 辑。
20. 政协宁波市文史委员会:《宁波文史资料》第 4 辑。

## 四、主要报刊资料

1.《上海总商会月报》,第一至六卷。
2.《东方杂志》,第一至三十二卷(1905—1935 年)有关年份。
3.《申报》影印本,1912—1936 年各有关年份。
4.《国际贸易导报》,第一、二、四、六卷。
5.《国闻周报》,1937 年。
6.《银行周报》,1917—1937 年有关卷、号。
7.《钱业月报》自创刊号至 1937 年有关年份。
8.《华商纱厂联合会半年刊》,自创刊后各相关卷、号。
9.《中国银行月刊》。
10. 宁波旅沪同乡会:《宁波旅沪同乡会会刊》。
11.《经济评论》第 2 卷,第 1 号。

## 五、论著、论集

1. 周葆銮:《中华银行史》(1919 年),台湾文海影印本。
2. 徐沧水:《内国公债史》,商务印书馆 1923 年版。
3. 徐沧水:《上海银行公会事业史》,银行周报社 1925 年版。
4. 上海满铁调查资料:《浙江财阀》(日文),满铁上海事务所 1929 年版。

5. 杨荫溥:《上海金融组织概要》,商务印书馆 1930 年版。

6. 丁裕良:《最新上海金融论》,世界书局 1931 年版。

7. 吴承禧:《中国的银行》,商务印书馆 1934 年版。

8. 朱偰:《中国的财政问题》,上海商务印书馆 1934 年版。

9. 王孝通:《中国商业史》,商务印书馆 1936 年版。

10. 王志莘:《中国之储蓄银行史》(1935 年),沈云龙主编:《近代中国史料丛刊》第三编,第 44 辑。

11. 王承志:《中国金融资本论》,上海光明书局 1936 年版。

12. [日]山上金男:《浙江财阀论》(日文),东京评论社 1938 年版。

13. 朱斯煌主编:《民国经济史》,银行学会 1947 年编印。

14. 中国通商银行:《五十年来之中国经济》,六联印刷公司 1947 年版。

15. 张郁兰:《中国银行业发展史》,上海人民出版社 1957 年版。

16. 姚崧龄:《中国银行二十四年发展史》,台湾传记文学出版社 1975 年版。

17. [美]杨格:《1927—1937 年中国财政经济情况》,中国社会科学出版社 1981 年版。

18. 人民银行上海市分行金融研究室:《中国第一家银行》,中国社会科学院出版社 1982 年版。

19. 秦孝仪主编:《中华民国经济发展史》,近代中国出版社 1983 年版。

20. 复旦大学历史系等:《近代中国资产阶级研究》,复旦大学出版社 1984 年版。

21. 杨阴溥:《民国财政史》,中国财政经济出版社 1985 年版。

22. 黄汉民等:《荣家企业发展史》,人民出版社 1985 年版。

23. 樊百川:《中国轮船航运业的兴起》,四川人民出版社 1985 年版。

24. 复旦大学历史系等:《近代中国资产阶级研究》续辑,复旦大学出版社 1986 年版。

25. 张仲礼主编:《中国近代经济史论著选译》,上海社会科学院出版社 1987 年版。

26. [美]小科布尔著,蔡静仪译:《江浙财团与国民政府》(1927—1937),南开大学出版社 1987 年版。

27. [美]郝延平著,李荣昌等译:《十九世纪的中国买办:东西间桥梁》,上海社会科学院出版社 1988 年版。

28. 上海百货公司等:《中国近代百货商业史》,上海社会科学院出版社 1988 年版。

29. 上海市医药公司等:《上海近代西药行业史》,上海社会科学院出版社 1988 年版。

30. 徐新吾主编:《中国近代缫丝工业史》,上海人民出版社 1990 年版。

31. 上海社会科学院经济研究所:《上海近代五金商业史》,上海社会科学院出版社 1990 年版。

32. 张仲礼主编:《近代上海城市研究》,上海人民出版社 1990 年版。

33. 徐鼎新:《上海总商会史》,上海社会科学院出版社 1991 年版。

34. 杜恂诚:《民族资本主义与旧中国政府》(1840—1937),上海社会科学院出版社 1991 年版。

35. 中国银行上海国际金融研究所行史编写组:《中国银行上海分行史》,经济出版社 1991 年版。

36. 洪葭管:《中国金融史》,西南财经大学出版社 1993 年版。

37. 戴一峰:《近代中国海关与中国财政》,厦门大学出版社 1993 年版。

38. [法]白吉尔著,张富强等译:《中国资产阶级的黄金时代》(1911—1937),上海人民出版社 1994 年版。

39. 徐鼎新:《中国近代企业的科技力量与科技效应》,上海社科院出版社 1995 年版。

40. 中国银行行史编委会:《中国银行行史》,中国金融出版社 1995 年版。

41. 张桓忠:《上海总商会研究》(1902—1927),台湾知书房出版社 1996 年版。

42. 毛知蛎:《张嘉璈与中国银行的经营与发展》,协联印书社 1996 年版。

43. 金普森:《虞洽卿研究》,宁波出版社 1997 年版。

44. 丁日初主编:《上海近代经济史》,第 1、2 卷,上海人民出版社 1994 年、1997 年版。

45. 中国近纺行织史编委会编著:《中国近代纺织史》上、下卷,中国纺织出版社 1997 年版。

46. 徐矛等主编:《中国十银行家》,上海人民出版社 1997 年版。

47. 徐新吾、黄汉民主编:《上海近代工业史》,上海社会科学院出版社 1998 年版。

48. 潘君祥主编:《近代中国国货运动研究》,上海社会科学院出版社 1998 年版。

49. 姚会元:《江浙金融财团研究》,中国财政经济出版社 1998 年版。

50. 陶水木:《浙江商帮与上海经济近代化研究》,上海三联出版社 2000 年版。

51. 汪敬虞:《中国近代经济史》(1895—1927),下册,人民出版社 2000 年版。

52. 章开沅:《张謇传》,中华工商联合出版社 2000 年版。

53. 陈诗启:《中国近代海关史》,人民出版社 2002 年版。

54. 杜恂诚:《上海金融的制度、功能与变迁》,上海人民出版社 2002 年版。

55. 吴景平:《上海金融业与国民政府关系研究》(1927—1937 年),上海财经大学出版社 2002 年版。

56. 潘国旗:《国民政府 1927—1949 年国内公债研究》,经济科学出版社 2003 年版。

57. 许涤新、吴承明主编:《中国资本主义发展史》第二卷,人民出版社 2003 年版。

58. 姜良芹:《南京国民政府内债问题研究》,南京大学出版社 2003 年版。

59. 赵兰亮:《近代上海保险市场研究》,复旦大学出版社 2003 年版。

60. 季学源:《红帮服装史》,宁波出版社 2003 年版。

61. 刘志英:《近代上海华商证券市场研究》,学林出版社 2004 年版。

62. 潘联贵:《上海货币史》,上海人民出版社 2004 年版。

63. 何旭艳:《上海信托业研究》,上海人民出版社 2007 年版。

64. 李国胜:《浙江兴业银行研究》,上海财经大学出版社 2009 年版。

65. 王晶:《上海银行公会研究》,上海人民出版社 2009 年版。

66. 万立明:《上海票据交换所研究》,上海人民出版社 2009 年版。

67. 董昕:《中国银行上海分行研究》,上海人民出版社 2009 年版。

68. 贺水金:《1927—1952 年中国金融与财政问题研究》,上海社会科学院出版社 2009 年版。

# 后　记

　　本书是在我主持承担的国家哲学社会科学"九五"规划项目《江浙财团研究》结项成果的基础上修改而成的,课题组成员还包括杭州师范大学政治经济学院潘国旗教授、宁波大学人文学院孙善根教授和上海大学社会科学学院李瑊教授,其中我负责课题总体设计,并承担"绪论"及第一章、第三章、"结语"的撰写,潘国旗撰写第四章,孙善根撰写第五章,李瑊撰写第二章,全书由我统稿修定。

　　80余年来,虽然关于江浙财团问题研究的直接成果并不多,但间接的相关研究成果已为数甚多。一批批学者在江浙资产阶级(或江浙金融资产阶级)、江浙金融财团、上海金融史、上海总商会、上海金融业同业公会等相关问题研究中长期耕耘,取得重要成果。特别是近20年来,复旦大学吴景平先生领衔的中国金融史研究中心,统一规划,精心设计,辛勤工作,扎实推进相关档案资料的整理、刊布和研究工作,取得丰硕的成果,大大推进了中国金融史、特别是上海金融史研究,为我们从事江浙财团研究提供了基础。我与课题组其他几位中青年同人,十几年来从事过一些与本课题相关的研究,但没有关于本课题的直接研究成果,如果没有前人相

关研究成果作为基础,要完成本课题研究是难以想象的,这里首先
对前辈学者和同行表示深深的敬意和感谢!

　　2006年本课题结项评审时,多位我至今不知名的通信评审专
家在肯定本成果的学术价值和意义的同时,对项目成果提出了中
肯的、富有见地的修改意见,对书稿的进一步修改、提高起了重要
作用,在本书即将付梓之际,我谨向这些专家表示真挚的谢意!

　　在课题进行及本书稿撰写过程中,上海市档案馆、上海市图书
馆、上海社科院中国企业史研究中心、中国社科院近代史研究所图
书馆、浙江省图书馆、浙江大学图书馆等给予我们极大的帮助和支
持,在此也表示感谢! 人民出版社的张秀平编审为本书的出版也
付出了辛勤劳动,在此一并致谢!

　　业内常有"十年磨一剑"来形容一项学术精品的诞生,本书从
课题立项迄今正好10个春秋,但我深知本书的质量远没有达到精
品水准,而且主要由于我学识所限,书中甚至不当、错误之处都在
所难免,我们正以战战兢兢的心情期待着方家的批评与指正。

陶水木

2011 年 12 月 12 日

**图书在版编目 (CIP) 数据**

江浙财团研究 / 陶水木等著.
– 北京：人民出版社, 2011
ISBN 978-7-01-010468-3

Ⅰ.①江⋯ Ⅱ.①陶⋯ Ⅲ.①财团–研究–江苏省②财团–研究–浙
江省 Ⅳ.①F279.275

中国版本图书馆 CIP 数据核字 (2011) 第 254094 号

# 江浙财团研究
JIANGZHE CAITUAN YANJIU

作　　者：陶水木等
责任编辑：张秀平
封面设计：徐　晖

**人民出版社** 出版发行
地　　址：北京朝阳门内大街 166 号
邮政编码：100706　www.peoplepress.net
经　　销：新华书店总店北京发行所经销
印刷装订：北京昌平百善印刷厂
出版日期：2012 年 3 月第 1 版　2012 年 3 月第 1 次印刷
开　　本：880 毫米×1230 毫米　1/32
印　　张：11
字　　数：280 千字
书　　号：ISBN 978-7-01-010468-3
定　　价：35.00 元